TALE
07

Ethics Story

黎瑞山 ◎著

一生應該知道的
倫理學故事

原書名：關於倫理學的100個故事

前　言

　　最早記載「倫理」兩個字的古籍是《禮記樂記》，「凡音者，生於人心者也。樂者，通倫理者也。」而在《說文解字》中是這樣解釋「倫理」一詞的：「倫，從人，輩也，明道也；理，從玉，治玉也。」也就是說，倫是人與人之間的關係，理則是玉石上的紋理。結合起來說，倫理也就是人倫關係的道，指的是一切人與人、人與社會間的道德規範。而在西方，「倫理」來自於希臘文的風俗習慣（$\varepsilon\tau\eta\sigma s$）一詞，是古希臘哲學家亞里斯多德首先為它賦予了倫理的涵義。

　　不過，用這樣的方式來解釋倫理二字或許太過學術化了，如果用一般人的觀念來看倫理的話，它多半會被視為道德、良知等等諸如此類的觀念。儘管這樣的想法並不全面，卻無疑會讓倫理學變得平易近人得多，也能夠讓更多人對它產生興趣。

　　每個人都知道倫理是應該遵守的道德規範，大多數人也都會自覺遵守這些規則，但這些規則究竟從何而來？為何人類會自動形成這些固定的觀念？是很多人都沒有去細想過的事情。而這

些，正是倫理學所要解決的問題。

　　簡單來說，倫理學其實就是研究道德的學說，它是哲學最重要的組成部分之一，探討道德的本質、起源和發展，道德水準和物質生活水準之間的關係，道德的最高原則和道德評價的標準，人的價值、意義等諸方面的問題。

　　很多人覺得倫理學很遙遠，其實它和人類的生活息息相關。因為道德是我們每個人都逃不開也避不掉的存在，雖然它看不見摸不著，卻實實在在影響著我們每一個人，規定並指導著我們每一個人的行為。

　　道德是人類心目中至高的嚮導，是人類最高貴的情感，是「人民的國家中一種推動的樞紐」。瞭解倫理學，也就是在親近道德，也是對人類情感最深切的表達。

目錄

中篇 ▶ **倫理學發展與成熟的新階段**

下篇 ▶ 倫理學的基礎理論和分析方法

上篇

倫理學的
起源和歷史沿革

靈魂的不朽
畢達哥拉斯派

「畢達哥拉斯代表著我們所認為與科學傾向相對立的那種神秘傳統的主潮。」——康德福

提到畢達哥拉斯，很多人首先會想到的也許就是到了今天我們生活中幾乎每個地方都離不開的黃金分割。但如果你以為他只是一名出色的數學家的話，那麼你顯然小看了他，這位兩千多年前的人物同時還是一名偉大的哲學家，而「哲學」這個詞也正是畢達哥拉斯首先使用的。

有一次，畢達哥拉斯與勒翁一同到競技場裡觀看比賽，看到競技場各種身分的人，勒翁忽然想到一個問題，便問畢達哥拉斯：「你是什麼樣的人呢？」

畢達哥拉斯回答說：「我是哲學家。」在希臘語中，哲學的意思就是愛智慧，而哲學家就是愛智慧的人。

勒翁又問道：「為什麼是愛智慧，而不是智慧呢？」

畢達哥拉斯回答他說：「只有神才是智慧的，人最多只是愛智慧罷了。就像今天來到競技場的這些人，有些是來做買賣掙錢的，有些是無所事事來閒逛的，而最好的是沉思的觀眾。這就如同生活中不少人為了卑微的慾望追求名利，而只有哲學家尋求真理一樣。」從此之後，追求真理的人便有了一個名字——哲學家。

這位愛智慧的人於西元前580年出生在希臘東部的薩默斯島一個富商家庭。他九歲便被送到閃族敘利亞學者那裡學習，後來因為嚮往東方的智慧，

畢達哥拉斯又陸續拜訪了巴比倫、印度和埃及，接受阿拉伯文明和印度文明。後來，因為當地人無法接受他的理性神學學說，他被迫遷往埃及，一邊學習埃及文化一邊宣傳希臘哲學，並吸引不少的信徒。後來他回到家鄉開辦學校，但他的講學卻沒有收到預期的效果。西元前520年，他移居義大利的克羅托內，並建立自己的團體——畢達哥拉斯派。

這個團體帶有濃厚的宗教色彩，有很多規定和戒律，學員必須接受長期的考核才能被接受。畢達哥拉斯派相信萬事萬物都是數、都包含數，上帝透過數來統治世界，依靠數學就可以使靈魂昇華，與上帝合為一體。

一次，畢達哥拉斯應邀到朋友家做客。這位習慣觀察思考的人，竟然對主人家地面上一塊塊漂亮的正方形大理石方磚產生濃厚的興趣。他不僅僅是欣賞方磚圖案的美麗，而是沉思於方磚和「數」之間的關係。他越想越興奮，最後索性蹲到地上，拿出筆和尺進行計算。

在四塊方磚拼成的大正方上，均以每塊方磚的對角線為邊，畫出一個新

繪畫大師魯本斯將《變形記》中畢達哥拉斯試圖勸說同伴：「大自然向人類提供了豐富的食物，人們不應該用流血與屠殺弄髒他們的身體。」的內容透過繪畫呈現出來，也因此成就了歐洲第一幅提倡素食的藝術作品——《畢達哥拉斯提倡素食主義》。

的正方形，他發現這個正方形的面積正好等於兩塊方磚的面積；他又以兩塊方磚組成的矩形對角線為邊，畫成一個更大的正方形，而這個正方形正好等於五塊大理石的面積。於是，畢達哥拉斯根據自己的推算得出結果：直角三角形斜邊的平方等於兩條直角邊的平方和。就這樣，著名的「畢達哥拉斯定律」就這樣產生了。

畢達哥拉斯主張男女平等，鼓勵人們過簡單節制的生活，要求節欲、服從，同時禁止學派中的人以動物為食，他認為動物有與人類共生的權利，食素可以確保靈魂再度轉世為人，而不是變成其他動物。除此之外，畢達哥拉斯還是歷史上最有趣味而又最難理解的人物之一。他制訂一些奇怪而有趣的規矩：不能吃豆子；不能碰白公雞；不要用鐵撥火；不要吃整個的麵包；不要在光亮的旁邊照鏡子；當你脫下睡衣的時候，要把它捲起，把身上的印跡抹平等等，所有這些誡命都表現一種原始的禁忌觀念。

做為導師，畢達哥拉斯對自己的學徒非常嚴格，要想做他的弟子，必須先隔著門簾聽他講課，五年之後，如果對方達到自己的要求，畢達哥拉斯才與之見面。有一個人聽了他五年的課，結果畢達哥拉斯始終認為對方不符合自己的要求，便拒絕見面。這個人一氣之下燒掉了畢達哥拉斯的房子，這時城中對他不滿的人趁機發起攻擊，想要殺死他。畢達哥拉斯原本是可以逃掉的，誰知在逃亡的路上他經過了一片豆子地，為了不違背自己的規矩，畢達哥拉斯拒絕踐踏豆子，最後被追上來的人割斷喉管而亡。

畢達哥拉斯的行為看似可笑，但卻佐證他做為一名哲學家的偉大，那就是他勇於用生命來維護自己的學說和信仰，僅憑此，就算失去生命，他的靈魂依然可以不朽。

在早年的治學時期，畢達哥拉斯經常到各地演講，以向人們闡明經過他深思熟慮的見解，除了「萬物皆是數」的主題外，還常常談起有關道德倫理的問題。

　　畢達哥拉斯經常對議事廳的權貴們說：「一定要公正，這是維護秩序與和諧的保障。如果不公正，就犯下了世間最大的惡。發誓是很嚴肅的行為，不到關鍵時刻不要隨便發誓，但每個官員都要保證自己不說謊話。」

　　在談到治家時，他認為父母對子女的愛應該不求回報，但子女更應該珍惜父母的感情，同時做父親的應該注意自己的言行並以此獲得子女的敬愛。當提到夫妻關係時，他說彼此尊重是最重要的，雙方都應忠實於配偶。

　　畢達哥拉斯十分推崇自律，他認為自律是對個性的一種考驗，可以使人身體健康、心靈潔淨、意志堅強。對兒童、少年、老人、婦女來說，能自律是一種美德；但對年輕人來說，則是必要。自律能力的養成必須在理性和知識的指導下才能培養起來，而知識只能透過教育才能獲得，所以教育的重要性是不言而喻的。

　　他還描述了教育的特性：「你能透過學習從別人那裡獲得知識，但傳授給你的人卻不會因此失去了知識。這就是教育的特性。世界上有許多美好的東西，好的稟賦可以從遺傳中獲得，如健康的身體，姣好的容顏，勇武的個性；有的東西很寶貴，但一經授予他人就不再歸你所有，如財富，如權力。而比這一切都寶貴的是知識，只要你努力學習，你就能得到而又不會損害他人，並可能改變你的天性。」

小知識

　　赫拉克利特（約西元前530年～西元前470年）：著有《論自然》一書，內容有「論萬物」、「論政治」和「論神靈」三部分，但很多已經散失。其理論以畢達哥拉斯派為基礎，他借用畢達哥拉斯「和諧」的概念，認為在對立與衝突的背後有某種程度的和諧，而協調本身並不是引人注目的。

精神的助產士
蘇格拉底派

恥辱是從我們感覺羞恥的行為產生的一種痛苦。——斯賓諾莎

　　如果你去到西元前四世紀的雅典，在路上你也許會被一個有著扁平的鼻子、凸出的眼睛和肥厚嘴唇的矮個子邋遢男人所攔住，他會問你，什麼是美德？什麼是民主？什麼是真理？你多半會被問得啞口無言，你也有可能回答出他的問題，不過這還沒完，他會繼續不斷地追問，直到你開始困惑，乃至沉思。

　　這個喜歡在大街上攔住別人提問的人叫做蘇格拉底，這個名字對所有人來說都是一個無法被忽略的存在。他是古希臘最著名的哲學家，公認的西方哲學的奠基者。

　　蘇格拉底的母親是一位助產士，也是因為從小就接觸到這樣的生活，使蘇格拉底感覺到了它的有趣，能夠幫助別人產下一個生命是多麼神聖的一件事，所以蘇格拉底一直自稱為「精神的助產士」。他說：「我的母親是個助產士，我要追隨她的腳步，做一位精神上的助產士，幫助別人產生他們自己的思想。」

　　其實所謂的「精神助產法」就是一種引導法，蘇格拉底不喜歡去直接向對方闡明自己的觀點，而是圍繞著一個話題，一步步去啟發對方，誘導對方自行得出結論。如果對方與自己的觀點不同或者說對方的觀點是錯誤的，他也不會直接指出，而是繼續誘導，透過分析將論題一層層展開，最終獲得真理。

在蘇格拉底看來，每個人心中都存有真理，只是他們自己往往不容易發現它們的存在，這時候就必須藉助哲學導師的力量，去引導對方發現自己內心深處的真理。

除了在大街上找尋不同的路人來談話之外，在教導自己的學生時蘇格拉底也採用了同樣的方式。他從不把自己的觀點強行灌

大約西元前399年，蘇格拉底因「不敬國家所奉的神，並且宣傳其他的新神，敗壞青年和反對民主」等罪名被判處死刑。在收監期間，他拒絕了朋友和學生要他乞求赦免和外出逃亡的建議，飲下毒酒自殺而死。

輸給他的學生，而是向他們提出問題，然後引導著他們發現真理。儘管這種辯論法最早是由西諾提出來的，但顯然蘇格拉底將它運用得最好，並使它成為了一種流行。

蘇格拉底說：「我唯一知道的就是我一無所知。」所以他熱衷於在大街上尋找可以進行辯論的對手，沉湎於思想和辯論帶來的愉快，並能夠從中獲得靈感。他總是坦誠自己的無知，儘管他是那個年代最博學的人，因為他知道，承認自己的無知不會讓自己變得真正無知，反而會在交流中獲得新的知識。在交談者面前他將自己放在一個完全無知的狀態，準備好一切去接受新的知識，而正是在這樣的交談中，蘇格拉底獲得了新的知識和想法，同樣也將對方引導到最終的真理上。

「誰毫不動搖地堅持問答方法的話，那麼真理會自己顯現的。」蘇格拉底就是這樣毫不動搖地堅持著自己的精神引導法。在他的引導下，不僅產生無數智慧的火花，還有一脈相傳的柏拉圖派、亞里斯多德派，乃至今天整個的西方哲學。

在蘇格拉底之前，希臘的哲學主要研究宇宙的起源、世界的構成等所謂

「自然哲學」，但是蘇格拉底認為，哲學應該更貼近人類本身，關乎人類自身的命運和發展。所以後來人稱蘇格拉底的哲學為「倫理哲學」，認為他為哲學開創一個新的領域，使哲學「從天上回到了人間」。

蘇格拉底的倫理學是理性主義的倫理學，他的倫理學觀點主要有：

一、「認識你自己」。蘇格拉底要求做「心靈的轉向」，將哲學從研究自然轉向研究自我，追求一種不變的、確定的、永恆的真理。

二、「自知其無知」。蘇格拉底被公認為雅典最有智慧的人，但他卻一直認為自己還有很多不知道的東西，正是這種謙虛，使他能夠最接近真理。當然，這種「自知其無知」還有更深的哲學涵義，那就是意識的自我否定與覺醒，主觀意識中的自我反思精神，進一步推動他的批判哲學轉向。

三、「美德即知識」。蘇格拉底建立一種知識即道德的倫理思想體系，以探討人生的意義和善德為目的。他認為道德只能聽憑心靈和神的安排，道德教育就是使人認識心靈和神，聽從神靈的訓示。他覺得人們在現實生活中獲得的各種有益的或有害的東西和道德規範都是相對的，只有探求普遍的、絕對的善的概念，把握概念的真知識，才是人們最高的生活目的和至善的美德。

小知識

德謨克里特斯（約西元前460年～西元前370年）：古希臘哲學家，原子唯物論的創立者。他是原子學說創立者留基伯的學生，繼承了老師的觀點，並用原子論解釋認識論，認為從事物中不斷流溢出來的原子形成了「影像」，而人的感覺和思想就是這種「影像」作用於感官和心靈而產生的。這就是「影像說」。

理想國
柏拉圖派

尊重人不應該勝於尊重真理。——柏拉圖

蘇格拉底：「打架的時候，無論是動拳頭，還是動武器，是不是最善於進攻的人也最善於防守？」

玻勒馬霍斯：「當然。」

蘇格拉底：「是不是善於預防或避免疾病的人，也就是善於造成疾病的人？」

玻勒馬霍斯：「我想是這樣的。」

蘇格拉底：「是不是一個善於防守陣地的人，也就是善於偷襲敵人的人——不管敵人計畫和佈置得多麼巧妙？」

玻勒馬霍斯：「當然。」

蘇格拉底：「是不是一種東西的好看守，也就是覬覦這種東西的高明的小偷？」

玻勒馬霍斯：「看起來似乎是的。」

蘇格拉底：「那麼，一個正義的人，既善於管錢，也就善於偷錢啦？」

玻勒馬霍斯：「照理說是這麼回事。」

蘇格拉底：「那麼正義的人，到頭來竟然是一個小偷！這個道理你恐怕是從荷馬那兒學來的。因為荷馬很欣賞奧德修斯的外公奧托呂科斯，說他在吃裡扒外和背信棄義、過河拆橋方面，簡直是蓋世無雙的。所以，照你跟荷馬和西蒙尼德斯的意思，正義似乎是偷竊一類的東西。不過這種偷竊是為了

以善報友，以惡報敵才做的，你說的不是這個意思嗎？」

玻勒馬霍斯：「老天爺啊！不是。我弄得暈頭轉向了，簡直不曉得我剛才說的是什麼了。不管怎麼說，我終歸認為幫助朋友，傷害敵人是正義的。」

蘇格拉底：「你所謂的朋友是指那些看起來好的人，還是指那些實際上真正好的人呢？你所謂的敵人是指那些看起來是壞的人呢？還是指那些看起來不壞，其實是真的壞人呢？」

玻勒馬霍斯：「那還用說嗎？一個人總是愛他認為好的人，而恨那些他認為壞的人。」

蘇格拉底：「那麼，一般人會不會弄錯，把壞人當成好人，而把好人當成壞人呢？」

玻勒馬霍斯：「是會有這種事的。」

蘇格拉底：「那豈不把好人當成敵人，拿壞人當成朋友了嗎？」

玻勒馬霍斯：「無疑會的。」

蘇格拉底：「這麼一來，幫助壞人，為害好人，豈不是正義了？」

玻勒馬霍斯：「好像是的。」

蘇格拉底：「可是好人是正義的，不做不正義的事。」

玻勒馬霍斯：「是的。」

蘇格拉底：「依你這麼說，傷害不做不正義事的人倒是正義的了？」

玻勒馬霍斯：「不！不！蘇格拉底，這個說法不可能正確。」

蘇格拉底：「那麼傷害不正義的人，幫助正義的人，算不算正義？」

玻勒馬霍斯：「這個說法似乎比剛才的說法來得好。」

蘇格拉底：「玻勒馬霍斯，對那些不識好歹的人來說，傷害他們的朋友，幫助他們的敵人反而是正義的——因為他們的若干朋友是壞人，若干敵人是好人。所以，我們得到的結論就剛好與西蒙尼德斯的意思相反了。」

玻勒馬霍斯：「真的是這樣！讓我們來重新討論一下，我們似乎沒把

『朋友』和『敵人』定義好。」

　　蘇格拉底：「玻勒馬霍斯，定義錯在哪兒？」

　　玻勒馬霍斯：「錯在把似乎可靠的人當成了朋友。」

　　蘇格拉底：「那現在我們該怎麼來重新考慮呢？」

　　玻勒馬霍斯：「我們應該說朋友不僅僅是看起來可靠的人，而是真正可靠的人。看起來好，但並不真正好的人只能當作外表上的朋友，不算做真朋友。關於敵人，理亦如此。」

　　蘇格拉底：「照這個道理說來，好人才是朋友，壞人才是敵人。」

　　玻勒馬霍斯：「是的。」

　　蘇格拉底：「我們原先說的以善報友，以惡報敵是正義。講到這裡我們是不是還得加上一條：假使朋友真是好人，當待之以善，假如敵人真是壞人，當待之以惡，這才算是正義？」

義大利傑出的畫家拉斐爾所畫的《雅典學院》，是以古希臘哲學家柏拉圖所建的阿卡德米學園為題，以古代七種自由藝術——即語法、修辭、邏輯、數學、幾何、音樂、天文為基礎，以表彰人類對智慧和真理的追求。

這是柏拉圖《理想國》中的一段對話，雖然名義上記錄的是蘇格拉底的言論，但我們依然能從中窺見到蘇格拉底這位弟子的觀點。

柏拉圖的倫理學是一種二元論的倫理學，即精神與物質的相對。柏拉圖還設定了四種美德的觀念，即智慧、勇敢、節制和正義，其中正義的功能在於使前三者之間保持恰當的比例，這與靈魂的三個組成部分相對應。

柏拉圖的倫理學可以分成兩方面：

一是追求至善。這是他所追求的人生的最終目的，不過這種至善必須是靈魂的狀態。他相信靈魂不朽，但肉體與塵世的種種慾望都是苦難和罪惡的原因，包括生命在內的人世間的所有善都是沒價值的。

二是實現正義。柏拉圖認為所有德行都是一個整體，因為它們都是同一種知識的不同表達，這種知識即是「善惡之知」。智慧實際上就是關於「什麼是善」以及「如何達到真正的善」的知識。

柏拉圖對傳統意義上的政治學是一概否定的，他主張依人的職責分為治國者、武士、勞動者三個等級，分別代表智慧、勇敢和慾望三種品行。理性之德即是智慧，具有指導氣概與情慾的職責，是管理國家的統治階級應具備的德行；其次，氣概部分善於分辨可畏懼的與不可畏懼的，是防守國家的階級所應具備的德行；情慾部分應服從理性的指令而自我節制，是從事生產勞動者應該具備的德行。

小知識

泰勒斯（約西元前624年～西元前547或546年）：希臘最早的哲學學派——米利都學派（也稱愛奧尼亞學派）的創始人，被稱為「科學和哲學之祖」。泰勒斯認為世界的本源是水，「水生萬物，萬物復歸於水」，此外他有一個很重要的觀點是「萬物有靈」。

城邦的存在
亞里斯多德派

「把哲學稱作求真的學問，也是正確的，因為理論哲學的目的是真理，實踐哲學的目的是行為。儘管實踐哲學也要探究事物的性質如何，但它考察的不是永恆和自在的，而是相對的和時間性的對象。」——亞里斯多德

城邦最早產生於古希臘，起初名為「polis」，指堡壘或衛城，與鄉郊「demos」相對。城邦通常以一個城市為中心，輻射周圍的村社，實行奴隸制的貴族政治或民主政治。後因其包含一個城市及其周圍的土地，並由主要城市控制附屬地界，但又遠遠沒有達到後世國家的一體化制度，所以稱其為城邦，而「polis」這個名字則演變為今天的政治。

亞里斯多德生活的西元前四世紀，當時正是城邦制最為繁盛的階段，而他本人也是城邦制度的極力擁護者。他的著作《政治學》及《雅典政制》都是對城邦制度研究的成果，《政治學》是專門討論城邦的起源、目的、本質和原則等問題的作品；而《雅典政制》則是一本雅典城邦政治制度史，是亞里斯多德考察158個城邦的政治制度之後所得出的研究報告。

亞里斯多德曾經說過：「人類自然是趨向於城邦生活的動物。」他認為，城邦是自然進化的產物，是人類社會發展的必然結果，也是人類群居生活的選擇。城邦是一個有機的整體，而每個人則是這個整體的組成部分之一。人只有依賴於城邦才能生活，並在其中獲得個人價值的表現，而城邦的目的正是「至善」，是實現公民的「優良生活」。

阿拉伯人描繪的亞里斯多德上課圖。

　　可以看出，亞里斯多德之所以支持城邦制度，並不是將它做為一種政治意義上的權利存在，而首先是將它做為一種道德權利。他的政治觀是以道德為核心，並以善為出發點和最終目標的。所謂的城邦，就是能將權利和道德結合起來，幫助公民達到至善目的的倫理實體。

　　亞里斯多德的倫理學觀念基本集中在他的《尼各馬可倫理學》中，歸納起來，其觀念如下：

　　他繼承了柏拉圖把靈魂分為理性的與非理性的兩個部分的觀念，同時又把非理性的部分分為生長的與嗜慾的。生長的部分使我們能吸收營養，維持生命；而嗜慾的部分則使我們能夠感受慾望，並推動我們四處移動以滿足慾望。當其所追求的是那些為理性所能讚許的善的時候，則嗜慾的部分在某種程度上也可以是理性的。人身上理性與非理性這兩個部分的衝突產生種種問

題，也產生道德的課題。

　　人類行為的最終目的就是幸福，而幸福就是善，所以人之所以做為人的目的一定是人性的善。而這種善的概念是十分廣泛的，只要實現它的功能，那就是善的。比如說一把錘子只要能做到我們期待它能夠做到的事情，那它就是善。

　　相對應靈魂的兩個部分，就有兩種德行，即理智的與道德的。理智的德行得自於教學，道德的德行則得自於習慣。靈魂到達幸福的方式就是根據正當的理性去行動，讓靈魂的理性部分控制非理性的部分。立法者的職務就是透過塑造善良的習慣而使公民們為善。

　　每種德行都是兩個極端之間的中道，而每個極端都是一種罪惡。比如勇敢是懦怯與魯莽之間的中道，不亢不卑是虛榮與卑賤之間的中道等等。我們透過靈魂的理性力量來控制我們的熱情，形成各式各樣的習慣，自動引導我們遵從中間路線。

小知識

　　斐洛（約西元前20年～西元40年）：斐洛最重要的哲學觀念是邏各斯思想，邏各斯即邏輯，其主要意思是：用來解釋上帝創造和治理世界的過程；邏各斯是世界公民必須遵守和瞭解的「憲法」和「自然的正確理智」。

個人的覺醒

斯多葛主義

任何一個可信的道理都是真理的一種形象。——布萊克

「對政治動物來說，做為城邦或自治的城市國家一分子的人已經同亞里斯多德一起完結了；做為個人的人則是和亞歷山大一起開始的。」隨著經濟文明的發展，公民中的貧富差距加大，公民權與土地的關係日漸鬆弛，公民兵制開始瓦解，雇傭兵制漸漸施行，曾經繁盛一時的城邦制度走到了尾聲。

直接的打擊發生在西元前338年，由於馬其頓國王腓力在拜占庭受挫，希臘城邦中產生反對馬其頓的大叛亂，雅典和底比斯兩大城邦結成同盟，準備反抗腓力。為了鎮壓反叛，馬其頓與聯盟展開戰爭，這就是著名的喀羅尼亞戰役。戰爭以馬其頓王國的勝利結束，不過腓力對戰敗的希臘城邦只提出一個條件，那就是為他提供士兵和金錢以便他對付波斯。希臘城邦答應了這個條件，並與馬其頓建立科林斯同盟。

至此，曾經的希臘城邦制度已經逐漸開始被君主專制制度所取代，曾經的共和政體也被亞歷山大大帝的獨裁統治所代替。不過，城邦制的沒落也帶來了個人意識的覺醒。在古希臘城邦制時代，「城邦至上」不僅僅是一種官方的政治結構，也是城邦公民潛意識裡的普遍心態。換言之，城邦的公民在當時並不是做為一個獨立的個體，而是做為整個城邦的一部分而存在的。他們更看重的是分享而非擁有，而在這樣的生活環境下，人們的思維方式也是一種群體性的思維方式，而非個人的。

所以，當城邦制度結束，取而代之的便是個人意識的覺醒，而斯多葛派

正是在這樣的歷史背景下產生的，是對城邦社會反思下的產物。與之前的流派相比，斯多葛派更加注重的是個人的精神世界，追求的是個人內心的寧靜自然。

把世界當作自己的故鄉的亞歷山大大帝。

　　在哲學流派中，斯多葛學派是十分重視倫理學的一派。早期的斯多葛學派是唯物主義的支持者，後來受到柏拉圖主義的影響，逐漸放棄唯物主義。總體而言，斯多葛學派吸收犬儒哲學中正面的東西，即相信道德是提供心靈平靜的最有價值的東西，而沒有追隨它摒絕文明的歡樂。

　　斯多葛派認為，在一個人的生命裡，只有德行才是唯一的善。而德行在於人的意志，所以人生中美好和醜惡的東西都在於人自身的意志。只要人能將自己從世俗的慾望之中解脫出來，抵制慾望，順從理性，就能夠獲得善，

擁有完全的自由。

　　此外，斯多葛派還是個人主義的支持者。它是最早提出個人主義觀念的學派，認為個人本身即是自足的，個人的幸福全在於內心的寧靜和自然，根本不需要追求外在的東西，世俗的功名利祿根本無助於人的幸福。這一思想還為現代的個人主義觀念奠定了基礎。斯多葛主義還認為，人是生物學意義上一個相同的類別，因此所有人都是一樣的，都具有與上帝共同的理性，受同一個自然法支配。對於所有的人，無論是他的種族、出身和社會地位，都應該是平等的。

小知識

布拉德雷（西元1846年1月30日～西元1924年9月18日）：英國哲學家、邏輯學家、新黑格爾主義的代表。他把英國的經驗論傳統與黑格爾的客觀唯心主義結合起來，認為「絕對」或「絕對經驗」是第一性的，是最高的實在和真理，在精神之外沒有而且不可能有任何實在，物質世界不過是一種現象或假象。代表作為《現象與實在》。

享樂生活
伊壁鳩魯派

「讓我們吃喝，因為明天我們就會死亡。」——伊壁鳩魯

　　出生於西元前341年的伊壁鳩魯和斯多葛派的芝諾是同時代的人物，但與芝諾不同的是，在那個充滿困苦與動盪的年代裡，伊壁鳩魯追求的是快樂。

　　這位伊壁鳩魯學派創始人是享樂主義的奉行者，他在西元前307年創立屬於自己的學派。這個學派在伊壁鳩魯自己的庭院中建立起來，與外部世界完全隔絕，庭院的入口處掛著醒目的告示牌，寫著：「陌生人，你將在此過著舒適的生活。在這裡享樂乃是至善之事。」學校名叫「花園」，因此他也被人稱為「花園哲學家」。伊壁鳩魯對求學的人來者不拒，就算是妓女和奴隸他也樂意教導，所以他的學生五花八門，但大多數來自於底層社會。

　　而實際上，「花園」內的生活是相當困苦的，因為他們沒有錢，也因為當時的社會正處在無比的混亂當中。伊壁鳩魯和他的弟子們學會從最簡單的麵包和水中享受快樂，而這也正是伊壁鳩魯派所追求的終極理想。

　　除此以外，伊壁鳩魯還是個無神論者，他否認宗教，否認神的存在，他認為神不過是游離於人世的一種境界，而並不是一個具體的存在。一天，伊壁鳩魯和幾個相信神是存在著的人辯論。伊壁鳩魯問道：「照你們的說法，世界上有神的存在，對嗎？」那幾個人連忙說：「當然！當然！」伊壁鳩魯說：「那麼，現在就有三種可能：一、神願意除掉世間的醜惡，但祂沒有這種能力；二、神有能力除掉世間的醜惡，但祂不願意這麼做；三、神願意除掉世間的醜惡，並且祂也有這種能力。」

幾個人點頭表示同意他的說法，伊壁鳩魯接著說：「如果神願意除掉世間的醜惡但祂沒有足夠的能力，那麼祂就不能算是萬能的，但這種非全能與神的本性是相悖的，這樣祂就不能算是神。如果神有能力除掉醜惡卻不願意這麼做的話，那豈不是說神是惡意的，這也是和神的本性相矛盾的。如果神願意並且有能力除掉世間的醜惡，而且這也是唯一能夠適合於神的本性的一種假定，那麼在這種情況下為什麼世間還存在著醜惡呢？這樣說來，神是根本不存在的。」至此，那幾個有神論者完全無法辯駁。

不過在羅素看來，這種享樂主義無疑是一種逃避，他說：「亞里斯多德是歡樂地正視世界的最後一個希臘哲學家；在他以後的所有的哲學家都是以各式各樣的形式而具有的一種逃避的哲學。」

伊壁鳩魯認為，哲學就是追求幸福的學問，而在哲學的三個構成邏輯學、物理學和倫理學當中，只有倫理學才是探求人類幸福的學問，因此倫理學是哲學的核心，邏輯學和物理學都是從屬於它的。

和之前的哲學家一樣，伊壁鳩魯同樣認為幸福是人生最高的善，因此也是人生的最高目標，但幸福只是快樂，而不是道德。伊壁鳩魯斷言：「快樂是幸福生活的開端和目的，我們認為快樂是首要的好，以及天生的好。我們的一切追求和規避都開始於快樂，又回到快樂，因為我們憑藉感受判斷所有的好。」人類行為的目的是為了從痛苦中解脫出來，求得快樂，這才是善的唯一衡量標準。

當然，這種快樂並不僅僅只是感性的肉體快樂，感性的快樂是基礎，但精神的快樂則高於感性的快樂。伊壁鳩魯將快樂區分為自然和非自然的，自然的快樂是「肉體的無痛苦和靈魂的無紛憂」，是適度的、健康的；而非自然的快樂，比如對權利的慾望、虛榮心等等則令人厭惡。

此外，伊壁鳩魯還認為，人的靈魂是與肉體同生共滅的。在伊壁鳩魯之前，靈魂不朽的觀念幾乎被所有的哲學家公認，但伊壁鳩魯卻認為，靈魂與

肉體是不可分離的，當肉體死亡，靈魂也同時毀滅；同樣的，靈魂消亡時，肉體也將死亡。因此，人們不必害怕死亡，因為當我們存在時它還沒有到來，而當它到來的時候，我們已經不存在，那又何必害怕呢？

小知識

伊壁鳩魯（西元前341年～西元前270年）：古希臘哲學家、無神論者、伊壁鳩魯學派的創始人。他認為快樂是生活的目的，是天生的最高的善。人是以個人快樂為準則的生物，生活的目的就在於解除對神靈和死亡的恐懼，節制慾望，遠離政事，審慎地計量和取捨快樂與痛苦的事物，達到身體健康和心靈的平靜。

靈魂學說
新柏拉圖主義

人類不同於其他動物的特性就在於他對善惡和是否合乎正義以及其
他類似觀念的辨認。——亞里斯多德

　　新柏拉圖主義的創始人普羅提諾是希臘哲學中無可爭議的大師級人物，
堪稱整個古代希臘哲學偉大傳統的最後一個輝煌代表。他的一生幾乎是和羅
馬史上最多災多難的一段時期同步，可是他卻在自己的學說中始終觀照著一
個善與美的永恆世界。

　　普羅提諾出生於西元205年的埃及，此時的羅馬帝國已經度過最輝煌的時
期，漸漸走向衰敗。一方面，軍人們各懷私心，無心為國，導致日爾曼人和
波斯人紛紛入侵，戰爭的傷亡加上瘟疫的流行，羅馬帝國的人口減少了三分
之一；另一方面，賦稅的增加與收入的減少造成財政的崩潰，很多公民不得
不逃亡以躲避稅收。就是在這個最混亂的年代裡，普羅提諾選擇對於純粹精
神的思考和追求，而完全放棄對現實世界的觀照。

　　二十八歲時，普羅提諾來到亞歷山大里亞跟隨薩卡斯學習哲學長達11年
之後，後來為了瞭解波斯哲學，他又加入羅馬對波斯的遠征軍。但這次戰爭
以羅馬的失敗告終，普羅提諾逃回到羅馬定居下來，並建立一所學校。他生
活簡樸、樂於助人，加上精通希臘各派哲學，又熱情洋溢，因此擁有不少的
追隨者。加上他的學說很符合當時奴隸主集團的統治需要，因此吸引大部分
的貴族，其中還包括當時的羅馬皇帝和皇后。他曾經說服羅馬皇帝加里努斯
在康帕尼亞建立一座「柏拉圖城」，實現柏拉圖的「理想國」，可惜這一計

畫後來因為遭到大臣反對而終止。

普羅提諾在五十歲時才開始自己的著述，一共寫了54篇論文。在他死後，他的弟子波菲利將他的作品編輯成書，因為這本書共有六卷，每卷都是九篇，所以被取名為《九章集》。在書中，普羅提諾詳細闡述自己的理論——「太一」說、「流溢」說和靈魂解脫說。

就像羅素所說的，「普羅提諾既是一個終結又是一個開端——就希臘人而言是一個終結，就基督教世界而言則是一個開端。對於被幾百年的失望所困擾、被絕望所折磨的古代世界，普羅提諾的學說也許是可以接受的，然而卻不是令人鼓舞的。但對於粗鄙的、有著過剩的精力而需要加以約束和指導但不是加以刺激的野蠻人的世界來說，則凡是普羅提諾教導中能夠引人深入的東西都是有益的，因為這時候應該加以制止的壞東西已經不是委靡而是粗暴了。」

新柏拉圖主義從根本上來說是對柏拉圖主義的繼承，但同時卻帶有折衷主義的傾向。

新柏拉圖主義建構了超自然的世界圖示，更明確地規定人所在的位置，把人神關係置於道德修養的核心，同時強化哲學和宗教的同盟，具有更濃厚的神秘主義色彩。

新柏拉圖主義認為，世界有兩極，一端是被稱為「上帝」的神聖之光，另一端則是完全的黑暗。

靈魂能受到神聖之光的照耀，但物質則處在光無法照到的黑暗世界，因此最接近上帝的光芒，就是人的靈魂。在某些時候，人甚至可以體驗到自己就是那神聖的自然之光。

新柏拉圖主義最重要的學說就是「太一」。普羅提諾認為，「太一」和理智、靈魂是三個「首要本體」，所謂本體也就是最高的、能動的原因，決定存在和本質。而「太一」則是神本身，也就是善本身，它是萬物的真正根

源，圓滿自足，但並非是個別事物的總和。

　　從「太一」學說又產生「流溢」說，這是上帝的創造活動，在流溢的過程中上帝不會有任何的損傷，因為上帝是不可及、不可少的。祂就好像「太陽」或者「泉源」，流出但不會減少其自身的光芒。

小知識

阿圖爾·叔本華（西元1788年～西元1860年）：德國哲學家。他繼承康德對於現象和物自體之間的區分，堅持物自體，並認為它可以透過直觀而被認識，將其確定為意志。意志獨立於時間、空間，所有理性、知識都從屬於它。人們只有在審美的沉思時逃離其中。同時他還將自己的極端悲觀主義和此學說聯繫在一起，認為意志的支配最終只能導致虛無和痛苦。

基督是唯一的力量
基督教神學

人是萬物的尺度，是存在事物存在的尺度，也是不存在事物不存在的尺度。——普羅泰戈拉

基督教發源於西元一世紀的巴勒斯坦的耶路撒冷地區，其創始人為耶穌。耶穌出生在猶太的伯利恆，三十歲左右開始在巴勒斯坦傳教，他宣稱自己不是要取代猶太人過去記載在舊約聖經上的律法，而是要成全它。其思想的中心在於「盡心盡意盡力愛上帝」及「愛人如己」，他希望人們悔改自己的惡行，回歸到天國的懷抱。

耶穌的宣講在當時產生了極大的影響，街頭巷尾都談論著他創造的神跡和言論。但他的言行卻影響到猶太教祭司團的利益，為了保住自己在民眾

耶穌受難。

中的地位，羅馬帝國駐猶太總督彼拉多將耶穌逮捕，並將他釘上了十字架。

據說，在死後的第三天，耶穌從石窟的墳墓中復活，他多次向自己的教徒顯現，令其更加確信他是勝過死亡的救世主。當他超脫這世界的時空之後，那些虔誠的門徒組成一個團體，發誓彼此相愛、奉基督之名敬拜上帝，而這個新的團體就是基督教會。

起初基督教只是被羅馬政府視為猶太教的一支，但猶太教則把它視作異端。後來，因為基督教樂於接受各個階層和各個種族的信徒，就連奴隸也可被接納為兄弟，便逐漸壯大起來。由於教會人數已經增長到不可忽視的程度，從尼祿皇帝開始進行對基督教的大肆迫害，許多的主教和信徒都被燒死。如此的恐怖卻無法阻止人們追隨耶穌的腳步，基督教會最終成了最具影響力的團體。

西元313年，為了鞏固自己的統治，收買人心，君士坦丁大帝頒布米蘭詔書，承認基督教的地位。西元391年，羅馬皇帝狄奧多西一世正式宣布基督教為國教，再次肯定了它的地位。

西元476年，西羅馬帝國被日爾曼人所滅，很多日爾曼人的部族也開始皈依基督宗教。由於日爾曼人的文化水準比較低，甚至連自己的文字也沒有，教會便成了中世紀時期西歐的唯一學術權威，開始了對哲學長達數百年的統治。

基督教倫理學，也叫「基督教道德論」或「道德神學」。它是神學的一部分，以聖經真理為基礎，從基督教信仰和人類理性的角度出發，去研究人尋求人生目的時所遵循的一些原則。

基督教神學根據認識上帝的途徑的不同，又有自然神學與啟示神學之分。自然神學指運用人的天賦理性從自然世界入手而達到的對上帝的認識，啟示神學則指依靠神的特定啟示而獲得對上帝的認識。

由於社會環境的變化和不同思想的影響，基督教神學先後出現過觀念不

同的各種流派，比如古代的教父神學和異端神學，中世紀的經院神學和異端神學，以及改革時期的路德主義、加爾文主義、茨溫利主義等。

　　按研究的內容劃分，基督教神學又可分為論證上帝的存在和屬性的上帝論；論述上帝透過基督道成肉身向人啟示自身的基督論；論述基督如何拯救世人的救贖論；論述做為上帝造物的人的本性的人性論；論述做為信仰團體的教會之性質的教會論；論述各項禮儀的性質和功用的聖事論；論述人類和世界最終結局的終極論等。

　　基督教的倫理是以神為中心的，神的啟示是倫理的基礎，這是絕對不會改變的規範，正所謂「善的能力完全是建基於那位善者（神）身上，道德行為不能建立在抽象的善」。而倫理道德的最終目標是為了榮耀上帝。

小知識

讓・雅克・盧梭（西元1712年～西元1778年）：法國著名啟蒙思想家、哲學家、教育家、文學家，十八世紀法國大革命的思想先驅，啟蒙運動最卓越的代表人物。他主張感覺是認識的來源，堅持「自然神論」的觀點；強調人性本善，信仰高於理性。在社會觀上，盧梭堅持社會契約論，主張建立資產階級的「理性王國」；主張自由平等，反對大私有制及其壓迫；提出「天賦人權說」，反對專制、暴政。

上帝之國
教父哲學

人類用認識的活動去瞭解事物，用實踐的活動去改變事物；用前者
去掌握宇宙，用後者去創造宇宙。——克羅齊

西元二世紀，基督教正面臨著來自四個方面的挑戰和威脅，羅馬帝國、哲學家、猶太人和異端，他們都反對迅速發展的正統基督教。為了維護基督教的發展，當時的教會中人拿起哲學這一武器，把它當作為基督教教義辯護的工具。

因為他們是宣講的護教者，所以人們尊稱他們為「教會的父老」，簡稱「教父」。這一批人分別是查士丁、塔提安、伊雷納烏斯、克萊門、奧雷根等人，他們出生在東方，多半以希臘文進行寫作，所以也被稱為東方希臘教父，他們也正是教父哲學的創始者。

之後，一批生長於西方，用拉丁文進行宣講和著書的教父們成長起來，他們分別是德爾圖良、傑羅姆、安布羅斯、奧古斯丁、格雷高里等人，因此他們也被稱作西方拉丁教父。西方拉丁教父對古希臘哲學進行明確的選擇，將新柏拉圖主義加入基督教教義中，使哲學和神學混為一體。而在西方拉丁教父中，最著名的則是奧古斯丁，也正是他，將教父哲學推向了全盛時期。

西元354年，奧古斯丁出生於北非，他的父親是一個地位顯赫的異教徒，貪戀世俗享受，但母親卻是個忠誠的基督教徒，父親的縱情任性和母親的虔誠都在他的身上留下了印記。起初的奧古斯丁是個如父親般放浪形骸的人，他十七歲便與一個少女同居，並生下私生子。但十九歲那年，他讀到西塞羅

的著作，萌發追求真理的意識，開始研讀聖經。但當時的聖經對他並沒有強烈的吸引力，「聖經對於我好似沒有價值，不足媲美於西塞羅的莊嚴文筆。」於是他便轉向了一種思想混合的二元主義，加入摩尼教。

奧古斯丁信奉摩尼教足足有九年的時間。在這段時間裡，他開始對摩尼教的教義產生懷疑，於是他專門去見摩尼教的首領，希望能夠得到指引。但這位首領在教理上難以自圓其說，令奧古斯丁非常失望，他脫離摩尼教，並遷居到米蘭當一名教授。

奧古斯丁把上帝比作真理之光，把人的心靈比作眼睛，而把理性比作心靈的視覺，正是上帝的光照使心靈的理性看到真理。

在米蘭的日子裡，奧古斯丁繼續保持著他放縱的生活。儘管母親為他定下一門親事，他卻結識另一個女子，並與她非法同居，這是他一生中道德水準最低的時期。此時的奧古斯丁熱衷於新派的懷疑哲學，但同時因為基督教教士安波羅修出色的演講才華，他也同時保持著聽基督教傳教的習慣。

後來，奧古斯丁讀到新柏拉圖派威克多林的傳記，看到書中寫到他在年老時皈依基督的事情，突然大受感動，覺得自己雖然是知識分子，但卻放縱情慾，不免羞愧難當。

自責之時，他在花園中徬徨懊惱，忽然間他的耳邊響起清脆的童聲：「拿起，讀吧！拿起，讀吧！」他立刻拿起手邊的聖經，正好翻到這樣一句話「不可荒宴醉酒，不可好色邪蕩，不可爭競嫉妒，總要披戴主耶穌基督，不要為肉體安排，去放縱私慾。」（羅馬書十三11-14）這時，他「頓覺有一道恬靜的光射到中心，驅散了陰霾籠罩的疑雲」，尋找到他畢生所追求的東西。他離開情婦，辭去教職，隱居到一處山莊，開始潛心研究哲學。在第二年受洗於安波羅修，成為一名虔誠的基督教徒。

從這個時候開始，奧古斯丁潛心於基督教教義的鑽研，他運用新柏拉圖主義論證基督教教義，確立了基督哲學，並首先提出信仰第一，然後理解的原則，為西歐中世紀的經院哲學奠定了基礎。

奧古斯丁認為只有善才是本質和實體，它的根源就是上帝，而罪惡只不過是「善的缺乏」或「本體的缺乏」。上帝是一切善的根源，本身並沒有在世間和人身上創造罪惡，罪惡的原因在於人濫用上帝賦予人的自由意志，背離善之本體（上帝）。

他所代表的教父哲學包括以下幾個方面：

一、三位一體論。三位一體論繼承於新柏拉圖主義的流溢學說，認為在神那裡存在和本質是同一的。神為了顯示其權能而發射出Logos，因此Logos與神是同一的，只是就位格而言是不同的，而耶穌基督都是Logos的人格

化，所以父及其子耶穌基督乃是同一個神。至於聖靈，與Logos一樣來自唯一的神，所以在實體上父、子、聖靈是完全同一的。父、子、聖靈，三而一，一而三，既具有三個位格，又共是一個神，而且是唯一的神。

二、救贖論和預訂論。神主持正義，又表現仁愛，人類只有依靠神才能恢復被敗壞的本性，因此神的幫助對人來說是必不可少的。另外，人的活動都是神預先安排的，這就是「預訂論」。

三、天國論。為了實現神的意旨，人類必須從自私、貪圖物質和無視神，轉變為蔑視自己、拋棄物質和愛神，努力建立以神為核心的善的國度，以達到來世回歸天國，和神結合在一起，享受永生。

小知識

奧古斯丁（西元354年11月13日～西元430年8月28日）：古羅馬帝國時期基督教思想家，歐洲中世紀基督教神學、教父哲學的重要代表人物。他的理論是宗教改革的救贖和恩典思想的源頭，對於新教教會，特別是加爾文主義影響深遠。

神學的最後光芒
經院哲學

「我們的罪惡，乃是對造物主的侮蔑。而犯罪，就是藐視造物主，那就是，不為祂的緣故而去做那為我們所相信應該為祂而做的事情，或者是不為祂的緣故而去捨棄那為我們所相信應該捨棄的事情。」——阿伯拉爾

西元五世紀，曾經繁盛一時的西羅馬帝國因為自身的腐朽和匈奴的進攻內外交困，終於在奴隸起義和外族的入侵下覆亡。許多蠻族的入侵將原本羅馬帝國的版圖瓜分殆盡，產生十個新的國家，其中就有一個叫做法蘭克王國。法蘭克的統治者皈依基督教，獲得高盧—羅馬人的大力支持。之後經過幾百年的征戰，法蘭克王國蠶食周圍不少地區，成為西歐最強大的國家。西元800年，法蘭克國王查理被羅馬教皇加冕為「羅馬人的皇帝」，史稱查理大帝。

這位查理大帝及其繼承人深刻地意識到文化對於自身統治的重要意義，在全國境內興辦學校、招聘學者、鼓勵教育，教授「七藝」（文法、修辭、邏輯、算術、幾何、天文和音樂），這段時間便是著名的「加洛林朝文化復興」。而因為皈依基督教而獲得大力支持的查理大帝也非常明白教會的影響力，所以在這段時間裡，基督教會實際上扮演整個文化復興的主要傳播者的角色。教士們擔任大部分的教師工作，學校基本上都修建在教堂或是修道院附近，而神哲學則是最主要的課程和最重要的研究對象。正是在這樣的背景下，中世紀神學哲學化發展到最高階段的產物——經院哲學產生了。

查理大帝是天主教會最偉大的支持者和守衛者，並且透過教會來鼓勵學問和藝術。

　　當時絕大多數的經院哲學家都是多米尼古修道會的修士，他們的哲學實際上還是侷限在基督教教義範圍內，為宗教神學服務的一種思辨哲學，其主要目的是為宗教信仰找到合理的根據。經院哲學反對離開教義而依靠理性和實踐去認識和研究現實，他們的理論往往不會經過實踐的檢驗，因此常常會有一些荒唐的議題，比如「天堂裡的玫瑰花有沒有刺？」、「上帝能否製造出自己舉不起來的石頭？」等等。

　　經院哲學的代表人物是湯瑪斯‧阿奎那。他出生於義大利一個貴族家庭，他的家族一直都與教廷和神聖羅馬帝國皇帝保持著親密的關係，因此他很小時便被寄望成為一名出色的修道院院士。

　　依照家族的意願，五歲時的湯瑪斯‧阿奎那便進入了修道院學習，但十六歲那年，他忽然迷上道明會。這一轉變令他的家庭非常不滿，家人將他

天主教教會認為湯瑪斯·阿奎那是歷史上最偉大的神學家，將其評為33位教會聖師之一。

監禁兩年，採用各種方法威逼利誘，卻未能使他改變信仰，最後在教皇的干預下，他的家族不得不妥協，同意他加入道明會。之後，他輾轉於各地學習神學，在取得神學博士學位之後，他開始擔任修道會院長，並擔任教職。在傳教過程中，湯瑪斯·阿奎那記下許多的授課筆記，並開始撰寫他的著作《神學大全》。這本書詳細記載了他的哲學觀念的作品，也成為經院哲學的最高代表作品。

1273年，湯瑪斯·阿奎那停止寫作，使得這本《神學大全》成為一本未完成的作品，當別人問他為何要封筆時，他說：「我寫不下去了……與我所見和受到的啟示相比，我過去所寫的一切猶如草芥。」也許，不能將他所受到的神的啟示完全記載下來，應該是他終身最大的遺憾吧！

「經院哲學」（Scholaticism）最初是在查理大帝的宮廷學校以及基督教的

大修道院和主教管區的附屬學校發展起來的基督教哲學。因為這些學校是研究神學和哲學的中心，學校的教師和學者便被稱為經院學者（經師），所以他們的哲學就被稱為經院哲學。

經院哲學主要是對天主教教義、教條進行論證，以神靈、天使和天國中的事物為對象，但同時也涉及到一些哲學問題，其中討論最多的便是關於一般和個別的關係問題。而對於一般和個別的問題的不同觀念，經院哲學家更是分成抗爭激烈的兩派，即唯名論和唯實論。唯實論認為，一般先於個別，是存在於個別事物之外的一種實在；唯名論則認為，只有個別事物是實在的，一般知識是人們用來表示個別事物的名稱和概念，沒有實在性。

而從這兩種觀點出發，他們對倫理學有著不同的看法。比如阿伯拉爾把善惡歸諸於個人的意向和良知。他認為一個行動的是非不在其後果，而在於行動者的動機。也就是說，一切從善的意向出發的行動都是善的，一切從惡的意向出發的行動都是惡的。惡沒有實體，而是善的缺乏，是不當為而為之，或者當為而不為。

小知識

讓·保羅·薩特（西元1905年6月21日～西元1980年4月15日）：他是法國無神論存在主義的主要代表人物。認為「存在主義是一種人道主義」，其代表著作有《存在與虛無》、《辨證理性批判》等。

信仰之光
神秘主義

「當你愛別人少於愛你自己，你就不能真正愛自己。但是如果你能以同樣的愛去愛包括你自己的每一個人，你則表現了平等的大愛。」──梅斯特‧艾克哈特

可以說，有基督教哲學的存在，就必然有神秘主義的存在。神秘主義的思想應該可以上溯到蘇格拉底那裡，他的學說中有不少神秘主義的影子。在柏拉圖記載的對話中，蘇格拉底就常常探討轉世以及神秘宗教等議題，他認為天上和地上各種事物的生存、發展和毀滅都是神安排的，神是世界的主宰。

神秘主義的思想不僅僅能在蘇格拉底身上找到，有些人還認為柏拉圖記載的那些有關神秘主義的對話其實是柏拉圖自己的理念，也就是說，這其中神秘主義的思想實際上是柏拉圖的。其實不管這種思想是屬於誰的，有一點不可否認的是，神秘主義的思想自有哲學以來，就是一種無法被抹煞的存在。

不過，神秘主義顯然只是從蘇格拉底以來的諸位哲學家整個哲學思想中偶然浮現的一小部分，真正的神秘主義哲學，最終還是要歸結到十三、十四世紀的艾克哈特等人身上。

梅斯特‧艾克哈特，原名強尼斯‧艾克哈特，因為他在巴黎獲得大師的頭銜，「大師」在德語中叫做Meister，所以他被人稱為梅斯特‧艾克哈特。艾克哈特1260年生於德國圖林根一個騎士家庭，青年時期他便就讀於巴黎大

學神學院，並加入了多明尼克修會，擔任該修會在薩克森等地的分會長，後來還在巴黎和科隆擔任神學教授。

十三、十四世紀正是經院哲學繁盛的時候，阿爾伯特、湯瑪斯等人建立神學與哲學的親密關係，使得哲學成為了神學的附屬，但同時也將神學研究侷限在本質上是世俗學問的亞里斯多德哲學上。就在經院哲學家們熱衷於用邏輯來證明上帝存在的時候，艾克哈特卻成為當時的異類，投入新柏拉圖主義的懷抱。

「他們對於學術界做的無聊繁瑣研究極為厭惡，進而得出結論說，這樣的努力和宗教信仰的生活沒有什麼關係。這樣，他們就傾向於強調理性的侷限性……」艾克哈特繼承新柏拉圖主義和奧古斯丁的思想，並最終以深刻的思辨性開啟神秘主義的途徑。

艾克哈特將精神真理不可名狀性的信念與一種對語言的觀點結合起來，認為上帝是不可規定和不可透過理性來證明的精神實體，祂存在於個人的沉思默想和神秘直觀之中，人類透過心靈之光與上帝相融合。「信仰之光也就是意志中的活力之源」，信仰能夠引導人們昇華，並最終返回到上帝之中，獲得完滿。

然而，因為對上帝的理解表現出脫離基督教神學正統的傾向，艾克哈特的神秘主義思想體系在當時卻被天主教會斥為異端，他的著作也被當作禁書銷毀。但教廷的禁制令無法抹煞人們對這一思想體系的追逐，他神秘主義的學說依然流傳下來，並最終影響現代神學體系的建構。

在經過近七世紀的貶抑之後，教會終於承認艾克哈特的偉大地位，正式為他平反。在今天的基督教神學界，艾克哈特的思想已經被公認為是最純粹正統的。

「神秘主義」（mysticism）一詞最早出自希臘語動詞myein，意即「閉上」，尤其指「閉上眼睛」。之所以要閉上眼睛，乃是出自對透過感官從現

象世界獲得真理、智慧感到失望。不過這並不表示它放棄對真理的追求，而是主張閉上肉體的眼睛，睜開心靈的眼睛，使心靈的眼睛不受現象世界的熙熙攘攘所干擾，進而返回自我，在心靈的靜觀中達到真理、智慧。

西元前五世紀左右，「神秘」一詞被引入哲學術語中，古典哲學家們開始用神秘一詞解釋宗教。西元四世紀，基督教的神學家們開始採用這個詞，將其解釋為和上帝交往的經驗的最高階段，是與上帝的合一。

小知識

胡塞爾（西元1859年～西元1938年）：德國哲學家，二十世紀現象學學派創始人。他發展布倫塔諾的意識意向性學說，建立從個人特殊經驗向經驗的本質結構還原的「描述現象學」。他還提出一套描述現象學方法，即透過直接、細微的內省分析，以澄清含混的經驗，進而獲得各種不同的具體經驗間的不變部分，即「現象」或「現象本質」。這一方法又被稱作本質還原法。代表著作有《算術哲學》、《邏輯研究》、《做為嚴格科學的哲學》、《純粹現象學和現象學哲學的觀念》、《形式的和先驗的邏輯》等。

「地心說」與「日心說」的戰爭
異端哲學

習俗提供倫理學所依存的唯一基礎。——西塞羅

　　在古代，人們沒有能力去瞭解地球以外的世界，因為看到太陽每天升起、降落，又無法感覺到地球的轉動，便本能的以為地球才是宇宙的中心，其他的星體都是圍繞著地球轉動的。這種觀點最早由古希臘學者歐多克斯提出，後來的亞里多德、托勒密等也都持著同樣的觀點。

　　托勒密還建立了完善的「地心說」模型，認為地球處於宇宙中心靜止不動，在地球外則依次有月球、水星、金星、太陽、火星、木星和土星，在各自的圓軌道上圍繞地球運轉。到了十三世紀，天主教會將「地心說」與聖經中的基督教義混雜起來，接納「地心說」為世界觀的「正統理論」，一直到十七世紀，「地心說」都是被公認的權威說法。

　　但到了十六世紀，「地心說」的權威地位正式遭到挑戰。其實，在之前的幾個世紀裡，隨著觀察儀器的改進，科學家對行星的位置和運動規律的測量越來越精確，已經發現行星的實際位置與模型的計算結果有差異。但

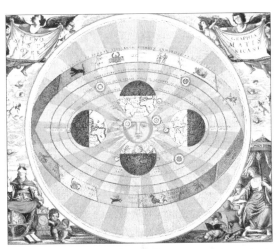

哥白尼的「日心說」沉重地打擊了教會的宇宙觀，這是唯物主義和唯心主義的偉大交鋒。

47

這時的人們還沒有意識到真正的問題出在「地心說」上。

1473年，一個叫哥白尼的男孩出生於波蘭一個富裕的家庭。在大學學醫期間，他對天文學產生濃厚的興趣，並在天文學家德‧諾瓦拉的引導下學習天文觀測技術以及希臘的天文學理論。1499年，哥白尼回到波蘭，成為天主教的一名教士，他住在教堂的頂樓，長期進行自己喜愛的天文觀測。

在很長的時間裡，哥白尼一直不停的觀測著天體的運行，他的測量結果與托勒密的天體模式並沒有太大的區別。一天，哥白尼忽然突發其想，如果在另外一個運行的行星上觀察行星的運行，那麼會有什麼樣的結果呢？於是

在當時的社會，一般人認為布魯諾的思想簡直是「駭人聽聞」，甚至連那個時代被尊為「天空立法者」的天文學家開普勒也無法接受。

在接下來的時間裡，他開始在不同的時間和距離上觀察行星，卻發現每一個行星的情況都不相同，於是他意識到，地球不可能在星星軌道的中心。經過漫長的觀測和思考，哥白尼發現一個事實，地球和太陽的距離始終沒有改變，也就是說只有太陽的週年變化不明顯。於是哥白尼確定一個觀念：太陽才是宇宙的中心，地球也是圍繞著太陽運行的。

然而，當時的哥白尼根本不敢將自己的研究成果公諸於世，身為天主教徒，他非常清楚天主教對於「地心說」的維護，直到1533年，他才敢稍稍公開自己的研究成果。因為謹慎，哥白尼的研究並沒有遭到教會的制裁。

但之後的人就沒有這麼幸運了。熱情的年輕人布魯諾迷上哥白尼的《天體運行論》，並四處宣揚他的「日心說」觀點。

這直接挑戰天主教權威的行為惹怒了教會，布魯諾被指控為異教徒，被迫離開祖國，流浪海外，即使這樣，他也沒有放棄過對「日心說」的宣傳。最後，教會買通布魯諾的朋友，誘騙他回到祖國，藉機逮捕他，並將他活活燒死在羅馬的百花廣場上。因為支持哥白尼的「日心說」，與布魯諾同時代的另外一個科學家伽利略同樣遭到無盡的迫害，他在自己的著作裡以充分的論據和事實證明哥白尼「日心說」的正確性，但卻在教會的壓力下，被迫同意放棄哥白尼的學說，最後在常年的監禁生活中悲慘地死去。

然而，真理永遠不會被掩蓋，在這場「地心說」與「日心說」漫長的戰爭中，儘管付出慘痛的代價，真理終於獲得勝利。

何謂異端？從字面上看，只要觸犯正統思想的，就是異端。哥白尼、布魯諾、伽利略等科學家，就是因為他們的發現證實了當時被視為正統思想的基督教「地心說」的錯誤，有損於基督教所極力宣揚和維護的上帝的權威，因此遭到了制裁。因此，異端哲學的概念其實非常廣泛，包括以後的唯心論在內的很多哲學理論，都可以被視為異端哲學，因為很長時間內宗教統治的權威性，它們並不容許其他思想的存在，所以很多的哲學家都被視為異端，他們的哲學思想也被視作異端哲學。

小知識

路德維希·維特根斯坦（西元1889年4月26日～西元1951年4月29日）：哲學家、數理邏輯學家。語言哲學的奠基人。他主張哲學的本質就是語言，語言是人類思想的表達，是整個文明的基礎，哲學的本質只能在語言中尋找。他消解傳統形而上學的唯一本質，為哲學找到新的發展方向。

無條理的自然
人文主義倫理

這樣一個人的存在使人備感活在世上的歡欣。──尼采評價蒙田

「良心的力量很奇妙！良心使我們背叛，使我們控訴，使我們戰鬥。在沒有外界證人的情況下，良心會追逐我們，反對我們。

尤維納里斯說：『良心就像用一根無形的鞭子，在隨時隨地抽打我們，充當我們的劊子手。』

柏拉圖認為，懲罰緊緊跟在罪惡的後面。希西厄德糾正柏拉圖的說法，他說懲罰是與罪惡同時開始的。誰在等待懲罰，就在受懲罰；誰該受懲罰，就在等待懲罰。惡意給懷著惡意的人帶來痛苦。

做壞事的人最受做壞事的苦！猶如胡蜂刺傷了人，但是自己受害更深，因為牠從此失去了自己的刺和力量。

阿波羅多羅斯在夢中見到自己被斯基泰人剝了皮，放在一口鍋裡煮，他的良心喃喃對他說：『你的所有痛苦都是我引起的。』伊壁鳩魯說：『壞人無處藏身，因為他們躲在哪兒都不安寧，良心會暴露他們。』

良心可使我們恐懼，也可使我們堅定和自信。一個人能在自己的人生道路上經過許多險阻而步伐始終不亂，就是因為對自己的意圖深有瞭解，自己的計畫光明正大。

奧維德說：『人的內心充滿恐懼還是希望，全憑良心的判斷。……』

苦刑是一項危險的發明，這像是在檢驗人的耐心而不是檢驗人的真情。能夠忍受苦刑的人會隱瞞真情，不能夠忍受苦刑的人也會隱瞞真情。痛苦能

夠使人供認事實，為什麼就不能使人供認不是事實呢？另一方面，如果那個受到無理指責的人有耐心忍受這些折磨，罪有應得的人難道就沒有耐心忍受這些折磨，去獲得美好的生命報償嗎？

相信這項發明的理論基礎是建立在良心力量的想法上。因為對有罪的人，似乎利用苦刑可以使他軟弱，說出他的錯誤；然而無罪的人則會更加堅強，不畏苦刑。說實在的，這個方法充滿不確定性和危險。……」

這是蒙田《隨筆集》中的〈論良心〉。在他這本最著名的作品中，蒙田用平淡自然的

蒙田是啟蒙運動以前法國的一位知識權威和批評家，更是一位人類感情冷峻的觀察家。他的哲學隨筆因其豐富的思想內涵而聞名於世，被譽為「思想的寶庫」。

文字表現自己對人生的種種理解，以及對倫理的所有想法，充滿哲理和巧思。

著名的哲學家狄德羅說，蒙田的《隨筆集》都是「無條理的」，但恰恰是在這「無條理」中展現「自然」。蒙田正是在這看似漫不經心的簡單敘述中，展現自己對於哲學、對於倫理學最深的理解。

蒙田是人文主義倫理的代表人物。人文主義倫理學家主要繼承和發展古希臘德謨克利特、伊壁鳩魯等人的快樂主義等倫理思想，在批判封建宗法等

級制度和宗教禁慾主義的抗爭中，形成代表新興資產階級的道德觀。

　　人文主義者相信人是自然的產物，人的慾望是人的本性，慾望支配人的感情和行動，凡是符合人自然本性的都是道德的；反之，就是不道德的。人文主義者反對禁慾主義，認為禁慾違反人性，才是真正不合乎道德的。個人主義、利己主義是人文主義者倫理思想的核心，他們認為人的本性是利己的，人應該追求自己的慾望，盡情享受自由和快樂。

　　人文主義者認為人處於自然的中心，凌駕於其他生物之上，人的本性不是由上帝決定的，人有自由意志，能夠自己決定自己的命運。人的高低貴賤在於人的品德而不是財富，良好的道德修養可以令人不朽。

　　同時，人文主義者還很注重智慧在道德生活中的作用，強調智慧使人聰明有德，更是人類幸福的泉源。完美的人應該具有強健優美的體格，同時還要有智慧和美德。

小知識

熊十力（西元1885年～西元1968年）：新儒家開山祖師。他的哲學觀念是體用不二、心物不二、能質不二、天人不二。他試圖在儒學價值系統崩壞的時代，重建儒學的本體論，重建人的道德自我，重建中國文化的主體性。

加爾文獨裁
宗教改革的倫理思想

「加爾文的宗教恐怖統治比法國革命最壞的血洗還要可憎。」——巴爾扎克

約翰‧加爾文，法國著名的宗教改革家、神學家，基督教新教最重要的派別加爾文教（又稱胡格諾派）的創始人。

加爾文1509年生於法國努瓦，他從小便接受良好的教育，十四歲那年就來到巴黎深造，並先後就讀於奧爾良、勃魯、巴黎三所大學。他起初學習的是法律，後來，馬丁‧路德引發的宗教改革運動影響到巴黎，原本是天主教徒的加爾文受其影響，改信新教。因為之前良好教育打下的基礎，加上清晰精確的邏輯分析能力，加爾文很快便嶄露頭角，成為名噪一時的福音教師。也因為如此他遭受到政治上的迫害，被迫逃往瑞士巴塞爾。

這時，新教的內部也起了紛爭，因為不同的派別觀念而陷入嚴重的分裂，急需從理論上對新教教義做出具體的原理性的闡釋。在其他的教派領袖忙於爭論的時候，身在瑞士的加爾文卻靜下心來潛心鑽研。法國國王發表公開信指責法國新教煽動無政府主義，為了反駁他的說法，為自己辯護，加爾文在1535年寫出他最著名的作品《基督教原理》。這本書對新教教義做了系統的闡述，一經出版便成為了新教的經典權威，而這本書也意味著由馬丁‧路德發起的宗教改革的完成。

1536年，名聲大振的加爾文訪問了日內瓦，並被聘為日內瓦新教團體的領袖和導師。起初加爾文的努力並不是一帆風順的，他要求擁有絕對的權

西元1572年發生的聖巴托洛繆慘案，是法國天主教派對深受加爾文影響的胡格諾派進行的一次大屠殺。

力，讓市政會成為執行他命令的機構。他向日內瓦行政會提交「新教十戒」，這是一套教義問答手冊，並要求市政會強迫每一個自由市民都宣誓並公開接受這一懺悔書，如果拒絕將被驅逐出城。

　　加爾文的強硬手段很快遭到拒絕，人們難以接受這樣的條件，他們拒絕向加爾文發誓效忠，而市政會也向加爾文表示，不能將佈道強加上政治目的。1538年，加爾文和其他一些反抗當局的傳教士一起遭到驅逐，他被迫離開了日內瓦。

　　然而，鐵腕政治被取消之後帶來的卻是混亂的場面。人們在信仰方面開始迷惘，漸漸地，越來越多的人開始懷念起加爾文，他們力主將加爾文重新召回。迫於壓力，市政會再次向加爾文伸出了橄欖枝，並允諾加爾文要求獨裁的願望。

　　就這樣，加爾文再次回到日內瓦，同時帶來的，是他獨斷專行的理想。他制訂的法令非常嚴苛，提倡節儉、反對奢靡，嚴禁一切享樂行為，演戲和賭博都是不允許的；凡聽講道遲到、唸玫瑰經、拜偶像、望彌撒、唱歌跳舞、酗酒吵架和褻瀆上帝者，法庭都可警告、罰款、監禁，乃至燒死。所有的決定權都被收歸到加爾文手中，任何人只要違背他的意願便會遭到懲罰。在1553年，加爾文就以異端的罪名燒死發現人體血液小循環的西班牙著名醫

生米桂爾‧塞爾維特，只因為塞爾維特與他在基督教的理解上有所不同。

加爾文的獨裁一直持續到1564年他的過世。然而，這個獨裁者在死後卻被人們發現，他幾乎沒有私人財產，甚至連喪葬的費用也只能由朋友代為支付。也就是說，在這數十年的統治之中，他並沒有為自己爭取過任何的個人利益，他所做的一切，也許真的只是為了實現他的宗教理想，然而面對所發生的一切，怎能不讓人感嘆。

有人這麼說：「如果說馬丁‧路德推動了宗教改革的滾石，加爾文則在這滾石粉碎之前使它停止轉動。」

加爾文認為，上帝的靈與上帝的工作同時進行，而促成人的「相信」，當聖靈在人心中運行光照人心，使人讀了上帝的話而產生信心，所以人並非用理性接受信仰，亦非用理性確認聖經的權威，而是聖靈那奧秘的力量所做的工作。得不得救在於神的挑選，人的選擇在這件事上是毫無主動權的。

此外，他還發展了馬丁‧路德所提出的因信稱義之論述，提出「雙重恩典」說，第一個恩典是在神的眼中算為義；第二個恩典則是當人接受耶穌與基督聯合之時，信徒便可進入更新的過程，使其內在生命更像基督。

小知識

蘇格拉底（西元前469年～西元前399）：古希臘哲學家。他是第一個把哲學從研究自然轉向研究自我，將靈魂看成是與物質有本質不同的精神實體的哲學家。他認為「意見」可以有各式各樣，「真理」卻只能有一個；「意見」可以隨各人以及其他條件而變化，「真理」卻是永恆的，不變的。

君主論

政治倫理學

世上的一切生物，既非孤立生存，亦非只為自身生存。——布萊克

尼可羅‧馬基雅維利1469年出生於義大利的佛羅倫斯一個沒落貴族家庭，父親是一名律師。當時正是文藝復興時期，經濟文化得到大幅度的發展，人文精神在不斷復甦，文化藝術成果豐厚，科學技術飛速進步，產生不少對後世影響深遠的作品和研究成果。在這樣的歷史背景中長大，就不難理解馬基雅維利為何能成為一名出色的政治思想家和哲學家了。

雖然家庭無法提供良好的學習環境，但依靠自學，馬基雅維利還是學到豐富的知識。1494年，佛羅倫斯的統治者美第奇家族被推翻，佛羅倫斯共和國成立，馬基雅維利在共和國政府中擔任助理員，幾年之後，他又被任命為共和國第二國務廳的長官，並兼任執政委員會秘書。任職之後，馬基雅維利極力主張建立本國的國民軍，並親率軍隊作戰，征服了比薩。然而，到了1511年，當馬基雅維利前往比薩時，教皇的軍隊攻陷了佛羅倫斯，美第奇家族重新控制大權，馬基雅維利喪失了一切職務，並在1513年被關入監獄。

在經歷一系列的嚴刑拷打並繳納大筆贖金之後，馬基雅維利終於被釋放。之後，他隱居鄉間，開始從事寫作。在他給朋友的信中是這樣描述那段生活的：「傍晚時分，我回到家中的書桌旁，在門口我脫掉沾滿灰土的農民的衣服，換上我貴族的宮廷服，我又回到古老的宮廷。遇見過去見過的人們，他們熱情地歡迎我，為我提供單人的食物，我和他們交談，詢問他們每次行動的理由，他們寬厚地回答我。在這四個鐘頭內，我沒有感到疲倦，

忘掉所有的煩惱，貧窮沒有使我沮喪，死亡也沒能使我恐懼，我和所有這些大人物在一起。因為但丁曾經說過，從學習產生的知識將永存，而其他的事不會有結果。」

「我記下與他們的談話，編寫一本關於君主的小冊子，我傾注了我的全部想法，同時也考慮到他們的臣民，討論君主究竟是什麼？都有什麼類型的君主？怎樣去理解？怎樣保持君主的位置？為什麼會丟掉王位？對於君主，尤其是新任的君主，如果我有任何新的思路能讓你永遠高興，肯定不會讓你不高興，一定會受到歡迎。」

馬基雅維利以主張為達目的可以不擇手段而著稱於世。在西方，「馬基雅維利主義」是貶義詞，是旁門左道的文化支流；一旦誰被冠以「馬基雅維利主義者」，誰就名譽掃地。

這本關於君主的小冊子在這段時間內完成，它就是馬基雅維利最著名的作品《君主論》。從標題中可以看出，這本書講的就是君主應該如何進行統治的方法。馬基雅維利認為，一個君主必須同時具備狐狸的狡猾和獅子的勇猛，在擁有實力的情況下要不擇手段地去實現自己的目的。其基本理論有：政治就是為本國謀利益的政治；國家政治制度的存在價值首先在於其存在本身；主張羅馬的獨裁制即「狄克推多制」。

馬基雅維利寫這本書的目的原本是為了引起美第奇君主的關注，並藉此在政界東山再起。可惜的是，當時的君主並沒有注意他的傑作，但隨著時間的流逝，這本書卻在社會上引起了強烈迴響，成為最有影響力的政治學著

作，並被稱為「邪惡的聖經」。

簡言之，政治倫理學就是研究社會政治生活中的道德準則、政治與道德關係及其發展規律的學科。

在政治的發展初期，政治和道德本身就是息息相關的。人們都認為，政治制度和政治行為都必須以某種道德為基礎，道德觀念其實就是政治觀念，個人的是非標準和社會權利義務其實基本上是一致的，因此道德觀念也就是政治觀念。這也正是政治倫理學產生的基礎。而寫出《君主論》的馬基雅維利則是第一個使政治和倫理學真正分家的哲學家。

政治倫理學涉及的是社會政治生活中的道德關係和道德規範，它的目的是對道德這個特殊的意識形態進行政治思考，對社會政治現象進行道德評價，進而揭示政治倫理的規範體系和演變規律。

現代政治倫理學研究的內容十分廣泛，主要有：政治與道德的關係；政治管理與道德的關係；政府道德；從政者道德；政治倫理文化等等。

小知識

格奧爾格·威廉·弗里德里希·黑格爾（西元1770年～西元1831年）：德國哲學家，客觀唯心主義的代表人物。黑格爾把絕對精神看作世界的本源，他認為絕對精神並不是超越於世界之上的東西，自然、人類社會和人的精神現象都是它在不同發展階段上的表現形式。因此，事物的更替、發展、永恆的生命過程，就是絕對精神本身。

休謨的最後一課
英國經驗主義倫理學

「思想形成人的偉大。」——布萊茲・巴斯卡

有這麼一個故事：

一位哲學家到了晚年，他意識到自己將不久於人世，於是他將自己的學生都叫來，說要為他們上最後一課。

哲學家帶著弟子們來到曠野，讓他們圍著自己坐了下來，隨後問道：「現在我們在什麼地方？」

「曠野裡。」弟子們異口同聲。

「野地裡長著什麼呢？」哲學家又問。

「長滿了野草。」弟子們回答道。

「對，曠野裡長滿了野草，」哲學家說，「現在我想問你們的問題是，該如何除掉這些野草呢？」

弟子們有些驚愕，沒有想到老師的最後一堂課竟然是問如此莫名其妙的一個問題，但他們還是開口回答了。

一個弟子說：「用鏟子便可以鏟掉了。」哲學家點點頭。

另一個弟子接著說：「用火燒也能夠除掉所有的雜草。」哲學家微笑了一下，表示贊同。

接下來的弟子說：「只要把根挖出來就可以了。」

……

所有的人都講完，哲學家站了起來，說：「今天的課就這樣吧！你們回

去之後，按照各自的方法除去一片雜草，一年之後再來這個地方相聚吧！」

時間很快過去，一年以後，弟子們重新來到這片草地，只是這塊地方已經變成一片長滿穀子的農田，再也沒有雜草。

弟子們圍著農田坐下，等待著老師的到來，但哲學家始終沒有出現，因為他已經過世。他給弟子們留下一本書，書的最後寫道：「要想除去野地裡的雜草，只有一種方法，就是在上面種滿麥子。同樣的，要想讓靈魂無紛擾，唯一的方法就是用美德去佔據它。」

故事中的哲學家就是大衛‧休謨。故事也許只是故事，但卻很好地傳達了休謨的某些觀點。他出生於1711年愛丁堡一個經濟優越的長老會家庭，童年時代的他接受的就是加爾文教的神學觀念。少年時期的他雖然看起來木訥害羞，但實際上非常聰明，十二歲就進入愛丁堡大學讀書。在大學這段時間裡，他開始閱讀哲學著作，並最終成為加爾文主義的叛教者。於是他放棄自己原本攻讀的法律系，決心當一個哲學家。

二十七歲那年，他發表自己的第一本著作《人類天性論：實驗（牛頓）推理法引入道德主題的嘗試》，可惜這本書並沒有收到預期的效果。為了生計他成為了詹姆斯‧聖克萊將軍的私人秘書，這份工作帶給他優渥的收入，也讓他有足夠的錢維持寫作。正是在這段時間，他的作品終於受到足夠的重視，橫跨政治、經濟、哲學、歷史和宗教的眾多著作讓他獲得顯赫的名聲。善於言談的他成為各個沙龍的座上賓，與亞當‧斯密斯、盧梭等人有著親切的來往。

1776年，休謨因為直腸癌而病逝。在他的病榻前，波士威爾問這個垂死的哲學家，現在是否相信有一個來世在那裡，而休謨肯定地回答他說，那是一個「最沒有理智的幻想」。

經驗主義倫理學是十八世紀興盛的一種倫理學觀點，它是人在啟蒙運動中理性覺醒、自覺反思思想的展現。而休謨則是其中的代表人物。

經驗主義者是從事實、經驗和感覺出發，而不是從理性、理念或超現實的某種存在出發，去認識和思考道德現象，並以事實、經驗和感覺做為道德善惡評價的依據。他們反對將道德、善做為人性固有的東西，也反對將理性做為人的絕對權威，凌駕於情感和慾望之上，要求從人性的角度出發，追求理性與感性的和諧。經驗主義者要求從個人經驗感覺出發，理解並建構起社會的倫理秩序。

經驗主義者堅持以個人快樂的經驗感覺做為一切價值的出發點，以追求快樂來看待人性，然後開始對人性的論述。透過對個人獲得快樂途徑的考量，以及對社會成員道德狀況的反思，經驗主義者獲得對社會生活方式和社會制度的瞭解，進而能夠要求建立起一種合乎人性成長的社會環境。

此外，經驗主義者還相信，人類做為社會動物，是從別人的幸福中自己感到快樂的。所以，他們應當不僅以自己的快樂，同時還要以別人的快樂做為行為的目的。

小知識

大衛·休謨（西元1711年4月26日～西元1776年8月25日）：蘇格蘭的哲學家、經濟學家和歷史學家。他的倫理學觀念主要表現在《人性論》一書上，之後又在一篇名為〈道德原理研究〉的短文中進一步闡述了他的理論。休謨的研究根基於經驗主義，他認為大多數被我們認可的行為都是為了增進公共利益的。

被尊重的猶太異教徒
歐陸理性主義倫理學

「熱情的被動性是人類的枷鎖。理性的主動性才能給人類自由。自由並不擺脫因果法則和過程，而只擺脫偏執的熱情或衝動。偉大的人並非是凌駕於他人之上並統治他人的人，而是超越了蒙昧無知的慾望的片面和無益，能夠駕馭自己的人。」──斯賓諾莎

斯賓諾莎出生在一個猶太人家庭。他的祖先最早是在西班牙半島定居，那裡當時還是摩爾人居住的一個省，後來被西班牙征服，實行「西班牙屬於西班牙人」的政策，驅趕異教徒，斯賓諾莎一家與其他的猶太人一起被迫離開老家，轉而到荷蘭的阿姆斯特丹定居。

在當時的歐洲，猶太人是被迫害和歧視的種族。因為他們有著和基督教截然不同的宗教信仰，雙方都堅持自己所信仰的上帝才是唯一真正的上帝，其他民族的上帝全是假的，這種觀點無疑會讓他們彼此視為敵人。另一方面，猶太人多半是新移民，在當時公會的阻止下，他們無法找尋到合適的工作，多半只能去開當鋪或者銀行謀生。

在中世紀，這兩種行業都一直被視為正派人絕對不會做的下流行業。猶太人在歐洲受到的往往都是無休止的攻擊和迫害，他們被視作應該下地獄的高利貸者和沒有信仰的異教徒，他們居住的猶太區被當作邪惡的棲息地。猶太人有時候被逼著反抗壓迫，但換來的卻是更深的仇恨。這就是當時猶太人的生存環境。

幸運的是，荷蘭的種族偏見並沒有其他歐洲國家那麼強烈，所以斯賓諾

莎的家族在這裡還能夠過上平靜安詳的生活。在阿姆斯特丹，小斯賓諾莎被送到佛朗西斯科博士那裡學習拉丁文和科學。這位博士出生於天主教家庭，但他並不是個偏激頑固的教徒，這也是大家樂意把孩子交給他的原因。

在學習拉丁文的過程中，斯賓諾莎讀到一位作家的著作，他就是笛卡兒。這位參與哲學上所謂的「三百年戰爭」的哲學家在當時頗具爭議性，他如同所有的思想者一樣遭到社會上眾多的攻擊，他被視為社會制度的敵人，可怕的邪惡思想者。但這一切並不能阻止某些人學習笛卡兒主義的熱情，而這其中就包括斯賓諾莎。

就在斯賓諾莎十五歲的時候，猶太教會發生一件大事。一個叫尤里爾‧艾考斯塔的葡萄牙流亡者來到阿姆斯特丹，他拋棄被迫接受的天主教，重回猶太教的懷抱。但這位尤里爾是個高傲的傢伙，總是以蔑視的態度面對猶太教士們，結果沒多久，他就被指控為幾本瀆聖小冊子的作者，被趕出教會。被驅逐出教會的尤里爾貧困潦倒，他沒辦法找到工作，貧困迫使他回到教會尋求原諒。教會答應重新接納他，但他必須當眾認罪，任由所有的猶太人鞭打才行。高傲的尤里爾無法接受這種侮辱，開槍自殺了。

這件事在阿姆斯特丹引起極大的議論，所以當猶太教會發現斯賓諾莎已經被笛卡兒的新異端思想所污染時，他們感到恐懼。猶太教會的長老立刻找到斯賓諾莎，要求他表示對猶太教的徹底服從，不再散布任何反對的言論，並答應給他一筆年金。

斯賓諾莎拒絕猶太教會的要求，根據古老的《懲處準則》，他被趕出了教會。後來，為了平息狂熱的猶太教徒對他的憎恨，他被迫離開阿姆斯特丹，來到萊頓附近的萊茵斯堡定居。

之後，斯賓諾莎便開始平淡的生活。他依靠打磨光學鏡片為生，白天工作，晚上則進行閱讀或寫作。他一生都沒有結婚，一直獨自生活。他的朋友們要接濟他，但他僅僅接受每年八十塊錢的捐助，維持著一個真正的哲學家所有的貧窮和平靜。

1677年，因為玻璃鏡頭上的粉末感染了他的肺，這位平靜的哲學家安寧地死去，死時僅僅留下三、四本小冊子和幾封書信。在他的葬禮上，六輛宮廷馬車陪伴著他的棺木直到墓地，無數的人從四面八方聚集而來為他哀悼。儘管他的學說得罪猶太教徒也得罪非猶太教徒，但他依然贏得人們的尊重。精英們敬佩他的智慧，而民眾則喜愛他的溫和，也許就像黑格爾說的：「要達到斯賓諾莎的哲學成就是不容易的，要達到斯賓諾莎的人格是不可能的。」

歐陸理性主義倫理學是十六、十七世紀在法國等歐洲大陸國家盛行的哲學思潮，它是建立在承認人的推理可以做為知識來源的理論基礎上的一種哲學方法。其代表人物有笛卡兒、斯賓諾莎等。

歐陸理性主義從笛卡兒開始，他將心靈與物質徹底區分，一方面接受機械宇宙觀，另一方面則從心靈的反省能力去尋索精神與靈性基礎，從純邏輯形式及上帝定義的獨特性來論證上帝的存在，這就是「我思故我在」。

而到了斯賓諾莎這裡，他從形而上學出發，認為無限宇宙必依賴於一無限實體，而這個無限實體正是上帝。上帝也就是無限宇宙，所以宇宙與上帝是一而二，二而一的。因此上帝並非超越的實在，卻是與宇宙等同的實體，也是內在一切的無限心靈，為一切有限之心與物模式的基礎。

小知識

斯賓諾莎（西元1632年11月24日～西元1677年2月21日）：荷蘭哲學家，西方近代哲學史重要的歐陸理性主義者。斯賓諾莎認為，一個人只要受制於外在的影響，他就是處於奴役狀態，而只要和上帝達成一致，人們就不再受制於這種影響，而能獲得相對的自由，也因此擺脫恐懼。斯賓諾莎還主張無知是一切罪惡的根源。

老實人
法國啟蒙派倫理學

我堅決反對你的觀點，但我誓死捍衛你說話的權利。——伏爾泰

老實人是伏爾泰的著作《老實人》中的男主角，他純樸單純，天真正直，但頭腦簡單，所以大家都叫他老實人。

老實人在森特一登‧脫龍克男爵的府邸中長大，是男爵的養子。後來，男爵為了教育他和自己的女兒，請來一位家庭教師邦葛羅斯。邦葛羅斯認為，「世界盡善盡美」，萬物皆有歸宿，而這歸宿必然是最美滿的歸宿。

而這樣的觀點也被完全灌輸給老實人，在這樣的想法中，老實人開始覺得男爵的女兒內貢小姐也是個美麗的人兒，便愛上她。誰知道有一次男爵無意中撞見他們的親密舉動，一氣之下便將他趕出家門。

離開男爵家的老實人開始自己的流浪生涯。起初他被保加利亞士兵看中，被迫從軍，在軍隊中，他目睹保加利亞王與敵國交戰後兩軍廝殺、無惡不作的場面。不久，他就因為在軍隊中不遵守紀律、擅自行動而遭到毒打。幸好國王路過，得知他是一個青年玄學家，便將他赦免。

離開軍隊的老實人又開始流浪。有一天，他在街上遇見一個骯髒多病的乞丐，誰知道這個乞丐卻是他曾經的老師邦葛羅斯。原來，因為戰爭的關係，男爵已經家破人亡，邦葛羅斯也只能流落街頭。戰火的蔓延令他找不到工作，只能充當苦役維持生存，又因為染上花柳病，被折磨得體無完膚，淪落到街頭行乞的地步。然而，當老實人問他的時候，邦葛羅斯卻仍然堅持，這個世界是十全十美的，這些痛苦不過是無可避免和不可缺少的因素而已。

在法國人民心目中，巴士底獄就是封建專制統治的象徵。法國啟蒙思想家伏爾泰就曾兩次關押在這裡。在啟蒙思想的影響下，1789年7月14日，巴黎人民攻佔了巴士底獄，揭開了法國大革命的序幕。

師徒兩人一起繼續流浪。當他們來到葡萄牙的里斯本時，這裡正好發生大地震。里斯本人決定在祭祀中燒死幾個人來阻止地震的繼續蔓延，於是他們抓住老實人和他的老師。選擇他們的原因則是因為一個說了話，一個在聆聽時表示贊同。

在祭祀中，老實人因為地震的再次發生被赦免。他被一位老婦人所救，帶回家中。在這裡，他恰好遇見內貢小姐。內貢小姐告訴他，男爵夫婦已經慘遭殺害，自己也遭到強姦和販賣，如今淪為下等婦人。內貢小姐感嘆的說，邦葛羅斯告訴過她世界十全十美的話全是騙人的。

老實人和內貢小姐一起來到阿根廷的布宜諾賽勒斯，誰知內貢小姐卻被總督看上了，強迫和她成婚。老實人不得不離開自己的心上人，轉而來到加第士。在這裡，他和自己的僕人加剛菩無意中找到了黃金國。在黃金國中，一切的飲食都是免費的，人們生活富裕充足，將黃金當作不值錢石頭。此地有各種先進的建築，卻沒有監獄和法庭，因為根本無人打官司。

老實人覺得自己真的到了十全十美的世界，但他還是決定離開，並帶走了大量的黃金。他來到荷蘭，遇見悲觀主義哲學家馬丁，馬丁覺得這個世界充滿悲劇，但老實人堅持說世界上還是有好東西的。他開始和馬丁一起流浪，卻意外得知內貢小姐的消息，就在他動身前去探望內貢的時候，在船上巧遇邦葛羅斯。原來邦葛羅斯命大倖存下來，成為一名苦工。老實人問邦葛羅斯，在經歷了一系列的苦難之後，他是否還堅持世界是盡善盡美的呢？而邦葛羅斯告訴他，自己的信念始終不變。

老實人找到內貢小姐，這時的她已經變得醜陋而老邁，但內貢堅持她和老實人是有婚約的，於是老實人遵守誓約娶了她。從此便和妻子、邦葛羅

斯、馬丁、加剛菩生活在一起。

生活在一起的他們經常會討論各種道德問題，過得百無聊賴。最後，老實人從一個土耳其莊稼漢那裡獲得啟發：「工作可以免除三大不幸——煩惱、縱慾和飢寒。」於是，他們從此開始工作。每當邦葛羅斯再提起「十全十美」的說法時，老實人就會告訴他「還是種我們的田地要緊」。

《老實人》是十八世紀法國啟蒙運動的代表人物伏爾泰最著名的哲學小說，寫作這本書的目的，正是為了展現當時歐洲社會中的黑暗和醜惡，嘲笑萊布尼茨等人樂觀主義哲學的盲目性和虛幻性，同時也表明自己的哲學思想。

啟蒙派提倡自由、平等、博愛和天賦人權，他們繼承了英國思想家洛克開闢的唯物主義經驗論思想，承認物質世界的客觀存在。認為知識來自於感覺經驗，但卻站在自然神論的立場認為「神」是宇宙的第一推動者。

他們認為人在本質上是平等的，每個人都應該享有「自然權利」，只要透過「教化」就能夠讓人類獲得改善。整個宇宙是由自然而非超自然的力量支配的，而且是可以得到充分認識的，嚴格運用「科學方法」就可以解決所有研究領域的基本問題。他們反對封建專制和特權，反對宗教迷信，對抗基督教神學。

小知識

柏拉圖（約西元前427年～西元前347年）：古希臘哲學家。柏拉圖認為，我們對那些變換的、流動的事物不可能有真正的認識，我們對它們只有意見或看法，唯一能夠真正瞭解的，只有那些能夠運用理智來瞭解的「形式」或者「理念」。代表作《理想國》。

規則生活中的自由思想
德國學院派倫理學

「有兩種東西，我對它們的思考越是深沉和持久，它們在我心靈中喚起的驚奇和敬畏就會日新月異，不斷增長，這就是我頭上的星空和心中的道德定律。」——康德

1779年，康德計畫到一個叫做瑞芬的小鎮去拜訪自己的朋友威廉·彼特斯，動身之前，他先給朋友寫了一封信，說自己會在三月二日上午十一點鐘到達他家。

三月一日康德便到小鎮瑞芬，第二天一早他便租了一輛馬車前往彼特斯家。彼特斯住在離小鎮有十二英里遠的一個農場，在路途上必須經過一條小河。當馬車來到河邊的時候，車夫告訴康德說：「先生，小河上的橋壞了，我們沒辦法過去。」

康德走下馬車查看情況，發現橋中間斷裂了，河水雖然不寬，但是很深。他問馬車夫：「這附近還有別的橋嗎？」

「有的，先生」，馬車夫回答說：「但是很遠，在上游大概有六英里遠的地方。」

康德看了一眼懷錶，現在已經十點鐘。便焦急地問：「如果我們走上游那座橋，大概什麼時候可以到達農場呢？」

「最快也要十二點到。」

「如果我們走面前的這條橋，最快什麼時候能到呢？」

「只要四十分鐘就可以了。」

　　康德沉思了一下，隨即走到河邊的一座農舍中，向農舍的主人問：「請問您的這間屋子要多少錢才肯出售呢？」

　　農夫看著自己簡陋破舊的房子，吃驚地問：「您想要我的破屋子？這是為什麼？」

　　「您不需要問為什麼，只需要告訴我，您是否願意。」

　　「這樣的話，」農夫考慮了一下，然後說：「兩百法郎。」

　　康德付了錢，然後說：「如果你能夠在二十分鐘的時間內從這屋子上拆下幾根長木條，並且把這座橋修好的話，我就將這間屋子還給你。」

　　農夫立刻叫來自己的兩個兒子，在二十分鐘的時間內將橋修好了。

　　馬車過了橋，飛速向農場奔去。十點五十分的時候，在門口等待康德的彼特斯見到自己的朋友，他高興地說：「親愛的，您真準時！」

　　對康德來說，守時顯然是非常必要的準則，這是他給自己制訂的規則。當然，這位哲學家除了有著規則的生活之外，更擁有自由開放的思想。

　　做為德國學院派倫理學的代表人物之一，康德是典型的理性主義哲學家，他的倫理學也是理性主義的。

　　康德的倫理學說首先是「善良意志」的學說。他認為，倫理學應該尋求一種絕對的、無條件的善，而善良意志因其自身而善，是一切

伊曼努爾·康德的墓誌銘。

內在和外在善的前提和條件。這種善良意志，指的是那種出自對道德法則尊重或敬重的意志。

其次則是「絕對命令」。人的行為是由意志所決定的，但還決定於這個意志所遵循的行為法則。行為法則是用來指導人們行為的，所以這種法則在形式上就應當表現為一種命令，這種命令規範人們的行為，告訴人們應當作什麼或不應當作什麼。

小知識

伊曼努爾‧康德（西元1724年4月22日～西元1804年2月12日）：啟蒙運動時期最重要的思想家之一，德國古典哲學創始人。他否定意志受外因支配的說法，認為意志為自己立法，人類辨別是非的能力是與生俱來的，而不是從後天獲得的。真正的道德行為是純粹基於義務而做的行為，而為實現個人功利目的而做事情就不能被認為是道德的行為。因此一個行為是否符合道德規範並不取決於行為的後果，而是採取該行為的動機。其代表著作為《純粹理性批判》、《實踐理性批判》和《判斷力批判》。

邊沁的監獄
英國功利主義倫理學

人生如果沒有了痛苦，就只剩下卑微的幸福了。——尼采

　　傑瑞米‧邊沁是十八世紀到十九世紀英國著名的功利主義哲學家、法理學家。他是英國功利主義哲學的創立者，並以動物權利的宣揚者和自然權利的反對者聞名於世。

　　邊沁1748年2月出生於英國倫敦一個保守黨律師家庭，在他很小的時候便開始學習英格蘭歷史和拉丁文，並被稱為神童。七歲那年，邊沁讀到費奈隆的小說《忒勒馬科斯歷險記》，這本小說對他的影響很大，他在後來的回憶中提到：「我在想像中把自己比作書中的主角。在我看來，他是品德完美的典型人物。」「這本小說可以說是我整個性格的基石，也是我一生事業的出發點。我認為功利原理在我心裡的第一次萌芽，可以溯源於這部書。」

　　因為家庭的律師背景，長大後的他自然的選擇法律科系進行學習。然而，經過長期的學習和瞭解之後，邊沁很快對英國法律厭倦了，他認為英國法律主觀武斷，缺乏理性基礎，同時被特權所支配，而法律的指導原則應該從科學著手。在得到父親的允許和支持後，邊沁開始轉向對法律的研究。在這段時間裡，他讀到休謨的著作集，並從休謨的理論中找到自己所追求的標準，那就是功利主義原理。

　　1785年，邊沁提出自己的「圓形監獄」理論。在他的設計中，這個圓形監獄由一個中央塔樓和周圍環形的囚室組成，每一個囚室都有一前一後兩扇窗戶，後面的窗戶背對著中央塔樓，做為通光之用；前面的窗戶正對著中央

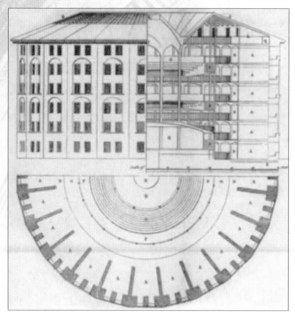

「圓形監獄」示意圖。

塔樓，使得處在中央塔樓的監視者可以輕鬆觀察到囚室中罪犯的一舉一動，但囚徒們卻無法看到塔樓裡的情況。邊沁認為，在這樣的條件下，監視者不需要一天二十四小時監視罪犯的行為，但罪犯們卻會在心理上感覺自己一直處在被監視的狀態之中，因此只需要一個監視者便可以了。

此外，邊沁還認為，監獄應該修建在大城市的附近，以便讓它成為一個顯眼的存在，提醒人們不要去犯錯，「它的獨特形狀，周圍的大牆和壕溝，門口的警衛，都會喚起人們有關監禁和刑罰的觀念……」

邊沁對自己的「圓形監獄」理論非常得意，甚至覺得可以與哥倫布發現新大陸相媲美，因此稱自己的「圓形監獄」是「哥倫布之蛋」。認為它是「一種新的監視形式，其力量之大前所未見」。雖然「圓形監獄」的設想從來沒有轉化為現實，但這一設想被稱為十九世紀訓誡制度的一個典型例證，也非常好的表現邊沁的功利主義觀念。

邊沁的理想是建立一種全面、完善的法律體系，讓這個法律能夠洞徹社會生活的方面。他認為只有徹底的法律改革，才能建設真正理性的法律秩序，而這一法律所依賴的基礎便是「功利主義」這一道德原則。這就是邊沁的功利主義學說，也是英國功利主義倫理學的起點。

　　邊沁認為，大自然將人類置於苦樂兩大主宰之下，而人的天性是避苦求樂的，功利原則就是一切行為都適從這兩種動力的原則。「善」就是最大限度地增加幸福的總量，並且引起最少的痛楚；「惡」則恰恰相反。

　　功利主義認為，追求功利正是人類一切行為的動機，也是人和政府活動所必須遵循的原則；是道德和立法的原則，也是區別是非善惡的標準。因此，快樂就是好的，痛苦就是壞的。所以任何行動，包括政府的政治方針，都必須做到為最多數人的最大幸福努力的原則，並將痛苦減少到最低，甚至在必要情況下可以犧牲少部分人的利益，這就是「最大幸福原則」。

　　功利主義根據應用的方式可分為以下幾種：情境功利主義（act-Utilitarianism）、普遍功利主義（general-Utilitarianism）、規則功利主義（rule-Utilitarianism）。

小知識

馬丁‧路德（西元1483年～西元1546年）：十六世紀歐洲宗教改革宣導者，新教路德宗創始人。該教主張「唯獨因信稱義」，即認為人是憑信心蒙恩得以稱義，人們可以無懼地站在上帝面前，不必恐懼罪惡、死亡和魔鬼，也不必因相信自己是有功才得救而驕傲。

物競天擇，適者生存
英國進化論倫理學

我認為《物種起源》這本書的格調是再好也沒有了，它可以感動那些對這個問題一無所知的人們。至於達爾文的理論，我準備即使赴湯蹈火也要支持。——赫胥黎

時至今日，已經沒有人不知道「物競天擇，適者生存」這句話，所謂「物競天擇，適者生存」，其實就是今天人人都知道的進化論。簡單而言，進化論認為一個物種是由其他物種演變而來的，這個世界並非一開始就是我們今天看到的模樣。這個觀點在今天已經是毋庸置疑的，但如果將時間上溯兩百年，這句話還是驚世駭俗的可怕言論，是挑戰上帝的瘋狂學說。

提到進化論就不能不提到它的提出者——查理斯·達爾文。這位生物學家1809年出生在一個世代行醫的家族中，並被父母順理成章地送到愛丁堡大學學習醫學，指望他繼承衣缽。然而，讓達爾文感興趣的卻從來不是治病救人，而是大自然，他從小就喜歡打獵，熱衷於採集植物和礦物標本。這種看起來遊手好閒的愛好使得他的父親非常生氣，乾脆將他送到劍橋大學學習神學，希望他能夠做一名牧師。

當然，如果達爾文向父親妥協的話，那麼我們也許要遲很多年才能知道自己從哪裡來的。所有的成功者都有著同樣的倔強，達爾文也一樣，從沒有放棄過自己的夢想。在從劍橋大學畢業的這一年，他得知一個消息，英國政府組織「貝格爾」軍艦進行環球考察。這對達爾文來說是一個好機會，他以「博物學家」的身分自費登上軍艦，參加這次環球旅行。

查理斯‧羅伯特‧達爾文，英國生物學家，進化論
的奠基人。

　　這次旅行整整耗費了五年的時間，直到1836年他們才回到英國。五年
來，軍艦穿越大西洋、太平洋和印度洋，讓達爾文看到並收集世界各地的動
植物和礦物標本。回到英國後，達爾文花費六年的時間整理出一個簡要的大
綱，並在經過二十多年的研究後，完成自己的科學巨著——《物種起源》。

　　在這部書中，達爾文論證兩個問題：一是物種是可變的，生物是進化
的；二是自然選擇是生物進化的動力。其實，在達爾文之前的科學家就已經
發現了物種是變化的，並可以透過「人工選擇」產生新的形態，而且十六世
紀的科學家還發現人和鳥的骨骼結構非常相似。這些都是達爾文研究物種起
源的基礎，可是之前的觀點都比較零散，並沒有如達爾文這樣系統詳實的論
述，而且大多數的科學家迫於社會的壓力，往往放棄了自己的觀點，因此都

達爾文的書房。

沒有造成太大的影響力，直到《物種起源》的出版。

這部書剛上市，一天之內便銷售一空，在社會上引起巨大轟動。對相信進化論的人們來說，它論證了進化論的正確性；但對頑固的教徒而言，它顯然和「神創論」大相徑庭，是對上帝和教會的褻瀆。但真理總不會被湮滅，以赫胥黎為首的一批進步學者開始幫助達爾文，他們積極宣傳達爾文主義，並不斷用新的科研成果佐證達爾文的正確。所以到了今天，我們每個人才都能說出「物競天擇，適者生存」這樣的話來。

進化論倫理學是在達爾文的進化論思想上產生的倫理思想，主要表現在他《人類的由來》一書中。

達爾文認為，高等動物和低等動物有某些共通性，比如自保、母愛、性愛等，而且幾乎絕大部分動物都有一種趨樂避苦的行為傾向。但高等動物比如人類還具有良心、道德感、同情心等，這些獨有的特徵是從低等動物逐漸進化來的。

達爾文是第一個從生物學的角度探討「義務」的學者，他認為道德現象

的根源在於生物的進化之中，道德感最初是由人類和動物都具有的母愛、性愛以及合群等本能發展而來的。對幾乎所有動物來說，合群才能帶來快樂，不合群則會感到痛苦，因此如果受到同伴的斥責，便會產生自尊心、自責等等道德情感，因此才漸漸發展出其他的道德。

　　道德感或良心是至關重要的，是人的一切屬性中最崇高的屬性，它促使人類為了同類的生命，毫不猶豫的犧牲自己；或者在經過深思熟慮之後，在義務感的驅使下為大義而犧牲。

小知識

　　魯道夫‧卡爾納普（西元1891年5月18日～西元1970年9月14日）：美國哲學家，邏輯實證主義的主要代表。他受羅素和弗雷格的影響，研究邏輯學、數學、語言的概念結構，是經驗主義和邏輯實證主義代表人物。主要著作有《世界的邏輯構造》、《語言的邏輯句法》、《語義學導論》、《邏輯的形式化》等。

西南學派
德國新康德主義倫理學

生活中只有一種英雄主義，那就是認清生活真相之後依然熱愛生
活。——羅曼·羅蘭

　　康德的形式主義道德哲學對近現代西方哲學產生巨大影響，也引起之後
哲學家的激烈爭論。比如黑格爾就認為康德道德哲學太過形式主義，缺少具
體的實在內容，他說「這就是康德、費希特道德原則的缺點，它完全是形式
的。冰冷冷的義務是上天給予理性的腸胃中最後的沒有消化的硬塊。」之
後，叔本華和尼采也更加尖銳的批判康德完全建立在抽象的概念上，缺乏實
在性。這樣的批判持續到了十九世紀末，此時一個新的流派崛起，他們提出
「回到康德那裡去」的口號，試圖批判繼承康德的道德哲學觀念，進而對人
們的道德判斷做出指導。這群哲學家被稱為「新康德主義學派」，其主要流
派有馬堡學派和西南學派（海德堡學派）等。

　　其中，文德爾班就是西南學派的創始人。文德爾班1848年生於波茨坦，
早年在耶拿、柏林和哥丁根等大學求學，跟隨K·費舍和R·H·洛采等人學
習哲學，後又陸續擔任蘇黎世、弗賴堡、施特拉斯堡和海德爾堡大學的教授
職位。他創作了《序論》、《哲學導論》等作品，而他最重要的作品則是
《哲學史教程》，在書中他用新康德主義的觀點系統闡述了以往的哲學體系
及其發展史，特別是哲學問題和哲學概念的形成和發展史。而文德爾班對康
德的學說最感興趣的，就在價值方面，他認為，哲學問題就是價值問題。

　　在新康德主義者看來，康德從思維、意志和感覺三方面來表達對人類自

身的認識和規定，恰恰構成哲學的主要內容——真、善、美，這是人類價值傾向的表現。哲學有必要也有權利去研究和認識與人類生活相關的一切範疇和領域，其中就包括對價值論的認識。

此外，重視價值並不只是承認物質價值，而是要把價值評價視為是對人類心智最深層面的認識，要賦予精神價值特殊的意義和全人類的性質，這其中就包括道德原則、審美原則和形式邏輯。哲學描述和認識這些價值的目的在於說明它們的效用性，強調價值觀所具有的「立法性」。也就是說，價值的效用就集中在道德哲學的層面上，它最終的指向是人性，是人類最終的道德建構。

新康德主義同樣發源於德國，它是一場針對古典唯心主義浪潮消退後在科學領域氾濫的唯物主義思潮的反對運動。新康德主義者要求重返康德，創造出一種能夠適應現代科學要求的哲學，他們批判繼承和發展康德的哲學思想，突出道德的絕對價值。力圖消除道德相對主義和價值相對主義，希望建立起人文科學的效用理論及政治科學的哲學理論建構。

新康德主義者認為，「哲學從來就不是從價值觀念中衍生出來的；它只是在意識上經常受到它們的強烈影響」，因此哲學有必要去認識和人類生活相關的一切領域，透過那些現象來認識世界，進入到最深的層面上。

小知識

約翰‧杜威（西元1859年～西元1952年）：英國哲學家，實用主義教育思想的代表人物。他從實用主義經驗論和機能心理學出發，批判傳統的學校教育，並提出自己的基本觀點——「教育即生活」和「學校即社會」。

絕對與自我

新黑格爾主義倫理學

人不能兩次踏入同一條河流，太陽每天都是新的。──赫拉克利特

1831年，黑格爾逝世後，因為他的哲學體系中的矛盾，學派內部爭論和外來的批評都使得黑格爾主義迅速衰弱下去。再加上1848年資產階級革命爆發，人們對德國古典哲學失去往日的興趣，黑格爾哲學也被徹底拋諸腦後。

直到十九世紀末，西方各國的資本主義發展遭遇危機，自由資本主義制度已經無法再適應社會經濟的發展，開始向壟斷資本主義轉變。經濟政治上的變化反映到哲學上，個人自由和民主權利理想化、神聖化的理性主義傳統也遭受挑戰，人們不再滿意於強調原子式的個體的傳統經驗主義，而期望有強調整體、絕對的哲學觀。正是趁著這股風潮，打著「復興黑格爾」旗號的新黑格爾主義誕生了，並很快成為極具影響力的流派。

1865年，蘇格蘭哲學家J‧H‧斯特林出版了他的著作《黑格爾的秘密》，這位黑格爾的崇拜者說：「黑格爾對思維做了一種如此深刻的細緻研究，以致於對大多數人來說很難理解。」他試圖洗清英國公眾心目中普遍存在的對德國哲學的反感，把德國唯心主義尤其是黑格爾的絕對唯心主義介紹到英國。

不過，新黑格爾主義的主要奠基人則是格林。在當時，最著名的哲學思潮還是經驗主義的哲學，而穆勒則是最富盛名的哲學家，但身為牛津大學教授的湯瑪斯‧希爾‧格林卻向穆勒的經驗主義發起挑戰。格林認為，以休謨為代表的經驗主義者認為哲學家的職責是把人的知識還原為一些原始的因

素，然後再由這些材料構造出經驗世界，這種觀念忽視了人的理智，無法解釋人類知識的可能性。

他要求以德國哲學中存在的強調聯繫和整體性的觀點來取代經驗主義關於事物處於分散、孤立狀態的觀點，使哲學轉向德國的較有生氣的路線。因為歷史和政治發展的需要，格林的觀點很快擊敗了穆勒的經驗主義，黑格爾和唯心主義開始在英國風靡起來。

在英國，最著名和影響最大的黑格爾主義者應該算是布拉德雷，他被稱為「當今的芝諾」、「哲學家中的哲學家」、「康德

黑格爾的哲學思想主宰了近代歐洲人的意識。

以來最大的學者」。布拉德雷和其他的新黑格爾主義者幾乎把持當時各個主要大學的哲學講壇，正是因為他們的努力，新黑格爾主義再次復興，並演變成歷久不衰的熱潮。

新黑格爾主義指的是十九世紀下半葉以來復活的各種黑格爾哲學思潮的總稱，兩次世界大戰之間在德意等國發生過巨大影響。

新黑格爾主義在不同國家、不同時期的表現形式往往有很大差別，英、美的新黑格爾主義者將從黑格爾那裡繼承並加以重新解釋的絕對概念當作基本概念，因此他們的理論又叫絕對唯心主義；而德、意等國的新黑格爾主義者並不專門研究黑格爾哲學，往往以別的唯心主義哲學做為出發點，但在基本思想上仍與黑格爾的唯心主義哲學密切相關。

新黑格爾主義學說的共同特點是：基本上都繼承了黑格爾把精神性的「絕對」當作唯一真實存在的客觀唯心主義觀點，但同時又把「絕對」與具

有創造作用的「自我」融合起來，表現出向主觀唯心主義轉變的傾向。大多重視辨證法的研究，但主要是突出黑格爾辨證法中的唯心主義特質。多半發揮了黑格爾關於國家和社會理論的消極方面，對社會歷史做了主觀主義和非理性主義的解釋，從根本上否定社會歷史的規律性。

小知識

　　金嶽霖（西元1895年～西元1984年）：中國哲學家、邏輯學家。他是最早把現代邏輯系統地介紹到中國來的邏輯學家之一，並把西方哲學與中國哲學相結合，建立了獨特的哲學體系。代表作有《邏輯》、《論道》和《知識論》。

瘋狂的太陽
非理性主義倫理學

人都會犯錯，在許多情況下，大多數仍是由於慾望或興趣的引誘而犯錯的。——洛克

1844年10月15日，一個男孩出生在普魯士薩克森州勒肯鎮附近洛肯村。男孩的父親是被國王派來的鄉村牧師，他曾經是威廉四世的宮廷教師，教過四位公主，深得國王的信任，加上這個孩子出生的日期正好是當時的普魯士國王威廉四世的生日，於是國王便將自己的名字賜給這個孩子。他便是弗里德里希·威廉·尼采，世界上最著名的哲學家之一。

與國王能夠同一天生日對尼采的父母來說是個非常好的預兆，但對於這件事，尼采是這麼說的：「無論如何，我選在這一天出生，有一個很大的好處，在整個童年時期，我的生日就是舉國歡慶的日子。」

快樂的日子總是很短。五年之後，尼采的父親就因為腦軟化症過世了，不久，他兩歲的弟弟又夭折。親人的接連過世令這個年幼又敏感的孩子感覺到生命的無常，後來他回憶說：「在我早年的生涯裡，我已經見過許多悲痛和苦難，所以全然不像孩子那樣天真爛漫、無憂無慮……從童年起，我就尋求孤獨，喜歡躲在無人打擾的地方。這往往是在大自然的自由殿堂裡，我在那裡找到了真實的快樂。」

父親和弟弟的去世使得尼采成為家中唯一的男丁。被祖母、母親、姑姑和妹妹圍繞著，在全是女性的家庭中長大，尼采被寵慣得脆弱而敏感。他不愛與外人交往，只喜歡獨處，是個孤僻的孩子。一個人獨處讓他很早就開始

思考，他比同年齡的孩子都要早熟得多。此外，尼采全家都是清教徒，父親是一名牧師，在這樣的家庭中長大，尼采始終懷抱著清教徒的本色，並希望能夠繼承父親的事業。

長大後的尼采進入了學校學習音樂和文學，這是他第一次接觸到基督教之外的知識，1864年之後，尼采又進入波恩大學學習，這時的他已經放棄對宗教的研究，轉到對哲學的鑽研之中。他不再滿足於清晰與冷靜，而需要熱情、神秘的東西。不久，他讀到叔本華的《做為意志和表象的世界》，並瘋狂迷上叔本華的哲學。

1872年，尼采發表自己的第一部專著《悲劇的誕生》，這部充滿了浪漫色彩和絕妙想像力的著作充滿反潮流的內容。書中尼采放棄精確的文字學研究方式，而採用哲學的演繹方式進行論述。這本書的出版引起很大的迴響，但同時也遭到語言學家們的強烈反對。

1882年，尼采結識自己生命中唯一的情人——俄國少女莎樂美。然而，莎樂美並沒有答應他的求愛，只與他保持著朋友的關係。可是尼采的妹妹伊莉莎白卻對他們之間的友情充滿嫉妒，在兩人之間撥弄是非，最終使得尼采和莎樂美反目成仇。這次打擊讓得尼采幼年時便患上的沉痾舊病復發，使他幾乎喪命。而從此之後，尼采再也沒有愛過任何一個女人，而且在今後的歲月裡，他始終對女性充滿著鄙夷和不滿，與此相對的，則是更加強烈地對自己進行讚美和誇耀。

在與莎樂美的感情破裂之後，尼采來到義大利，寫下他的《查拉圖斯特拉如是說》。在書中，他提出著名的「超人」理想，並寫下「我是太陽」這樣的字句。而這部作品對尼采的意義最為特別，他曾經說過：「在我的著作中，《查拉圖斯特拉如是說》佔有特殊的地位。它是我給予人類的前所未有的最偉大的餽贈。」之後，他又陸續寫出不少的倫理學著作，作品頗有深度，但同時也充滿強烈的攻擊性和狂熱的自我吹噓。

1889年，因為長期的病痛以及無法被世人理解的孤獨，尼采在大街上抱

住一匹正在被馬夫虐待的馬匹的脖子，痛哭道：「我受苦受難的兄弟啊！」就徹底發瘋了。十年之後，這個孤獨而狂妄的思想者在魏瑪孤單地去世。生前的他曾經說過，只有到2004年，世人才能理解其學說的魅力，到了今天，是否真的有人能夠理解這位孤獨的哲學家呢？

尼采是非理性主義倫理學的代表人物之一。所謂非理性主義，簡單說來就是否定或限制理性在認識中的作用，將理性與直觀、直覺、本能等對立起來。非理性主義倫理學家們認為人類在本質上是非理性的，他們否認理性主義者所設想的「宇宙理性」和「宇宙正義」的存在，也否認運用理性可以證明的倫理原則。

非理性主義倫理學經歷意志主義、生命哲學、存在主義、佛洛依德主義到法蘭克福學派等的演變，其中意志主義主要包括叔本華的生命意志論和尼采的權利意志論。叔本華認為，「世界的一面始終是表象，正如另一面始終是意志」，他宣揚無意識的意志，認為理性和科學完全不適用於道德範疇；尼采的哲學思想繼承了叔本華，他也認為世界的本體是生命意志，而他強調的是一種非道德主義，反對傳統的基督教道德和現代理性。存在主義則認為存在不是客體而是主體。

小知識

弗里德里希·威廉·尼采（西元1844年10月15日～西元1900年8月25日）：德國哲學家，西方現代哲學的開創者。尼采提出強力意志說，他用強力意志取代上帝的地位，他所謂的強力意志不是世俗的權勢，而是一種本能的、自發的、非理性的力量，它決定生命的本質，決定著人生的意義。其主要著作有《悲劇的誕生》、《希臘悲劇時代的哲學》、《查拉圖斯特拉如是說》、《偶像的黃昏》、《上帝之死》等。

人之初，性本善

孔子的仁愛觀

所謂道德是指你事後覺得好的東西，所謂不道德是指你事後覺得不好的東西。——海明威

《淮南子‧齊俗訓》中記載了這樣一個故事：子路拯溺而受牛謝，孔子曰：「魯國必好救人於患也。」子貢贖人而不受金於府（魯國之法，贖人於他國者，受金於府也）。孔子曰：「魯國不復贖人矣。」子路受而勸德，子貢讓而止善。說的是子路救了一個溺水的人，對方為了感謝他送給他一頭牛，子路接受了。孔子知道後便說：「以後魯國的人看到別人出事都會去主動救人。」魯國頒布了一部法律，在其他國家淪為奴隸的魯國人，如果有本國人為他們贖身的話，可以去官府領取一定的補償金額。子貢在其他國家為魯國人贖身，但卻沒去官府領取賞金，孔子知道後說：「這樣的話，魯國人都不會再去贖人了。」

《說苑‧辨物篇》也記載了有關孔子的言論。子貢問孔子：「死人有知無知也？」孔子曰：「吾欲言死者有知也，恐孝子順孫妨生以送死也；欲言無知，恐不孝子孫棄不葬也。賜欲知死人有知將無知也？死徐自知之，猶未晚也！」這段話的意思是，子貢問孔子說：「人死了之後到底是有意識還是沒有意識的啊？」孔子回答說：「如果我說人死了還有意識的話，我怕那些孝順的子孫們會故意放棄生命以完成孝道；但如果我說人死了之後沒有意識的話，我又怕那些不孝子孫將死去的長輩棄於荒野不予安葬。你如果想知道人死了之後有意識還是沒意識的話，死了之後就會知道，那時也不算晚。」

《孔子聖跡圖》局部。

　　上面的兩段話很好的展現了孔子的某些倫理思想。儘管基本上大家都認為孔子對於人性的觀點是樂觀的，是人性本善觀念的支持者，但實際上孔子從來沒有正式談起過他對於人性的觀念。

　　在孔子留下的言論中，他對於人性的態度都是如上面那兩段對話中一樣的，只是鼓勵人們去實踐一切善的行為，並贊同因為善行而獲得的金錢報酬。因為他認為，這樣可以讓更多的人去投入到行善的作為當中去。

　　孔子的倫理思想可以用兩個字歸納，那就是「仁」和「禮」。而從仁和禮出發，則可推究出孝、義、道德、信等多種倫理觀。

　　在《論語》中孔子多次提到了仁，比如「克己復禮為仁」、「愛人」、「居處恭，執事敬，與人忠」等，總結起來，仁其實就是人所應該具有的友愛的本性，也就是善。而仁的具體表現就是「忠」和「恕」，也就是說，要

嚴以律己，並寬容愛人，這才能夠達到仁的境界。

　　仁是每個人應該具有的內在道德，而禮則是外在的約束和自制。孔子所謂的禮可以算是一種政治範疇，包括了社會規範、典章制度等各個方面。孔子要求「齊之以禮」，也就是說要用各種已有的規範來約束我們的行為，使我們自覺遵守道德規範，最終達到仁的目的。

小知識

　　奧古斯特‧孔德（西元1798年2月17日～西元1857年9月5日）：法國著名哲學家，社會學的創始人。他認為人類社會有統一性，人性中的感性是推動社會發展的動力，人性中的才智則是推動社會發展的工具。理想社會應該是企業家或科學家當主管，用科學來指導生活，沒有戰爭，很有秩序的工業社會。

惻隱之心，人皆有之
孟子的性善論

表面的美只能取悅一時，內心的美才能歷久不衰。——歌德

孟子曰：「所以謂人皆有不忍人之心者，今人乍見孺子將入於井，皆有怵惕惻隱之心。非所以內交於孺子之父母也，非所以要譽於鄉黨朋友也，非惡其聲而然也。由是觀之，無惻隱之心，非人也；無羞惡之心，非人也；無辭讓之心，非人也；無是非之心，非人也。惻隱之心，仁之端也；羞惡之心，義之端也；辭讓之心，禮之端也；是非之心，智之端也。人之有是四端也，猶其有四體也。」

譯成白話文就是孟子說：「人都是有不忍之心的，現在的人如果看見小孩子掉入井中，一定會覺得擔心惋惜。這並不是因為這些人與這個小孩子的父母是朋友，也不是因為他們要在鄉鄰親友中獲得好名聲，更不是因為怕會有壞名聲才這樣。如此看來，如果沒有惻隱之心的，都不能稱得上是人；沒有羞惡之心的，不能算是人；沒有謙讓之心的，沒有是非之心的，也不能算是人。惻隱之心是仁愛之心的起始；羞惡之心是義的起始；謙讓之心是禮儀的起始；是非之心是智慧的起始。人天生就具有這四種品德，就如同人有四肢一樣。」

「四端」學說是孟子最重要的倫理學說，也是他整個性善論的基礎。基本上來說，孟子是性善論的支持者，認為人類天生的本性中就具有仁、義、禮、智這四種品行。而在現實生活中，孟子更是一個勇於面斥君主之非，強調自己的德行觀念的人。

《孟母斷機教子圖》

在《孟子》中有很多這樣的記載：

梁惠王曰：「寡人願安承教。」孟子對曰：「殺人以梃與刃，有以異乎？」曰：「無以異也。」「以刃與政，有以異乎？」曰：「無以異也。」曰：「庖有肥肉，廄有肥馬，民有飢色，野有餓莩，此率獸而食人也。獸相食，且人惡之，為民父母，行政，不免於率獸而食人，惡在其為民父母也？仲尼曰：『始作俑者，其無後乎！』為其像人而用之也。如之何其使斯民飢而死也？」

意思是，孟子去見梁惠王，梁惠王向他請教。孟子說：「用棍子殺人和用刀殺人，有什麼區別嗎？」梁惠王說：「沒有不同。」孟子又問：「那麼用政治殺人，有什麼不同嗎？」梁惠王回答說：「沒有不同。」孟子說：「廚房裡有豐美的肉食，馬廄裡滿是好馬，但民眾卻沒有飯吃，餓死在野地裡，這就等於帶著野獸來吃人。野獸互相蠶食都會引起人類的厭惡，但君主身為百姓的父母，處理政事，卻不能免除野獸食人的問題，這樣能算是百姓的父母嗎？孔子說：『第一個拿人形俑來陪葬的人，一定會絕後的！』因為他竟然用像人的東西來做陪葬，那讓自己的百姓因為飢餓而死的人又該遭到什麼樣的報應呢？」

「始作俑者，其無後乎！」雖然孟子說這是孔子的話，但在有關孔子的記載中卻沒有相關的說法。這一句話其實強烈地表達孟子的某些倫理觀念，那就是對人生命的尊重，連做成人形的陶俑陪葬都能讓他憤怒，更何況其他不尊重人的行為。惻隱之心，人皆有之，而孟子的惻隱之心，更是表現在他

每一句經典言論當中。

孟子是第一個正式提出「性善」論的儒學大家，他繼承孔子「仁」的思想，並使之更加系統化，發展重利輕義、仁者愛人、以德治國以及重視個人修養等思想。

孟子認為人性有四心，即「惻隱之心」、「善惡之心」、「謙讓之心」、「是非之心」，

孟廟，又稱「亞聖廟」，是歷代祭祀孟子的地方。

這四心和仁、義、禮、智相結合，便構成道德之「四端」，這是人天生就具有的四種道德品行。道德和良知是人性的根源，但它也有可能被後天的慾望所誘惑，所以人必須「清心寡欲」、「養吾浩然之氣」，修身養性，最終達到至善的境界。

此外，孟子還提出人與人之間的君、臣、父、子、友「五倫」關係，同時確立了處理「五倫」關係的準則，即父子有親、君臣有義、夫婦有別、長幼有序、朋友有信。

小知識

威廉·詹姆士（西元1842年1月11日～西元1910年8月26日）：美國哲學家，實用主義代表人物。他終其一生都在探討超個人的心理現象與超心理學，認為人的精神生活有不能以生物學概念加以解釋的地方，可透過某些現象來領會某種「超越性價值」。代表作《心理學原理》、《一些哲學問題：哲學導論的起點》、《人的不朽》等。

今人之性，生而有好利
荀子的性惡論

我不願有一個裝滿東西的頭腦，而寧願有一個思想開闊的頭腦。——
蒙田

　　荀子是戰國後期趙國人，先秦儒家的最後一位大師。當時齊國的稷下學宮最為興盛，聚集了大量的人才，也引起不少人前往齊國，希望能一舉成名，實現自己的理想抱負。荀子十五歲來到齊國遊學，並拜宋鈃為師。西元前285年左右，齊湣王大舉興師，滅了宋國，他的做法引起國人的反對，稷下學宮的學者們也紛紛向他進諫，但齊湣王不聽善言，使得稷下學者們紛紛離開齊國，荀子也去了楚國。

　　西元前279年，齊襄王掌權，重整稷下學宮，將之前離開的人才重新招攬，荀子重回齊國。此時因為之前的許多學者或老或亡，荀子成為了最重要的學者，並三次擔任了祭酒之職。

　　齊襄王死後，齊王建即位，他聽信讒言，趕走了荀子。荀子被迫離開齊國，再次來到楚國投奔春申君。但在楚國他也遭到奸人陷害，被迫回到趙國。後來春申君再次邀請荀子入楚，並命他擔任蘭陵令。直到西元前238年春申君遇刺身亡後，荀子罷官，並終身居於蘭陵撰寫自己的著作。

　　在《荀子》中，最重要的也最基本的便是〈性惡〉這一章，本篇中闡述了荀子最基本的儒家觀念，那就是性惡論。

　　荀子認為，人的本性天生就是惡的，善不過是偽裝出來的。如今人的天性便是逐利而走，正因為這種天性，所以爭搶掠奪才會產生而推辭謙讓則消

失了；人天生就有妒忌的心理，正因為這種天性，所以殘殺就產生而忠誠守信則消失；人天生就有耳目的貪慾，喜歡音樂、美色的本能，正因為這種天性，所以淫亂就產生而禮義法度就消失。如果放縱人的本性，依順人的情慾，就一定會出現爭搶犯亂，而最終趨向於暴亂。所以一定要有法度的教化、禮義的引導，然後人們才會從推辭謙讓出發，遵守禮法，而最終趨向於安定。由此看來，人的本性邪惡是很明顯的事，善良的則是人為做出來的。

所以彎曲的木料一定要經過薰蒸、矯正然後才能挺直；不鋒利的金屬器具一定要依靠磨礪然後才能鋒利。人的本性邪惡，一定要

《勸學》是《荀子》一書的首篇，較系統地論述了學習的目的、意義、態度和方法。

學習禮教才能端正，要得到禮義的引導才能治理好。人們不學習禮制，就會偏邪險惡而不端正；沒有禮儀，就會叛逆作亂而不守秩序。古代聖明的君王認為人的本性是邪惡的，人們性格邪惡而不端正、叛逆作亂而不守秩序的，因此給他們建立了禮儀、制訂了法度，用來改變人們的性情而端正他們，用來感化人們的性情而引導他們，使他們都能從遵守禮制，合乎道德。人如果能被禮教所感化，學習知識、遵行禮儀的，就是君子；縱情任性、習慣於恣肆放蕩而違反禮儀的，就是小人。

　　如果說孟子繼承了孔子的「仁」，那麼荀子則繼承了孔子的「禮」。荀子提出性惡論的觀點，認為人天生的本性是趨向於享樂、放縱慾望的，也正因為如此，所以才需要用後天的「禮」去約束它。

　　在荀子看來，人類的本性就是追求名利和享樂的。人類具有妒忌、殘殺、貪婪、淫慾等種種惡性，善良的天性則是裝出來的，如果人類放縱自己的性情，那麼必然會產生數不盡的爭奪和仇殺。但是這種天性是可以在後天進行改造的，這就是「禮」的作用。經過道德的教化，可以讓人回歸到道德的體系中來，按照道德的約束行動。

　　此外，荀子還主張要適當滿足人類的物質利益，「義與利者，人之所兩有也」，這是人的正當需要，只要加強道德教育，不讓好利之心超過好義之心的話，就是值得鼓勵的。

小知識

　　阿爾貝・加繆（西元1913年11月7日～西元1960年1月4日）：法國小說家、哲學家。他的哲學思想多數表現在他的小說中。其思想核心就是人道主義，人的尊嚴問題一直是圍繞他的創作、生活和政治抗爭的根本問題。此外他的小說中還存在大量的二元對立的主題。

道法自然
道家倫理觀

一個人如果再也無法光榮地活下去，就該光榮地死去。——尼采

《莊子·應帝王》中有這麼一個故事：南海之帝為儵，北海之帝為忽，中央之帝為混沌。儵與忽時相遇於混沌之地，混沌待之甚善。儵與忽謀報混沌之德，曰：「人皆有七竅以視聽食息，此獨無有，嘗試鑿之。」日鑿一竅，七日而混沌死。

故事說的是南海之帝叫儵，北海之帝叫忽，而中央之帝叫混沌。儵和忽在混沌這裡相遇，混沌待他們非常友善，於是儵和忽想報答混沌，他們商量說：「人都有七竅用以聽、看、吃和呼吸，唯獨混沌沒有，不如我們為他鑿

元朝畫家劉貫道的《夢蝶圖》取材於「莊周夢蝶」的典故，畫中童子抵樹根而眠，莊周坦胸仰臥石榻，鼾聲醉人。

出七竅來。」他們每天為混沌鑿出一竅，到了第七天的時候，混沌卻死了。

故事很短，卻表現了道家思想中很重要的一點，那就是——自然。在莊子的觀念中，一切存在著的東西就是自然，人千萬不要費力去改變它，去試圖做些什麼，這就是無為。就像故事中儵和忽試圖改變混沌原本的狀態，結果導致混沌的死亡一樣，遵照自然去生活才是最重要也最基本的態度。

相傳，莊子之妻去世的時候，惠子去弔唁，卻發現莊子坐在一旁敲著盆在唱歌。惠子說：「兩人相依相伴，生長、衰老最後到死，不哭也就算了，還要唱歌，太過分了吧！」莊子說：「我不這麼認為。當她剛死的時候，我怎麼會不傷心呢？但人起初本來就沒有生命；不只沒有生命，而且沒有形體；不只沒有形體，而是沒有元氣。在恍惚之間產生了元氣，元氣產生了形體，而形體又產生了生命。現在又重新回到死亡，這與春、夏、秋、冬四時的變化是一樣的。死去的人安然地躺在天地之間，但我卻傷心嚎哭，這是不通曉天命的做法，所以我止住哭泣了。」

道家認為，「道」是宇宙的本源和根本法則，人應該以「道」為法，而要追求道，就是要保持一種無知、無慾、無爭的狀態，這樣才能與道合一，達到至善的境界。世俗的仁、義等道德規範，實際上偏離了真正的道，他們會誘使人們去追名逐利，是慾望的表現，因此應該「絕聖棄智」、「絕仁棄義」、「絕巧去利」，廢除掉一切的慾望和知識，回歸於嬰兒那種無知無識的狀態。

「無為而治」。道家認為所有的主動性的改變和行動都是沒有必要的，反而會損害道，只有順其自然，不要試圖去改變，這樣才能透過不為而最終達到為的目的。

「無用之用」。道家認為，有用反而會導致迫害和死亡，有時候無用反而能保證不受到傷害。比如不能做為房屋材料的大樹就不會被砍伐，反而能維持長久的壽命，但其他的樹木則會遭受早早被砍伐的命運。

出世思想。道家追求的是一種擺脫了生死，自由翱翔於天地之間，不為世俗種種所拘束的全然的自由。在這裡，俗世中的功名利祿都無法吸引他們，只有那種與天地同化、感受自然的生活才是道家所追求的生命的終極目標。

小知識

約翰‧洛克（西元1632年～西元1704年）：英國哲學家，經驗主義的開創人。他認為人類所有的思想和觀念都來自或反映了人類的感官經驗，人的心靈一開始時就像一張白紙，而向它提供精神內容的是觀念。他還主張感官的性質可分為「主性質」和「次性質」。著作有《論寬容》、《政府論》、《人類理解論》。

兼愛非攻

墨家倫理觀

你若要喜愛你自己的價值，你就得給世界創造價值。——歌德

先秦時期，中國還是一個由許多諸侯國組成的國家，各國之間紛爭、戰亂不斷，經常會發生大國侵略小國的事情。

當時，楚國想要侵吞弱小的鄰國宋國，國君讓著名的工匠公輸班（魯班）為軍隊打造了一種名叫雲梯的工具，這種雲梯非常高大，能夠幫助楚國士兵輕鬆攻打對方的城牆。工具造成之後，楚國國君開始進行戰爭動員，想要藉助雲梯的威力將宋國一舉吞併。

墨子很快就聽到這個消息，他立刻出發，走了十天十夜趕到楚國國都拜訪公輸班，希望能夠阻止這場即將爆發的戰爭。見到公輸班之後，墨子說：「北方有一個人欺負我，我希望藉助你的力量殺死他。」公輸班聽到這話，很不高興，墨子又接著說：「我可以給你十金做為你的報酬。」公輸班說：「我有我的準則，不會為了錢去殺人的。」聽到這裡，墨子立刻站起身，又繼續說：「我在北方聽說您造了雲梯，將要攻打宋國。宋國何罪之有呢？楚國幅員遼闊，但人口並不多，犧牲本國人民的生命，爭奪本來就很富饒的土地，這顯然不是明智的行為；宋國明明沒有犯錯卻攻打它，這也不合仁義；你知道這樣的情況卻不勸阻，這不能算作忠誠；如果您去勸阻了卻不能達到目的，這也不能算堅強；您說您的準則是不殺人，但卻要殺死這麼多的人，這也不能算明白事理。」

公輸班被說得啞口無言，墨子問他：「現在不會去攻打宋國了吧？」公

輸班說：「不行啊！我已經答應楚王了。」
墨子說：「那就帶我去見楚王吧！」

見到楚王，墨子說：「如今有一個人放著自己漂亮的車子不要，卻想偷鄰居的破車；自己華貴的衣服不要，卻想偷鄰居的舊衣服；自己明明有好肉可以吃，卻要去偷鄰居家的粗糧。這是什麼人呢？」楚王說：「這人一定有偷竊的毛病。」墨子立刻說：「楚國方圓五千里，宋國卻只有五百里，這就好比漂亮的車和破車對比。楚國有雲夢，各種珍奇美味數不勝數，而宋國卻連一般的魚、兔都沒有，這就好比精肉與糟糠。楚國有優良的木材，宋國卻沒有，這就好比華貴的衣物和破衣服。我認為您想攻打宋國就和我上面說的情況一樣。」

墨子像。

楚王聽後說：「可是公輸班已經為我造好雲梯，我一定要攻下宋國！」墨子便讓楚王將公輸班招進來，自己解下腰帶當作城池，將竹片當器械，讓公輸班模仿攻城。公輸班一連換了九種方法進攻都未能奏效，他的器械已經用完，但墨子的守城方法還綽綽有餘。

公輸班黔驢技窮，無奈地說：「我知道怎麼對付你，但是我不說。」墨子說：「我也知道你想怎麼對付我，但我也不說。」楚王便問他究竟。墨子說：「公輸班的意思是可以殺了我。如果殺了我，宋國學不會我的方法，就無法守住城門了。但我的弟子禽滑厘等三百人已經帶上我的工具，守在宋國城樓上等著和楚國開戰。就算殺了我，也殺不完保衛宋國的人。」

聽到這裡，楚王說：「好吧！我不再攻打宋國了。」

墨子是魯國人，與楚國和宋國都沒有任何關係，之所以千里迢迢去勸阻這場戰爭，完全是因為他對於他人的慈愛之心，而這也正合了他兼愛非攻的倫理思想。

「兼相愛，交相利」，是墨子倫理思想中最重要的部分，他認為人要像對待自己一樣對待別人，如果像愛護自己一樣愛護別人，不論是何階層，不論貧富，不分國家地域，都要彼此相親相愛。墨子認為，只有大家彼此愛護，才能真正解決先秦時期紛爭不斷，戰亂頻起的局面。

「視人之國，若視其國；視人之家，若視其家；視人之身，若視其身」，「諸侯相愛，則不野戰；家主相愛，則不相篡；人與人相愛，則不相賊；君臣相愛，則惠忠；父子相愛，則慈孝；兄弟相愛，則和順。」人類的自私自利是造成爭鬥的原因，只有大家能夠彼此關愛，先愛人、先利人，必然會得到對方的關愛，獲得利益，最終達到天下太平，安居樂業的目標。

小知識

戴震（西元1724年～西元1777年）：清朝考據學家、哲學家。他認為物質的氣是宇宙本原，陰陽、五行、道都是物質性的氣。認為理是事物的條理，是事物的規律，不能脫離具體事物而存在，理就在事物之中，「理化氣中」。在倫理思想方面，認為人「有欲、有情、有知」，這是人的本性，否定情慾，也就否定了「人之為人」。

黃老無為而治
漢唐倫理學說

真理不是靠喝采造出來的，是非不是靠投票決定的。——卡萊爾

西漢初年，天下初定。因為秦末戰亂持續時間太長，社會經濟遭到破壞，百姓生活極為困苦。為了恢復生產，保持社會穩定，漢初的統治者便訂下了清靜無為、休養生息的治國政策，以黃老學說治理天下。

所謂黃老，黃指黃帝，老指老子，他們兩人正是傳說中黃老學說的創始人。黃老學說以道家學說做為哲學基礎，以法學為其基本的政治主張，道法結合，兼眾家之長。但與傳統的道家學說不同的是，道家講究修身養性，只注重自身的道德修養，並不關注政治，甚至是採取迴避政治的態度；而黃老學說主要是講政治的，是談君主的執政之道，相對務實得多。黃老之術強調「道生法」，認為君主應「無為而治」，主張「是非有，以法斷之，虛靜謹聽，

史稱老子見周將亂，乘青牛西出函谷關。

101

以法為符」，「省苛事，薄賦斂，毋奪民時」，透過這種「不為」最終達到「有為」的目的。

秦朝時實行的是法家治國之法，以法為教，以吏為師，但這樣的強權政治在掃平六國之時雖然有用，卻在治國之時折戟沉沙，使得強大的秦國僅僅存在了16年就亡國，成為中國歷史上最短命的王朝之一。後來漢朝建立，秦朝遺臣陸賈向劉邦力薦以儒家《詩》、《書》治國，但劉邦是草莽出身，說自己是馬上得天下，哪裡需要什麼《詩》、《書》，陸賈卻勸劉邦說，可以馬上得天下，卻不能馬上治天下。劉邦頗為受教，立刻讓陸賈為他寫一篇文章，分析秦失天下及漢得天下的經驗教訓。

對當時的漢朝來說，雖然政治上已經穩定，但百姓剛剛經歷了秦末連年戰亂，加上秦朝的暴政苛行在人們心中留下了不少陰影，使得人們非常渴望穩定平靜的生活，不受刑罰。劉邦入關之時就曾約法三章：「殺人者死，傷人及盜抵罪，餘悉除去秦法」，廢除了苛刻的秦國法律，贏得民心。後來掌握天下，蕭何為相，制訂了漢律九章，簡明清楚。蕭何時候，劉邦又任用曹參為相，曹參慣學黃老，以黃老之術治天下，給人民以自我休養之機，社會經濟也逐漸恢復，終於迎來了之後「文景之治」的盛況，所以後來的人們讚道：「蕭何為法，斠若畫一；曹參代之，守而勿失；載其清靜，民以寧一。」

漢唐兩代被視作中國倫理學的繼承時期，當時的倫理思想基本上是繼承了先秦時期儒道等派的學說。

漢初以黃老學說治國，休養生息，國家的維繫還是依賴著宗親血緣關係，因此孝是當時倫理學最重要學說之一。到了漢武帝時期，國家經濟已然恢復，為了鞏固自己的統治，加強中央集權，漢武帝罷黜百家，獨尊儒術，改以儒家思想治國。以董仲舒為首的哲學家建立了「天人合一」之思想，大力鼓吹「仁」。他認為人追根究底是從天來的，因此人不能不遵守天的法

度，而天的法度也就是「仁」。

漢末天下大亂，魏晉時期紛爭不斷，很多文人轉而投向了玄學的懷抱，尚清談，以道家的無為、佛家的厭世思想及儒家的有命論為主。

小知識

卡爾‧波普爾（西元1902年～西元1994年）：奧地利哲學家，批判理性主義的創始人。他認為經驗觀察必須以一定理論為指導，但理論本身又是可證偽的，因此應對之採取批判的態度。此外，可證偽性是科學不可缺少的特徵，科學的增長是透過猜想和反駁發展的，理論不能被證實，只能被證偽，因而其理論又被稱為證偽主義。代表作《歷史決定論的貧困》、《開放社會及其敵人》、《科學發現的邏輯》等。

存天理，滅人欲
宋明理學

道德是個人心目中的群居本能。——尼采

　　朱熹是鼎鼎有名的理學大家，宋朝儒家的代表人物，被世人公認的繼孔孟之後最傑出的儒學大家，「集大成而緒千百年絕傳之學，開愚蒙而立億萬世一定之歸」。他鼓勵建立書院，使書院教育走上正規，並四處講學，將儒家文化傳播開來。這些功績使他成為後世最為推崇的理學大家，他對《論語》的解釋也被奉為圭臬，成為不容質疑的權威。

　　然而，在莊嚴正直的表象之下，朱熹卻有著截然不同的一面。在他的論述中，最有名也最為人詬病的，恐怕就是「存天理，滅人欲」這一句了。「存天理」可以說是對於道的不斷探索，但「滅人欲」則顯然有悖於人的自然屬性，否定了人類情感的自然流露，逼著眾多男男女女被迫壓制自己的情感，也難怪會讓人批判。而關於朱熹加害名妓嚴蕊的故事，更讓他的名聲染上了瑕疵，加深了他在人們心目中「滅人欲」的道學形象。

　　嚴蕊，原名周幼芳，出身寒微，後淪為天臺營妓。因為天生麗質，加上才華出眾，無論琴棋書畫、歌舞管弦，無一不精，尤其擅長作詩詞，能片刻寫就，意境高遠，為時人所嘆服。因此嚴蕊很快便成為名噪一時的青樓女子，當時很多少年子弟都仰慕她的美豔和才華，不遠萬里趕來相見。

　　台州太守唐仲友也是位風流才子，他與朋友遊玩時多半會召來嚴蕊侍酒，兩人頗為友善。當時法度，為官者可以召歌姬承應，但只能限於歌唱送酒，卻不能私侍寢席，否則雖不算犯法，但也是「犯禁」。所以唐仲友與嚴

蕊雖則親密，卻並無過分之舉。

有一日，唐仲友的友人陳同父來訪。這位陳同父豪爽慷慨，頗有任俠之氣。兩人十分投緣，唯一的分歧就是陳同父與朱熹一向交好，但唐仲友卻最恨理學家，對朱熹一向輕薄。

陳同父在台州交遊，結識了另外一位名妓趙娟。趙娟雖無嚴蕊的盛名，但也是個數一數二的麗人。日久天長，兩人恩愛非常，陳同父便想要為趙娟脫籍。趙娟見陳同父揮金如土，覺得他家財豐厚，也屬意於他，便應承了。陳同父便去找唐仲友，希望他為趙娟脫籍。

唐仲友也願意成全好事，便召見趙娟來問話。他素知陳同父善於揮霍，就好心提醒趙娟說，跟著陳同父須能忍飢捱凍才行。誰知趙娟本是個多心的人，聽了這話，竟以為陳同父家中貧寒，平素的豪爽皆是裝出來的，心中便對陳同父冷淡了起來。雖然正式脫了籍，卻再也不與陳同父提起嫁娶之事。陳同父見她冷漠，以為她是哄自己為她脫籍，便前來質問，趙娟便將唐仲友的話說了出來。陳同父大為惱怒，覺得唐仲友是故意為之，一時氣憤之下，便找到了朱熹，向他道出了此事。

此時的朱熹正提舉浙東常平倉，是唐仲友的上司。他原本就知道唐仲友向來都鄙夷自己，聽陳同父說了這件事，知道唐仲友與嚴蕊一向交好，覺得正可藉機發難，便立刻巡行到了台州。

朱熹來得甚急，唐仲友未曾料到，一時來不及迎接，這就更讓朱熹覺得他有意輕慢自己。於是當即查繳了唐仲友的官印，打算參他。他又想到唐仲友是個風流種子，必然與嚴蕊有私，便命人將嚴蕊捉來，要拷問她與唐仲友通姦之事。

哪裡知道，嚴蕊是個極有骨氣的女子，她始終不肯誣告唐仲友，一口咬定只是侍酒，絕無苟且之事。她任憑拷問用刑，也絕不改口。這樣關押了一個多月，朱熹也無可奈何，只能以「蠱惑上官」的罪名，將她發配到了紹興。

紹興太守為了討好朱熹，對嚴蕊也是百般拷問，但嚴蕊依舊不肯認罪。事情傳揚出去，大家都私下議論，讚言嚴蕊是個女中豪傑，有情有義，平日裡那些與嚴蕊交好的少年子弟，更是紛紛前來探望。

事情越鬧越大，連宋孝宗也不禁為嚴蕊所折服，便將朱熹改任，換了一位岳商卿繼任。這位岳商卿剛一到任便召見了嚴蕊，見她雖然容顏憔悴，但風姿不減，立刻遂了嚴蕊的心願，判了她從良。後嚴蕊嫁了一位喪妻的宗室為妾，兩人恩愛日久，此人也不再續弦，最終成就了嚴蕊的婦名，而朱熹也成了被人所鄙夷的小人。

朱熹《城南唱和詩卷》局部，北京故宮博物院藏。

宋明理學是宋至清時期儒家哲學思想體系的統稱，因宋儒以闡釋義理、兼談性命為主，所以才有了理性的稱謂。理學的創始人為周敦頤、邵雍、張載、二程兄弟，而南宋朱熹集大成，成為理學的代表人物。

廣義的理學包括兩個方面，一是宋朝以洛學為主的道學，至南宋朱熹達

頂峰的以「理」為最高範疇的思想體系，一般狹義的理學就是指此。它是一個比較完整的客觀唯心主義體系，認為「理」先於天地而存在，主張「即物而窮理」。二是明朝中後期以「心」為最高範疇的「心學」思想體系。心學斷言心之「靈明」是宇宙萬物的根源，「心外無物」、「心外無理」，是主觀唯心主義的支持者。

理學最重要的觀念就是「格物致知」，所謂格物致知，就是透過對事物的理解，獲得關於事物的道理，最終獲得真理，亦即「即物窮理」。理學家認為理才是世界的本質，理是先於自然現象和社會現象的形而上者，是事物的規律，也是倫理道德的基本準則。

此外，宋明理學還有很多遭到詬病的理論，比如朱熹的「存天理，滅人欲」，比如程頤的「餓死事小，失節事大」，都因為要求限制人的本能慾望而遭到後人的批判。

小知識

張載（西元1020年～西元1077年）：北宋大儒，哲學家，理學支脈「關學」的創始人。在社會倫理方面，他提出「天地之性」與「氣質之性」的區別，主張透過道德修養和認識能力的擴充去「盡性」。

中篇

倫理學
發展與成熟的
新階段

苦守寒窯十八載
元倫理學

每一個人可能的最大幸福是在全體人所實現的最大幸福之中。——左拉

　　如果談到倫理，很多人都會想起王寶釧的故事。唐懿宗時，當朝宰相王允有三個女兒，其中尤以三女兒王寶釧才貌出眾。王允一心想為小女兒找個乘龍快婿，誰知王寶釧對那些王公貴族的公子們毫不上心，她卻對家中的下人薛平貴青睞有加。王寶釧覺得薛平貴能成為人中龍鳳，便芳心暗許，一心想下嫁於他。於是王寶釧向父親提議拋繡球招親，王允覺得這是個好辦法，便立起彩樓。

　　王寶釧特意將繡球拋給了薛平貴，但父親王允見薛平貴不過是家中的一個下人，兩人身分地位懸殊，決意讓王寶釧反悔，重新再選。誰知王寶釧堅持要下嫁薛平貴，不肯再拋，見女兒執意不從，王允大為惱怒，幾次勸阻無效之後，兩人三擊掌斷絕了父女關係。

　　離開相府的王寶釧很快嫁給了薛平貴，但薛平貴身無長物，上無遮頭片瓦，下無立錐之地，兩人無處棲身，只得搬進了武家坡上的一處寒窯。生活雖然清貧，但兩人卻恩恩愛愛，相敬如賓，男耕女織，也還能維持下去。

　　不久，西涼國向大唐獻上紅鬃烈馬，偏偏朝中無人能制伏此烈馬，使得大唐顏面盡失，於是朝廷便向全國徵召能夠制伏烈馬的人才。薛平貴得知消息，應詔前往，憑藉一身武藝制伏了烈馬，並得到了封賞。

　　很快，西涼作亂，薛平貴被指為先鋒官，出征西涼。薛平貴拼死血戰獲

描繪薛平貴與王寶釵在一起生活的木雕畫。

得勝利，卻被自己的手下與王允合謀陷害，綁縛起來送至西涼軍營。誰知西涼王愛薛平貴大將之才，不但不殺他，還將自己的女兒玳瓚公主嫁與薛平貴。後來，西涼王去世，薛平貴繼承王位，統治西涼，從此富貴榮華集於一身。

那邊薛平貴享受著榮華富貴，這邊王寶釧卻在寒窯中苦苦守候，淒苦萬分。就這樣，十八年過去了。一天，一隻鳥飛到薛平貴近前，落下一封書信，薛平貴打開一看，原來是王寶釧寫給他的血書。他急於回家探望王寶釧，卻擔心玳瓚公主不准，便灌醉公主，盜出權杖，偷偷趕回了家中。

在武家坡上，薛平貴很快遇見了王寶釧，但此時王寶釧已經不再認識他了。薛平貴擔心王寶釧變心，便故意輕薄於她，想試試妻子是否守節。誰知王寶釧性情剛烈，毫不動心，嚴詞拒絕了他，逃回了自己的窯洞。薛平貴趕回窯洞表明身分，告知了王寶釧這些年的經歷，夫妻這才相認。回到西涼國，薛平貴封王寶釧為正宮皇后，可是王寶釧卻在被封為皇后之後十八天就死了。

元倫理學的產生是以Ｇ·Ｅ·摩爾1903年出版的《倫理學原理》的出版為

標誌的。摩爾從直覺主義的角度出發對倫理學的根本問題即「善」的定義進行了重新闡述，得出了「善是一種不言自明、不可分析的性質」的結論，開創了元倫理學的新局面。

後來艾耶爾和C‧L‧斯蒂文森更明確地劃分了元倫理學與規範倫理學。隨著語言哲學的發展，元倫理學已經成為倫理學的主要內容，但現在也有更多的哲學家認為，元倫理和規範倫理學是相互依賴，不可分割的一部分。

元倫理學是研究倫理學本身的學科，是一種對於規範倫理學陳述性質的一種邏輯的和認識論的研究。它主要包括對倫理學性質的研究、對關鍵性道德辭彙進行概念分析以及對回答道德問題的方法的研究。對於倫理學性質的研究在於討論倫理學是什麼以及做什麼，討論倫理主張本身的客觀性和正當性；概念分析的目的在於說明運用主要的道德概念的有效性和充分條件；關於方法探求的目的在於說明以何種方式從道德觀念上回答道德問題。

小知識

程頤（西元1033年～西元1107年）：中國北宋時期的理學家和教育家，人稱「伊川先生」，為程顥之胞弟。他與其胞兄共創「洛學」，為理學奠定基礎。主張以倫理道德為其根本，「學者須先識仁。仁者藹然與物同體，義、智、信，皆仁也。」由於與其兄程顥不但學術思想相同，而且教育思想基本一致，所以合稱「二程」。

思想界的浮士德
現象倫理學

普遍草率地對待感情事物和愛與恨的事物，對事物和生命的一切深度缺乏認真的態度，反而對那些可以透過我們的智力在技術上掌握的事物過分認真，孜孜以求，實在荒唐可笑。——舍勒

　　馬克斯‧舍勒1874年生於德國，是第一世界大戰前後聲譽僅次於胡塞爾的著名現象學家，他的思想橫跨哲學、政治學、神學乃至美學、人類學、知識社會學等各個方面，在世界範圍內產生巨大的影響。後來的思想家紛紛給予他至高的評價，包括「思想界的浮士德」、「現象學的施魔者」、「稟有天主教精神的尼采」和「精神的揮霍者」在內的諸多名號。

　　不過，舍勒最大的成就還是在哲學方面，他同時也是哲學人類學的創始人。舍勒很早便因神童的稱號而聞名，後來長期在大學擔任哲學教授，並逐漸在現象學上開創一番新的局面。他將思維劃分為宗教思維、形而上學思維和科學思維三類，提出一種泛神論和人格主義的形而上學，並力圖將所有科學都包括在這種形而上學體系中。

　　關於認知，舍勒做出這樣的論證：你如何知道你在認知呢？因此你必須建構第二個層級；在第二個層級上，你如何知道你在第一個層級上認知呢？於是你必須建構第三個層級……這樣一層一層地建構上去，直到無限，總有一個最高的層次。在那裡，正是上帝包容著我們的全部認知層級。

　　1928年，舍勒因心臟病突發而猝死在講臺上，他大部分的著作均未完成，後來在海德格爾的主導下，他的遺孀瑪麗亞將其遺稿編輯並出版。舍勒

的思想曾經在當時引起巨大的轟動，又因世界大戰的影響又漸漸消沉。一直到第二次世界大戰以後納粹德國下臺，舍勒思想才漸漸開始復甦，並重新受到了關注。

現象倫理學，也叫現象學倫理學，它是德國著名的基督教思想家，現象學泰斗馬克斯·舍勒所創立的倫理學分支。儘管舍勒沒有做出關於倫理學系統的論述，但從他的著作中能夠總結出他的某些基本觀念。

為了和康德的「義務倫理學」劃清界限，舍勒將自己的倫理學稱作「明察倫理學」，其倫理學的核心是「倫常明察」，也可被稱為「明智」，它來源於亞里斯多德所說的五個理智德行之一。現象倫理學所說的「倫常明察」屬於一種「對某物的感受活動」，認為倫理認知不可以用純粹理性認知來取代，也根本不是知識，因此不具有客觀性。

小知識

喬治·貝克萊（西元1685年～西元1753年）：英國哲學家，近代經驗主義哲學家三代表之一。他認為，物理對象只不過是我們一起經驗到的諸多感覺的累積，習慣的力量使它們在我們的心中聯合起來。經驗世界是我們的感覺的總和，即「存在就是被感知」。著有《視覺新論》和《人類知識原理》等。

美國的實用主義
實用主義倫理學

人在生存的每一瞬間，都是在必然性掌握之中的被動工具。——霍爾巴哈

　　美國可能是世界上實用主義最為盛行的國家，一切皆以行動的最終結果做為判斷標準。在1998年轟動世界的柯林頓緋聞事件中，當柯林頓遭到彈劾，為他辯護的律師引用了《舊約》裡的一個故事：大衛王看上自己一名屬下的妻子，為了能夠得到對方，他便故意派遣自己的屬下上了前線，並暗地裡命令前線的指揮官，不要讓這個人活著回來。於是指揮官將他派到危險的崗位上，果然此人很快就死在前線。柯林頓的律師說，這件事在《舊約》裡是一宗嚴重的罪行，但這並沒有影響到大衛王身為國王的職責，沒有影響到國家的運行，這名官員的死也沒有對國家造成傷害。同樣的情況，柯林頓雖然在個人行為上有所偏差，並在作證時撒謊，妨礙司法公正，但並沒有影響到他身為美國總統的職責，而他過往的政績證明，柯林頓在促進經濟和就業上做得非常成功。就這樣，因為考慮到美國的最大利益，柯林頓成功避免了彈劾。

以色列王大衛戰勝哥利亞。

　　同樣的例子還有很多。第一世界大戰期間，美國也同樣參加了戰爭，此時美國的社會主義

黨發起了反戰運動，並向應徵入伍者發放反戰的宣傳冊。就因為這件事，社會主義黨的領袖被定了罪。許多人認為他們發放的宣傳手冊裡並沒有明顯的鼓勵非法對抗徵召入伍行為的話語，法院的判決是明顯侵犯言論自由的行為，有違美國一貫的自由主義作風。但最高法院卻堅持維持判決，並解釋說，這樣的行為已經直接危及了國家安全，現在美國已經參與戰爭中，這樣的宣傳會導致國家利益受損，產生一個「清晰而現實的危險」，因此才做出這個「實用主義」的決定。

實用主義倫理學是一種以行為的實際效用為善惡標準，把道德看作是應付環境的工具的道德理論。他們反對把倫理學與自然科學對立起來，把價值與事實切割開來的觀點，提出要建立「科學的倫理學」。他們將價值與事實、主觀與客觀等完全等同起來，認為道德、善惡同樣具有經驗的性質。

他們認為道德是生物應付環境的一種活動，是個人在應付環境的活動中所產生的主觀感覺和主觀經驗，道德的根源在於人的生物本能。真理和道德都不反映現實生活的事實和規律，而是人根據自身的願望、信仰的發明。

小知識

理查・麥凱・羅蒂（西元1931年10月4日～西元2007年6月8日）：美國當代哲學家，新實用主義的代表人物。他利用英、美分析哲學所擅長的嚴格方法和精密論述詳細分析了當代諸多分析哲學和歷史主義思潮，並結合歐陸哲學的解構思想，發展出一套獨特的新實用主義的思路和話語。代表作《哲學和自然之鏡》、《真理與進步》等。

高老頭

情感主義倫理學

人生的本質在於運動，安謐寧靜就是死亡。——帕斯卡

1819年，出身於落魄貴族家庭的大學生拉斯蒂涅住進了法國巴黎拉丁區一個叫做伏蓋的公寓。除了他之外，這裡還住著歇業的麵粉商人高里奧，外號叫「鬼見愁」的伏脫冷，被大銀行家趕出家門的泰伊番小姐，骨瘦如柴的老處女米旭諾等人。

在伏蓋公寓，大家唯一志同道合的事情就是在開飯的時候一同嘲笑麵粉商人高里奧。高里奧是個六十九歲的老頭，六年前結束生意之後便搬到伏蓋公寓。最初他住在整間公寓最好的房間裡，每年光膳宿費就要繳一千兩百法郎，吃的是最好的食物，衣著講究，每天都有專門的理髮師來為他打理，連鼻菸匣都是金的。那時的高里奧是大家心目中最體面的人，人人尊敬的高里奧先生。

然而，在第二年的年底，當高老頭要求搬到次一等的房間之後，大家就開始把他當成「惡癖、無恥、低能所產生的最神秘的人物」。而且，總是有兩個美麗華貴的少婦來找他，更令其他人覺得，他是因為豔遇而使自己變得貧窮的。儘管高老頭告訴別人，那兩個少婦是自己的女兒，但卻沒有一個人相信。第三年，高老頭又搬到了伏蓋公寓裡最差的房間，吃的是最便宜的膳食，他不再有錢抽鼻菸、請理髮師，那些黃金的飾物全都消失了。此時的高老頭越來越瘦弱，也不再講究自己的外表，變得邋遢而衰老，看起來活像一個可憐蟲。所有的人都開始嘲笑他，把他當成笑柄。

拉斯蒂涅原本是個熱情正直的年輕人，希望能做一個清廉的法官，但來到巴黎之後，上流貴族們奢華的生活極大地刺激到他。令他改變了初衷，決心以女人為階梯，「去征服幾個可以做他的後臺的婦女」，滿足自己「對權位的慾望與出人頭地的志願」。在表姐引薦的宴會上，他結識了美麗的雷斯多太太，而後來他才知道，這位太太就是高老頭的女兒，並知道了高老頭的故事。

這位麵粉商人中年喪妻，之後便將所有的愛都傾注到兩個女兒身上。提供給她們良好的教育，希望讓她們擠進上流社會。他讓大女兒嫁給雷斯多伯爵，小女兒嫁給銀行家紐沁根，並分別給了兩人八十萬法郎的陪嫁。他以為將女兒嫁給了體面人家，從此可以安枕無憂，誰知道不到兩年，女婿便將他趕出了家門。為了討女兒的歡心，他將自己的店鋪賣掉，將錢分給兩個女兒，並搬進了伏蓋公寓。

然而，兩個女兒對父親卻沒有絲毫的感情，她們只在需要錢的時候才來看望父親，並哭訴自己的遭遇，將父親最後的財產榨乾，隨後便冷漠地離開。儘管這樣，高老頭依然全心地愛著自己的女兒。因為小女兒和丈夫的感情不好，他便鼓勵拉斯蒂涅去追求自己的女兒，還拿出自己的錢買了一棟小樓供他們幽會。

不久，小女兒又來找父親，說她的丈夫同意她和拉斯蒂涅來往，但要求她不能取回自己的陪嫁錢。正在這時，高老頭的大女兒也來了，向父親伸手要一萬兩千法郎去救自己的情夫。兩個女人為了錢爭吵起來，高老頭急得暈了過去，得了腦溢血。

病中的高老頭始終沒有等到女兒的探望。小女兒現在滿腦子都是要去參加一場盛大的宴會；而大女兒來過一次，卻不是來探望父親，而是逼著父親幫她支付欠裁縫師的一千法郎，讓老父親付出最後的一文錢。

可憐的高老頭快要斷氣了，拉斯蒂涅找人去請他的兩個女兒，但兩人卻都推三阻四不肯到來。最終，高老頭在被女兒遺棄的痛苦中去世。到了這

法國文壇巨匠巴爾扎克墓。

時，他的兩個女兒還是不肯出席他的葬禮，只有拉斯蒂涅賣掉自己的金錶為高老頭支付葬禮的費用。當埋葬掉高老頭，拉斯蒂涅流下了自己最後一滴同情的眼淚，決心從此向社會挑戰。

巴爾扎克《高老頭》的本意是批判資本主義社會中人與人之間赤裸裸的金錢關係，而全書中給人留下最深印象的，卻是高老頭對女兒悲劇的愛。原本正常、積極的父愛在高老頭這裡卻變了調，病態而畸形。

情感主義倫理學是現代西方元倫理學的典型理論形式之一，其代表人物有羅素、維特根斯坦、艾耶爾等。情感主義者把倫理學當作一種非事實描述的情感、態度或信念的表達，認為它不具備邏輯與科學那樣的普遍確定性和

邏輯必然性。

　　反自然主義、非認識主義和反規範性是情感主義元倫理學的基本特點。情感主義者大多否認倫理學具有科學知識的品格，主張用邏輯語言分析和經驗實證的方法取代「私人性」的哲學方法論以邏輯實證主義為基礎，它排斥形而上學，因為它「不能被證實」，認為哲學的唯一出路在於對語言的邏輯分析，而命題的可證實性包括邏輯證實和經驗證實的方法，只有被這兩種方法中的任何一種證實為有真假意義的命題，才是有意義的命題。

小知識

　　布萊茲・巴斯卡（西元1623年～西元1662年）：法國著名的數學家、物理學家、哲學家。代表作《巴斯卡思想錄》與《蒙田隨筆集》、《培根人生論》一起被譽為「歐洲近代哲理散文三大經典」。書中反覆闡述人在無限大與無限小兩個極限之間的對立悖反，論證了人既崇高偉大又十分軟弱無力這一悖論，揭示了人因思想而偉大這一動人主題。

道林‧格雷的畫像
存在主義倫理學

給我物質，我就用它造出一個宇宙來。——康德

　　道林‧格雷天生長得異常俊秀，他的美貌被畫家霍華德看中，希望以他為模特兒畫一幅肖像畫。

　　在霍華德的畫室中，道林‧格雷認識了亨利勳爵。亨利是個玩世不恭的貴族，對世界充滿厭倦，看到俊秀而單純的道林‧格雷，他忍不住將自己的想法灌輸給了道林‧格雷。他叫道林‧格雷大膽釋放自己的慾望，追求一切感官上的刺激，向誘惑投降。

　　年輕的道林‧格雷聽到亨利勳爵富有說服力的講演，開始關注自己過人的美貌，內心也動搖起來。

　　就在這時，畫像畫好了，它是霍華德一生中最完美的傑作，將道林‧格雷全部的美好都定格在畫面上。面對這樣出色的作品，三個人都被打動了，而對著年輕且將青春永駐在畫上的自己，道林‧格雷開始感到衰老的可怕，於是他向自己的畫像許願，說自己願意用靈魂乃至一切來交換青春的永駐。並希望自己能夠永遠年輕，而老去的則是畫像上的自己。

　　聽到他的話，畫家震驚了，他不敢相信這竟然是那個純潔的年輕人道林‧格雷所能說出的話，他打算毀掉這幅畫作，卻被道林‧格雷拒絕。帶著自己的肖像畫，道林‧格雷跟著亨利勳爵走入了名利場。

　　一個月後，道林‧格雷告訴亨利，他愛上了一個貧寒但善良的女演員西比爾文。他在一個骯髒破舊的小劇院裡看到她，那時她正在扮演莎士比亞筆

下最著名的人物茱麗葉，她美麗的臉龐和動人的歌喉打動道林‧格雷。可是亨利勳爵卻毫不客氣地表示了自己對女人和愛情的輕蔑，但另一方面，他卻對道林‧格雷那漸漸萌發的慾望感到高興，他發現自己已經誘導出道林‧格雷心中潛藏著的大膽鮮活的慾望。

道林‧格雷和西比爾沉浸在深深的愛戀之中，把其他一切都拋到腦後，而西比爾的弟弟卻深深為她擔心。道林‧格雷興奮地告訴朋友們他訂婚的消息，並表示要帶著他們去欣賞自己心上人的表演，哪知當天晚上的西比爾卻完全失去往日的光彩，表現大為失常。

失望的道林‧格雷找到西比爾，西比爾卻告訴他，自己的失常正是因為他們之間的愛情，愛情讓她找回了自己，她再也不是那個為劇中人而活的演員。聽到這裡道林‧格雷立刻反目，說西比爾已經失去了她所有的藝術，自己已經不再愛她。

回到家的道林‧格雷意外發現，自己的畫像上出現一絲兇狠的表情，他想到自己曾經許過的願望，意識到畫像上展現的是自己的心情和變化。於是，他拿起幕布遮住畫像。

第二天早上，亨利勳爵為道林‧格雷帶了一個不幸的消息，可憐的西比爾吞下毒品自殺了。得知消息的道林‧格雷開始為自己辯護，在亨利的誘導下，他的自私漸漸展現出來，將對方的死訊拋到腦後。

為了收藏起畫像的秘密，道林‧格雷將它鎖在秘密的讀書室，繼續著自己腐朽墮落的生活。

關於他聲色犬馬的惡行在倫敦悄悄傳播，可是當人們看到他時，卻會被他臉上天真單純的神情迷住，再也不相信那些有關他的壞評。而那張藏在密室中的畫像，畫中的人兒已經越來越老，臉龐上充滿兇惡醜陋的神情。

就這樣，道林‧格雷成為倫敦上流社會趨之若鶩的名人，人們熱衷於模仿他的穿著和談吐。但漸漸地，越來越多的人對他避而遠之。心痛的霍華德找到道林‧格雷長談，想要喚醒他的靈魂，瘋狂的道林‧格雷帶他來到密

室，將那幅已經完全變樣的畫像展示給他看。

霍華德無法接受這樣的事實，而道林・格雷也忽然湧起對畫家的仇恨，將他刺死，隨後又叫人毀掉屍體。

西比爾的弟弟找到了道林・格雷，卻被道林・格雷打獵的同伴無意中打死。畫家死了，幫助他毀屍的人也自殺了，現在已經無人知道他的秘密。但回想往事，道林・格雷卻忽然覺得厭倦，他想要變好，想要過上全新的純潔的生活，於是他回到收藏畫像的房間，拿起刀，向那面目全非的畫像刺去。

第二天，僕人們在密室找到了道林・格雷，他躺在地板上，心口上插著一把刀，已經死去了。

他的面容憔悴蒼老，人們透過他手上的戒指才認出他來，而牆上掛著一幅完美的畫像，與它剛剛被完成的時候一樣美好。死去的道林・格雷尋回了他的道德，也找回自己的自由。

存在主義倫理學可以用存在主義代表人物薩特的一句話概括——「存在先於本質」。存在主義者把孤立的個人非理性意識活動當作最真實的存在，並做為其全部哲學的出發點。

存在主義以人為中心，認為人是在無意義的宇宙中生活，反映一定社會關係的道德不是真實的存在，只有個人的絕對自由才是存在主義者追求的最終目標。

靈魂和道德都是人在生存中創造出來的，個人自由承擔道德責任的絕對性，人沒有義務遵守某個道德標準，而應該有選擇的自由。

存在主義認為人的思想是從存在出發的，並且把他人與自我的存在的關係視作存在與存在的關係，而不是認識的關係。他人的存在造成意識的多樣性，進而導致以我為中心的世界的分裂，產生衝突和紛亂，所以人與人之間的衝突是永遠存在的。只有突破他人的注視，才能爭取到自身的解脫，獲得最終的絕對自由。

小知識

吉爾‧德勒茲（西元1925年1月18日～西元1995年11月4日）：法國後現代主義哲學家。他是六〇年代以來法國復興尼采運動中的關鍵人物，其哲學思想其中一個主要特色是對慾望的研究，並由此出發到對一切中心化和總體化攻擊。代表作有《差異與重複》、《反伊底帕斯》、《千高原》等。

安提戈涅

精神分析倫理學

「自由人最少想到死，他的智慧不是關於死的默念，而是對於生的沉思。」——斯賓諾莎

《安提戈涅》是古希臘三大悲劇家之一索福克勒斯最著名的悲劇，而安提戈涅正是該劇中的主角。

這個故事發生在底比斯，伊底帕斯得知自己殺父娶母之後，自刺雙目，放逐了自己。在他下臺之後，克瑞翁便接替伊底帕斯繼任了王位。

當時，伊底帕斯的兒子波呂涅克斯不願意克瑞翁接任自己父親的王位，企圖奪權，便勾結外邦攻佔底比斯，企圖奪下王位。而伊底帕斯的另外一個兒子厄特克勒斯則站在克瑞翁這邊，為了保衛國都而戰。兄弟二人各自為戰，結果雙雙在底比斯城下戰死。

之後，克瑞翁為厄特克勒斯舉行盛大的葬禮，卻將波呂涅克斯曝屍荒野，要讓他的屍體「被鳥和狗吞食，讓大家看見他被作賤得血肉模糊！」克瑞翁還下令，不允許任何人將波呂涅克斯埋葬，否則就將處以極刑，「在大街上被群眾用石頭砸死」。

然而，伊底帕斯的女兒，厄特克勒斯和波呂涅克斯的妹妹安提戈涅卻不願意自己的兄長遭受如此殘酷的命

安提戈涅和父親伊底帕斯離開底比斯。

運，她決心安葬自己的兄長。儘管國王的命令不可違抗，但對當時的希臘人來說，在人間的法律之上還有天條，那是神的戒律，是真正至高無上、不可違抗的命令。而天條告訴希臘人，埋葬死者是一個神聖的義務，尤其是死者親人的義務，如果死者不能安穩入土，那麼他就無法到達冥府，那也就無法得到下界鬼魂的尊重。所以，埋葬死者才是最神聖的天條，連人間的法律也無法改變。

懷抱著必死的信念，安提戈涅埋葬了自己的兄長。看守屍體的士兵們也同情她的遭遇，對那神聖的天條懷抱畏懼，沒有一個人按照國王的指令用石頭砸死她。最後，他們只是逮捕了安提戈涅，並將她帶到國王面前。

站在克瑞翁面前，安提戈涅義正辭言地說：「我並不認為你的命令是如此強大有力，以致於你，一個凡人，竟敢僭越諸神不成文的且永恆不衰的法。不是今天，也非昨天，它們永遠存在，沒有人知道它們在時間上的起源！」她的絕決令克瑞翁非常憤怒，下令將安提戈涅囚禁在石窟。

然而，無數人前來為安提戈涅求情，希望克瑞翁能夠聽從天的指令，最終，克瑞翁收回自己的命令，決心先安葬安提戈涅的兄長，再赦免她。誰知就在這時，一心求死的安提戈涅卻已經在石窟中的祭壇前，用鋒利的祭刀自殺了。

克瑞翁的兒子深深愛著安提戈涅，知道了情人的死訊，他來到父親面前，深深地責備他，隨後也自殺了。克瑞翁的妻子知道了兒子的死訊，無法接受喪子的打擊，離開了人世。頑固又無視天條的克瑞翁看著這由自己一手造成的悲劇，後悔莫及。

雅克‧循拉康從精神分析的角度出發，認為安提戈涅象徵性地安葬波呂涅科斯的實質是因為她無意識地服從精神分析的倫理學──遵照自己的慾望行事，也就是實現自己的死亡慾望。

十九世紀末期，精神病醫生佛洛依德創造了精神分析學派，精神分析倫

理學也因此而誕生了。

精神分析倫理學的重要理論是人格結構和性本能理論。

人格結構理論即社會化理論，佛洛依德認為，人格結構由本我、自我、超我三部分組成。本我指的是原始的自己，包含生存所需的基本慾望、衝動和生命力，它是一切心理能量之源；本我的目標是求得個體的舒適、生存和繁殖，它是無意識的，不被個體所察覺。自我是自己可意識到的執行思考、感覺、判斷或記憶的部分，它遵循的是「現實原則」，為本我服務。超我是人格結構中代表理想的部分，它是個體在成長過程中透過內化道德規範、內化社會及文化環境的價值觀念而形成，主要用於監督、批判及管束自己的行為。超我與本我一樣是非現實的，它所遵循的是「道德原則」。

佛洛依德認為，人類有兩種最基本的本能，一是生的本能，一是死亡本能或攻擊本能，而生的本能包括性慾本能與個體生存本能，是為了保持種族的繁衍與個體生存。佛洛依德所謂的性慾含意很廣，指的是一切追求快樂的慾望，而性本能的衝動是人一切心理活動的內在動力。當這種能量聚集到一定的程度，就會造成機體的緊張，必須尋求途徑釋放能量，這就是人精神活動的能量。

小知識

董仲舒（西元前179年～西元前104年）：西漢著名的哲學家、經學家。他把儒家的倫理思想概括為「三綱五常」，即「君為臣綱，父為子綱，夫為妻綱」和「仁、義、禮、智、信」。此外，他行教化、重禮樂，並提出神學化的人性論，認為人受命於天，講求「天人感應」。

不食嗟來之食
人格主義倫理學

人有自由意志，成人成獸全靠自己。——盧克萊修

戰國時期，各國征戰連連，百姓流離失所，常有餓死的事發生。有一年，齊國發生了大飢荒，許多人無以為生，只能四處乞討。

有一個貴族叫做黔敖，眼見許多人快要餓死路邊，心中憐憫，便在路上設了一個食攤，向過往的逃難者提供食物。這時，有一個人走過來，他衣衫襤褸，拿袖子遮著臉，拖著鞋，腳步無力，昏昏沉沉，看起來已經餓了很多天。黔敖看到他，便一手拿著食物，一手端著水，叫道：「喂！那個人，過來吃東西！」誰知道那個人抬起頭看著黔敖說：「我就是因為不肯吃侮辱性施捨的食物，所以才落到今天這個地步。」黔敖見他不快，知道自己態度太過高傲，趕緊向他道歉，並請他過來享用食物，但此人堅持不吃，終於餓死於道路旁。

後來曾子聽說了這件事，感嘆道：「何必這樣了！如果被人家粗魯呼喚可以離開，但如果人家已經道歉了，那還是可以去吃的啊！」

這位飢者以死亡證實了自己人格的偉大。關於人格主義的論述十八世紀就已經出現了，但直到十九世紀末才做為一種哲學理論體系而真正形成。人格主義的主要創始人是美國哲學家B·P·鮑恩，此外弗盧埃林、布賴特曼等人影響也比較大。

人格主義認為，人的自我、人格是首要的存在，整個世界都因與人相關

而獲得意義。人格是一種道德實體，其內部存在著善與惡、美與醜等不同價值的衝突，而這種衝突正是一切社會衝突的根源。上帝是每一個有限人格的理想和歸宿，解決社會問題的關鍵在於信仰上帝，以調解人格的內部衝突。

小知識

伊本·赫勒敦（西元1332年～西元1406年）：中世紀阿拉伯西部地區著名的哲學家。他改變了中世紀阿拉伯哲學研究的方向，創立了社會哲學和歷史哲學的基本理論。在他之前的哲學家多半圍繞宇宙的起源、造物主、理念等進行研究，而伊布則主張研究社會、歷史和現實，認為人是社會發展的核心。

完整人道主義
新湯瑪斯主義倫理學

「這種人道主義將承認人的非理性部分，使它服從理性，同時也承認人的超理性部分，使理性受它的鼓舞，使人敞開胸懷受神性的降臨。它的主要任務將是使福音的酵素和靈感滲入世俗生活的結構——這是一個使世間秩序神聖化的任務。」——雅克·馬里坦

　　1948年12月10日，為了幫助弱小，反抗強權，鼓勵自由、平等和和平，「國際人權宣言」誕生了。這份有著三十項條款的宣言聲明了人生而平等的原則，要求尊重每個人所具有的權利，並經由聯合國投票通過。

　　據說，這份宣言中的二十二條都是由一名叫雅克·馬里坦的哲學家所撰寫的，而這個雅克·馬里坦正是新湯瑪斯主義的代表人物。

　　雅克·馬里坦1882年出生於巴黎，他的父母都是虔誠的新教教徒，但長大後的馬里坦卻對宗教神學失去了興趣。進入巴黎大學文理學院求學之後，他對科學產生濃厚的興趣，相信科學能夠最終解決人類的一切問題，成為科學主義的擁護者。

　　正在這個時候，柏格森的生命哲學在法國流行起來。柏格森提倡直覺，貶低理性，認為只有直覺才能真正體驗到生命的本體性存在，而科學和理性則只是相對的運動規律和表面現象。柏格森的生命哲學具有強烈的唯心主義和神秘主義色彩，但它對理性主義認識的批判和顛覆，對於人類精神世界的解放仍然具有進步的意義。

　　柏格森的生命哲學理論為馬里坦開啟了一條新的道路，讓他從科學主義

的理性世界中走了出來。不過，馬里坦對柏格森的追隨也並沒有持續太久。
1906年，他和妻子拉依撒・奧曼索夫共同皈依天主教，並在不久後開始鑽研
湯瑪斯・阿奎納的著作。

湯瑪斯・阿奎納是中世紀經院哲學的代表人物，他將理性引進神學，用
「自然法則」來論證「君權神聖」說。在他的著作《神學大全》中，他以極
大的篇幅討論神學的德行，將審慎、節制、正義，以及堅忍列為人類的四大
美德，同時還指出三大神學上的美德：信仰、希望，以及慈善。不過到了文
藝復興時期，人道主義思潮向湯瑪斯的理論展開強烈抨擊，再加上近代科學
的興起，唯物論和無神論思想的興盛，宗教神學陷入空前的危機，經院哲學
一度到了毀滅的邊緣。

「儘管我曾經滿懷希望地在所有現代哲學流派中尋覓，但毫無所獲，得
到的只是失望與徬徨。」從科學主義到生命哲學最後到經院哲學，馬里坦一
直在尋找著一個真正能讓他理解世界的哲學，終於，他在湯瑪斯・阿奎納這
裡找到了。

重新撿拾起這發端於中世紀的古老哲學，馬里坦讓它發出新的光芒，創
造出屬於他自己的「完整人道主義」。與湯瑪斯・阿奎納相比，馬里坦更加
關注現實，他期待著能夠在現代科學不斷發展的今天，為信仰缺失的人重新
樹立起對上帝的絕對信仰。

馬里坦認為，人道主義問題之所以成為現代宗教和文化倫理的中心主題
之一，主要在於人道主義思潮本身仍然保留著文藝復興時期各種自然主義思
潮的影響，因此使得它常常成為現代西方文化包括宗教倫理所不得不面臨的
一種歷史氛圍；另外，基督教的觀念中很多關於禁慾與清教主義的觀念，都
容易讓人產生非人道的印象。而人們常常認為人道主義與基督教之間的分歧
是現代西方文化爭論的焦點，這實際上是一種錯誤的觀念，它其實應該是兩
種人道主義概念之間的爭論，一種是以神或基督教為中心的概念，它可以稱

之為「真正的人道主義」「（thetruehumanism）或者說是「完整的人道主義」
（theintegralhumanism）；另一種則是以人為中心的概念，也可以說是「非人
道的人道主義」（inhumanhumanism）。

馬里坦的「完整人道主義」觀念是新湯瑪斯主義倫理學中最重要的觀念
之一。新湯瑪斯主義以復興中世紀基督教思想為宗旨，因為起源於湯瑪斯的
經院哲學，因此又稱為新經院主義神學。它的目的就是將湯瑪斯主義中的觀
點，比如上帝存在的各種證明、類比理論、關於哲學與神學關係的理論等
等，使之適用於新的時代。

小知識

列夫·舍斯托夫（西元1866年～西元1938年11越
月）：俄國思想家、哲學家。他是極端非理性主義
的代表人物，集中於猛烈抨擊傳統形而上學和追尋
聖經中全能的上帝。他認為人的生存是一個沒有根
據的深淵，人們要嘛求助於理性及其形而上學，要
嘛聽從為人們揩掉每一滴眼淚的上帝的呼告。代表
作《雅典與耶路撒冷》、《思辨與啟示——舍斯托
夫文集》。

現代神學的誕生
新正教派倫理學

人是生而自由的，但卻無往而不在枷鎖之中。自以為是其他一切的主人，反而比其他一切更是奴隸。——盧梭

1886年5月10日，一個叫卡爾·巴特的男孩出生在瑞士，他的父親是一名改革派牧師，這樣讓巴特很自然地選擇這一職業。十八歲時，巴特來到德國研讀神學，後來又在伯爾尼、柏林、杜平根及馬堡繼續攻讀神學，跟隨著名的自由派神學家如溫哈內及赫耳曼等人學習，此外，他還對士來馬赫的經驗神學大感興趣。

1909年，巴特進入瑞士牧會工作，並在1911年接受加爾文宗牧師職。之後的十年裡，他都在薩芬維爾德改革教會工作，就在這段時間裡，他發現自己所受的自由派訓練使他只能按照理性及經驗傳道，而這些都不是根據神權威性的話語。

第一次世界大戰期間英國軍隊號召男性公民參軍的宣傳畫。

1919年，第一次世界大戰爆發，曾經標誌著文明的國度忽然變成血腥殘殺的惡魔，他曾經愛戴的老師卻無視於那些暴行，表示他們支持德國。這令巴特陷入了沉思之中，「第一次世界大戰交戰雙方的基督徒都利用『上帝』來支持戰爭，為戰爭辯護時，這一後果的災難性是十分顯然的。上帝就像一個負載的動物被人飼養，用來背負人們想要加在其身上的任何觀念。」巴特開始拋棄了曾經的自由派思想，重新研讀聖經和改革者的教義，希望能夠找尋到思想的啟迪。

就在這一年，巴特寫出自己最重要的著作——《羅馬書釋義》。巴特建議教會重新拾回正統主義的一些根本教義，他將焦點集中於神，而非人。他主張神與人是完全隔絕的，由於神的全然超越性，我們不能用形上學的體系把神描繪成所謂一切存有的根基或是最高存有等抽象名詞。神既是超越的，便不能被收在這些分類系統中。「從根本上說，對上帝的認知……永遠是間接的。」

《羅馬書釋義》的出版立刻產生巨大的影響，它開啟了現代神學，讓一個新的神學時期真正到來，而他的存在，也使得二十世紀的神學被稱作「危機神學」。而這本書不僅是神學界的代表著作，就是在學術領域，也具有著不可取代的重要意義。

做為現代神學的領袖，卡爾‧巴特也是新正教派倫理學的代表人物。他反對中世紀以來的自然神學，反對神學的世俗化和人文化，認為人和神之間有著永遠無法填補的深淵相隔，人的靈和神的靈是截然不同的兩回事。因此上帝之道只能從神到人，而無法從人到神。他認為離開天主的啟示去談倫理是不可能的，因為人的理智已經被原始墮落和本罪所敗壞，不要用理智去分辨善惡，而要如天主一樣，自己去分辨善惡。

「當個體把他自己視為倫理道德問題的主體時，他便在與他的同類人的聯想中來設想他自己，他把自己看作社會的主體。這說明他已有意識地把他

的所作所為、他的道德目標看作一種歷史目標。」卡爾·巴特認為倫理道德問題不僅是「我應當作什麼」，更應該是「我們應當作什麼」。人類行為的道德理想目標及其普遍性價值要求，對每個人來說都是一種不可推卸的責任，這是個人做為歷史主體的必然要求。

小知識

殷海光（西元1919年～西元1969年）：中國著名邏輯學家、哲學家，曾從師於著名邏輯學家、哲學家金岳霖先生。1949年到臺灣，同年8月，進入臺灣大學哲學系任教。在幾十年的治學生涯中，殷海光一直以介紹西方的形式邏輯和科學方法論到中國為己任，大力提倡「認知的獨立」，強調「獨立思想」，撰寫了《思想與方法》、《論認知的獨立》、《中國文化之展望》等著述。

圖爾敏模式

語言分析倫理學

知足是天賦的財富；奢侈是人為的貧窮。——蘇格拉底

　　史蒂芬‧圖爾敏是著名的英美哲學家，也是語言分析倫理學派的代表人物。圖爾敏最有影響力的成果是關於論證模式的研究，提出有說服力的論證之六要素，也就是圖爾敏模式。

　　一般情況下，一個論證有三個最基本的成分：主張、預料和正當理由。完整模式添加了支援、模態限定和反駁。而圖爾敏模式包括六個成分：1.主張，即某人試圖在論證中證明為正當的結論。2.預料，做為論證基礎的事實。3.正當理由（擔保），它是連接根據與結論的橋樑，保證主張合法地基於根據。4.支援性陳述，透過回答對正當理由的質疑，進而提供附加的支援。5.模態限定，指示從根據和正當理由到結論的跳躍力量（結論是肯定地得出還是可能地得出）。6.反駁，阻止從理由得出主張的因素。

　　在談到道德倫理和社會制度的關係時，圖爾敏舉過這樣一個例子：如果你借了人家的一本書並答應對方一定會還，那麼就可以推出這樣一個結論：「如果我留下這本書不歸還，那是不道德的，因為不遵守諾言是不道德的事。」由此圖爾敏認為「諾言便是我們的制度之一。」最終可以推斷出「所有社會制度都建立在一整套義務和權益的系統之上。」也就是說，在圖爾敏這裡，一個諾言之所以有約束力，是因為有道德的維度在其中，就算只是語言形式的諾言，也可以被認為是一種完成的社會事實，也能成為社會制度。從上面這個例子中，可以清楚的看出圖爾敏所秉持的倫理學觀點。

分析倫理學是二十世紀一個形式主義的倫理學學派，是對道德判斷的語言和命題的意義進行邏輯和價值分析的學科。它也被看作是「元倫理學」的同義詞。本世紀四〇年代末五〇年代初，邏輯實證主義發展為語言實證主義，其相對的道德理論也由情感主義發展為語言分析倫理學。

圖爾敏認為：一個諾言之所以有約束力，是因為有道德的維度在其中。

語言分析倫理學修改了情感主義關於道德判斷不可論證的說法，承認道德判斷和具體的道德命令具有真理性，也就是承認它可以透過引證經驗事實來加以驗證。而這種證實是透過經驗觀察，斷定說話人確信自己是正確的，並得出相應的結論。

此外，語言分析倫理學試圖避免情感主義對道德所做的極端唯意志的解釋，排除個人的隨心所欲的成分，認為道德判斷不僅反映說話人當時的情感，而且和他信仰的道德體系有關。人們可以出於個人的愛好和意願，隨意進行選擇，但一般的道德體系、道德理想和原則仍然是不能論證的。

實際上，語言分析倫理學仍然和情感主義一樣，認為價值不可能從事實中推導出來，人們的道德信仰具有隨意性。因為無法回答道德理論的一般問題，比如人們的道德觀念和社會歷史的聯繫等，導致部分語言分析倫理學家轉而向宗教尋求答案。這一學派在八〇年代走向沒落。

這個學派的主要代表人物是英國的圖爾敏，此外還有希爾、漢普希爾、艾肯等人。

小知識

艾茵・蘭德（西元1905年2月2日～西元1982年3月6日）：俄裔美國哲學家、小說家，她的哲學理論和小說開創了客觀主義哲學運動。她強調個人主義的概念、理性的利己主義，以及徹底自由放任的資本主義。她認為個人有絕對權利只為他自己的利益而活，無須為他人而犧牲自己的利益，但也不可強迫他人為自己犧牲；沒有任何人有權利透過暴力或詐騙奪取他人的財產，或是透過暴力強加自己的價值觀給他人。

飢餓的醜聞

人本主義倫理學

水是萬物之本源，萬物終歸於水。——泰勒斯

在世界知名的新聞照中，有一張照片引起的爭議最大，這張照片叫做《等待》，是南非戰地記者凱文·卡特到蘇丹採訪時所拍下的。當時，蘇丹國內發生了叛亂，民不聊生，糧食十分匱乏，很多人都活活餓死。那天，心情沉重的卡特為了舒緩自己目睹著許多人活活餓死的慘狀，離開救濟站，獨自走開散心，在灌木叢的邊上，他看到了這樣一幅景色：一個已經餓得皮包骨的孩子正在向救濟站爬去，因為太過飢餓，他已經沒有力氣站立，只能緩慢向前爬去。在孩子身後，一隻禿鷹正靜靜站立著，很顯然，這食腐動物已經聞到那孩子身上即將來到的死亡的味道，正等待著獵物的死去。

卡特拍下了這張經典的照片，獲得了新聞攝影的最高獎項「普立茲獎」。但隨之而來的，卻是眾多的質疑和譴責，譴責他為何忙於拍照，而不去幫助那可憐的孩子。因為承受不了巨大的心理壓力，沒多久，卡特就自殺了，臨死前的他只留下一張字條說：「真的，真的對不起大家，生活的痛苦遠遠超過了歡樂。」

法國記者弗朗斯·萊斯普里講述了他在孟加拉的親身經歷，這是世界上最貧瘠的國家之一，隨時都能看到餓死的人。孩子們多半在街上乞討，希望能夠維繫基本的生存。有一天，弗朗斯在垃圾堆中發現了一個奄奄一息的男孩，他傷痕累累，一根根肋骨都能看得分明，虛弱的身體顯示著他很久沒有進食的事實。弗朗斯趕緊將他送到附近的修女開辦的救助所，但因為長久以

在1993年3月26日，美國著名權威大報《紐約時報》首家刊登了凱文‧卡特的這幅照片。接著，其他媒體很快將其傳遍世界，在各國人民中激起強烈迴響。

來的飢餓，這個男孩在第二天就去世了。

　　在講述這件事的時候，弗朗斯講了這樣一個故事：有一對生了五個孩子的父母，有一天，父母打算出門旅遊，於是他們叫來大兒子，給了他十萬里拉並對他說：「這裡有十萬里拉，是給你和弟弟們這段時間用的。」然後就出門了。大兒子叫來四個弟弟，拿出兩萬里拉並對他們說：「這裡有兩萬里拉是給你們四個人用的，我要和我的朋友出門兜風了。」然後他帶著其他的八萬里拉離開了。弗朗斯激動地說：「那個佔有了自己弟弟的錢的老大難道不是小偷嗎？可是我們，這些所謂世界上最富裕國家的居民，卻並沒有權利批評他。因為，我們只佔全世界人口的20％，但卻消耗了80％的世界資源。」

　　人本主義最早源於希臘文antropos和logos，意為人和學說，它是一種把人生物化的形而上學唯物主義學說。人本主義承認人的價值和尊嚴，把人看作萬物的尺度，以人性、人的有限性和人的利益為主題。它認為人類的自由權利不可侵犯，堅信「人是萬物的尺度」，將人類的生存當作終極、永恆的價值和意義。

　　人本主義哲學家反對把靈魂和肉體分割為兩個獨立的實體，反對把靈魂看作第一性的唯心主義觀點，但他們觀念中的人只是生物學意義上的人，卻完全忽視了人的社會性，不能聯繫具體的歷史、社會背景來考察人。

小知識

伽利略（西元1564年～西元1642年）：義大利物理學家、天文學家和哲學家，近代實驗科學的先驅者。他一生堅持與唯心論和教會的經院哲學做抗爭，主張用具體的實驗來認識自然規律，認為經驗是理論知識的泉源。他承認物質的客觀性、多樣性和宇宙的無限性，這些觀點對發展唯物主義的哲學具有重要的意義。代表作《關於兩門新科學的談話和數學證明》等。

莎樂美

新行為主義心理倫理學

人的理性粉碎了迷信，而人的感情也將摧毀利己主義。——海涅

　　莎樂美最早是記載於聖經中的人物，在《聖經‧馬太福音》中是這樣寫她的：那時，分封的王希律王聽見耶穌的名聲，就對臣僕說：「這是施洗的約翰從死裡復活，所以這些異能從他裡面發出來。」

　　起先希律王為了他兄弟腓力的妻子希羅底的緣故，把約翰捉住關在監獄裡。因為約翰曾對他說：「你娶這婦人是不合理的。」希律王就想要殺他，只是怕百姓，因為他們以約翰為先知。

　　到了希律王的生日，希羅底的女兒在眾人面前跳舞，使希律王歡喜。希律王就發誓，應許隨她所求的給她。女兒被母親所使，就說：「請把施洗約翰的頭放在盤子裡，拿來給我。」

　　希律王便憂愁，但因他所發的誓，又因同席的人，就吩咐她。於是打發人去，在監獄裡斬了約翰，把頭放在盤子裡，拿來給女兒，女兒拿去給她母親。

　　而在王爾德的筆下，莎樂美卻有著更加迷人性感的形象。傳說中的莎樂美是一個美麗妖豔的女子，她是巴比倫國王希律王和自己兄弟腓力的妻子所生的女兒。她美麗不可方物，令巴比倫國王愛逾生命，而她的舞姿更是曼妙迷人，據說巴比倫國王寧願用半壁江山換取莎樂美的一舞。

　　希律王娶了自己兄弟的妻子希羅底，可是先知約翰卻告訴他，這樣的行為是不合理的，惱火的希律王打算殺掉反對他的約翰，可是因為先知約翰在

莎樂美以極端血腥的方式擁有了約翰，因此，她也
被視為愛慾的象徵詞。

百姓中有著極高的聲望，他不能妄動，只好將約翰關進了監獄。

　　誰知他的女兒莎樂美卻愛上了先知約翰，可是約翰拒絕了莎樂美的求
愛，並毫不留情地斥責了她。在希律王的生日宴會上，王希望莎樂美能為他
跳舞舒緩情緒，但莎樂美卻堅持要希律王答應她的一個願望，然後才能起
舞。為了欣賞到莎樂美的舞蹈，希律王答應了莎樂美的請求。

　　舞蹈之後，莎樂美提出了自己的要求，她要希律王將先知約翰的頭放在
盤子裡端來給她。希律王大為吃驚，但礙於誓言，只得答應了莎樂美的要
求，派人去獄中斬下約翰的頭顱放在盤子裡，獻給了莎樂美。端著盤子，莎
樂美終於滿足了自己的心願，深深吻上了約翰的唇。

　　莎樂美這一舉動，也許是所有心理學和倫理學大師都最希望分析，但也
是最難解釋清楚的問題。

行為主義心理學是二十世紀初起源於美國的一個心理學流派，創建人是美國心理學家華生。所謂行為，就是機體適應環境變化的各種身體反應的組合，而行為主義認為，心理學不應該研究意識，只應該研究行為。因為人類的行為都是後天學到的，環境決定了一個人的行為模式，只要明白了環境刺激與行為反應之間的規律，就能達到預測並控制行為的目的。這種觀念實際上就是將意識和行為絕對的對立起來，但卻促進了行為主義的實驗倫理學的誕生。

小知識

戈特弗里德·威廉·凡·萊布尼茨（西元1646年7月1日～西元1716年11月14日）：德國最重要的自然科學家、數學家、物理學家、歷史學家和哲學家。他認為一切實體的本性，包括實體應是構成複合物的最後單位元，本身沒有部分，是單純的東西，即精神性的單子。其單子論是一個客觀唯心主義的體系，有向宗教神學妥協的傾向，但也包含一些合理的辨證法因素。

軌道上的小孩
直覺主義倫理學

世界上沒有兩片完全相同的樹葉。——萊布尼茨

　　這裡是一個城市的鐵路線，可以看見不同的鐵軌延伸向不同的地方。有七個孩子正在鐵軌上玩耍，不遠處，一條廢棄的鐵軌上，還有一個孩子在獨自玩耍。這時，一列火車呼嘯而至，眼看就要到達孩子們玩耍的地方了。而現在的情況是，火車已經無法停下或者減速，而鐵道工又無法及時通知孩子們避離，火車不可避免要撞上在玩耍的孩子。

　　現在問題來了，如果你是鐵道工的話，你是選擇讓火車按照原定的軌道行駛，還是選擇更換軌道，將火車引導到廢棄的鐵軌上？如果按照原定的軌道行駛，那麼七個孩子將性命不保，但如果引入廢棄的鐵軌，那獨自玩耍的小孩也將喪失性命。如果註定會有孩子死去，你的選擇是什麼呢？

這是一個著名的問題，被詢問到的人多半選擇了將火車引到廢棄的鐵軌上。他們的理由也很相似，這樣只會有一個孩子犧牲，卻能挽救七個孩子的性命，以數量來說，這樣當然是正確的選擇。

事實是否真的如此呢？當我們仔細看問題中的場景時可以發現，那個獨自玩耍的孩子是在一條廢棄的鐵軌上遊戲的，但其他七個孩子選擇的卻是使用中的鐵軌。要知道，使用中的鐵軌是不允許靠近的，何況是在上面遊戲，也就是說，這七個孩子是選擇了一個危險的地方進行遊戲，那個獨自玩耍的孩子則是選擇了一個安全、正確的地方。明明是這七個孩子起初就犯了錯，但為什麼最後卻讓那個沒有犯錯的孩子承擔責任呢？

所以說，有時候人們透過直覺做出的並不一定是最正確的選擇。

直覺主義倫理學，也稱為倫理學的直覺主義，它是一種客觀主義倫理學，認為倫理知識可以透過直接的意識或必然的洞見而為真。直覺主義者相信我們能夠直接知道一定的行為在道德上是正當的或是錯誤的，而不必考慮它的後果。

直覺主義倫理學反對那種認為沒有任何道德真理的懷疑主義，也否定依據自然性質來界定諸如「善」、「正當」等基本倫理術語的做法。直覺主義者認為，倫理普遍概括是一種推論過程的觀點犯有無窮後退或惡性循環的錯誤，事實上對基本道德判斷的證明必須既不是歸納的，也不是演繹的，應該是不證自明的。

倫理直覺主義有時也堅持認為人們是依靠經驗知道倫理陳述的真假這一自然主義立場，因此在某種意義上，倫理直覺主義也是非自然主義。不過，由於直覺主義和自然主義二者都宣稱有倫理知識，因此它們兩者都是道德認知主義而與非認知主義相對立。

小知識

湯瑪斯‧阿奎納（西元1225年～
西元1274年3月7日）：中世紀經
院哲學的哲學家和神學家，他把理
性引進神學，用「自然法則」來論
證「君權神聖」說。他的倫理學基
於他所謂的「行為的第一原則」之
上的，他認為神學上的三大美德信
仰、希望和慈善是超自然的，它們
的目標與其他美德不同。他將法則
分為四大項：永恆的、自然的、人
類的、神授的，而永恆的法是上帝
治理所有生物的根據。

元倫理學的開創者

價值論直覺主義

我唯一知道的，是我一無所知。——蘇格拉底

「照我看來，在倫理學上，正像在一切哲學學科上一樣，充滿其歷史的困難和爭論主要是由於一個十分簡單的原因，即由於不首先去精確發現你所希望回答的是什麼問題，就試圖作答。即使哲學家們在著手回答問題以前，力圖發現他們正在探討的是什麼問題，我也不知道這一錯誤根源會消除到什麼程度；因為分析和區別的工作常常是極其困難的：我們往往不能完成所必須的發現，儘管我們確實企圖這樣做。然而我做好這樣的想法，即在許多情況下果決的嘗試足以保證成功；因此，只要做了這種嘗試，哲學上許多最觸目的困難和爭論也就消失了；無論如何，哲學家們似乎一般並不做這一嘗試；而且，不管是否由於這種忽視，他們總是不斷力求證明『是』或者『不』可以解答各問題；而對這類問題來說，這兩種答案都不是正確的，因為事實上他們心裡想的不是一個，而是幾個問題，其中某些的正確答案是『不』，而另一些的是『是』。

我在本書中已力圖將道德哲學家們通常自稱從事解答的兩類問題清楚地加以區分；但是正像我已證明的，他們幾乎總是使二者不僅相互混淆，而且跟其他問題混淆起來。第一類問題可以用這樣的形式來表達：哪種事物應該為它們本身而實存；第二類問題可以用這樣的形式來表達：我們應該採取哪種行為？我已力求證明：當我們探討一事物是否應該為它本身而實存，一事物是否就其本身而言是善的，或者是否具有內在價值的時候，我們關於該事

物究竟探討什麼；當我們探討我們是否應該採取某一行為，它是否是一正當行為或義務的時候，我們關於該行為究竟探討什麼。」

這是喬治‧愛德華‧摩爾在他的著作《倫理學原理》中的序言。摩爾1873年生於倫敦，十九歲進入劍橋大學三一學院求學，讀書期間，他接受當時盛行的以F‧H‧布拉德雷為代表的新黑格爾主義的倫理學觀點。畢業之後他留校從事研究工作，但在研究德國哲學家康德的「理性」概念時，他的思想發生了轉變，開始認為精神活動和這一活動的對象是有區別的，而且精神活動的對象是獨立於精神活動的一種存在。

1903年，摩爾發表了〈駁唯心主義〉一文，發動了對新黑格爾主義的反擊，在當時引起巨大迴響。1904年，他發表自己的著作《倫理學原理》，開創倫理學上新的紀元——元倫理學。

做為元倫理學的開創者，摩爾的倫理學被稱為價值論直覺主義。它是直覺主義發展的必然階段，也是資本主義社會轉型期，道德變化在倫理學上的反映。

摩爾的元倫理直覺主義主要有以下三個方面的內容：

一、倫理學的本源是「善」，但這個「善」是不可分析、單純的，所以它也是不可定義的。這也是摩爾整個倫理思想的邏輯起點。

二、傳統規範倫理學給「善」定義的做法是錯誤的。無論一般的自然主義倫理學、形而上學倫理學還是快樂主義倫理學，都把「善性質」混同於「善物質」，把「目的善」混同於「手段善」，這是一種「自然主義謬誤」。

三、倫理學的目的是知識，不是實踐，但又離不開實踐。

在摩爾的倫理學中，還是有著極大的功利主義傾向，表明他仍然受著其反對的規範倫理學的影響，但他所開創的元倫理學，無疑給了倫理學一個全新的視野。

小知識

狄爾泰（西元1833年～西元1911年）：德國哲學
家，生命哲學的奠基人。他嚴格區分了自然科學與
精神科學，並以生命或生活做為哲學的出發點，認
為哲學不僅僅是對個人生命的說明，它更強調人類
的生命，指出人類生命的特點必定表現在時代精神
上。他的哲學思想是新康德主義的發展。代表作有
《精神科學序論》、《哲學的本質》等。

南宋的覆亡
普里查德的義務論直覺主義

「永遠不要說什麼『我已經失去它了』這類的話，而只說：『我已經把它還回去了。』你的孩子死了嗎？他已經被送回去了。你的妻子死了嗎？她被還回去了……我得外出流浪去了；有沒有人能擋住我帶著微笑和寧靜出發呢？『我要把你關進牢房。』你關住的只是我的肉體。我必須死，因此我就非得怨恨地死去嗎？……這些都是哲學應該預演的課程，應該每天都寫下來，並且實踐。」——愛比克泰德

南宋年間，歷代皇帝都一心偏安，醉生夢死，加上奸臣當道，只知橫徵暴斂，搜刮納賄，弄得國庫空虛，民不聊生，北伐大業一誤再誤。此時金國也已經日漸腐朽，而與此相對的，則是蒙古高原上蒙古鐵騎的崛起。在成吉思汗的帶領下，蒙古鐵騎滅了西遼、西夏，完成了對中亞的征伐之後，揮軍南下，直指金國和南宋。

宋恭帝德祐元年，即1275年，蒙古大軍兵分三路全面侵宋，忽必烈親自率領大軍進攻鄂州，兵鋒直指南宋都城臨安。權奸賈似道連忙向忽必烈求和，願意以納貢換得平安，正好忽必烈得知了蒙哥在前線病逝，為了趕回去爭奪汗位，便答應了賈似道的條件，撤軍回北方去了。

當時兩淮局勢緊張，眾多大臣、幕僚紛紛逃離，希望能躲避戰亂，而淮東制置使李庭芝的幕僚中卻有一人表現得臨危不懼，願意與國共存亡，這個人便是陸秀夫。經此一亂，李庭芝對陸秀夫另眼相看，將他推薦給了朝廷，

做了禮部侍郎。

但和平只是暫時的假象，忽必烈奪了汗位之後，立刻重新開始了他坐擁天下的戰爭，再次揮軍南下。宋軍積弱，蒙古軍一路如入無人之地，攝政的太皇太后知道大勢已去，無心反抗，帶著五歲的宋恭帝趙㬎議和乞降，自動削去國號，改為「國主」，將全部河山拱手相讓。

雖然大勢已去，但仍有一批鐵膽忠心的大臣們不甘心國家就此覆亡，他們得知益王、廣王到了溫州，便紛紛前去投奔，其中便有陸秀夫。在陸秀夫等人的帶領下，他們在溫州擁立廣王登基，改元景炎，希望能將南宋政權延續下去。

可惜的是，就算是這樣飄搖多舛的流亡朝廷，大臣之間仍是矛盾不斷，更不用說合力抗元了。不久，元軍進攻福州，陸秀夫等人只能陪著小皇帝上了南宋最後的水師艦隊，來到了崖山，在海上艱難維持著最後的南宋王朝。

不久，小皇帝病逝，陸秀夫又擁立其弟趙昺為帝。風雨飄搖之中，陸秀夫和張世傑的艦隊被元軍著名漢將張弘範率領的部隊一舉擊潰，最後的南宋政權搖搖欲墜。

元世祖忽必烈出獵圖。

陸秀夫知道此番已經再無轉圜之機，決意殉國。他穿戴整齊，逼著自己的妻子跳海，面對著從四面八方圍上來的元軍，冷靜地對小皇帝趙昺說：「事情到了這個地步，皇上也只好殉國了。國事至今一敗塗地，陛下當為國死，萬勿重蹈德祐皇帝的覆轍。德祐皇帝遠在大都受辱不堪，陛下不可再受他人凌辱。」說完，便背起趙昺，用白色的綢帶將兩人緊緊捆在一起，果斷跳入海中，以死殉國。得知皇帝已經殉國，朝廷裡的諸位大臣和後宮女眷們也紛紛跳海，死者多達十數萬人。

統治中國三百餘年的大宋王朝也正式滅亡，更

有後人感嘆道：「崖山之後，再無中國。」而陸秀夫也完成了他做為大宋王朝臣子應盡的義務，成為了令人敬仰的忠臣楷模。

陸秀夫負幼帝跳海石像。

在摩爾提出了價值論直覺主義之後，H·普里查德於1912年發表〈道德哲學能建立在錯誤上嗎？〉一文，首先提出義務論直覺主義的基本原則，他反對摩爾的價值論直覺主義，並把義務當成了倫理學的主要範疇。

普里查德主張，倫理學的核心範疇不是「善」的概念，而是「責任」、「義務」、「正當」等道德義務範疇，它們是客觀的、絕對自明的，是不可定義、無需推理的。人們既不能從其他倫理事實或非倫理屬性中推出「義務」，也不能把它歸結為任何其他的倫理屬性。

義務論主要源自康德，他們認為，其他道德概念都可以用「正當」這些概念來定義，或者至少可以說，運用其他道德謂詞的判斷都要用以這些義務性概念為基礎的判斷做出證明。

小知識

安薩里（西元1058年～西元1111年）：伊斯蘭教權威教義學家、哲學家、法學家、教育家，正統蘇菲主義的集大成者。他深受神秘主義思想的影響，將蘇菲神秘主義引入正統信仰，採用邏輯概念和思辨方法論證正統教義，將哲學與宗教、正統信仰與蘇菲主義、理性和直覺內心體驗加以彌合，完成了艾什爾里派學說體系的最終形式。從理論上構築了伊斯蘭教正統的宗教世界觀和人生觀，把伊斯蘭教經院哲學推進到全盛時期。

托爾斯泰的失敗與偉大

羅斯的溫和義務論直覺主義

> 驚奇是哲學家的感覺，哲學開始於驚奇。——柏拉圖

　　列夫‧托爾斯泰，俄國最著名也最偉大的文學家，他以對社會深刻的剖析和認識，展現了當時俄國現實條件下種種的矛盾，也展現了他做為一個知識分子所應有的人文精神。更重要的是，托爾斯泰並不僅僅是一個紙上的空想家，還是一個勇於實踐的踐行者，他開辦農奴學校，實行農奴改革，儘管他的努力以失敗告終，但這也絲毫無損於他的偉大。

　　托爾斯泰1828年9月9日出生在一個大貴族家庭裡，在他幼年時父母就過世，他改由姑母撫養。雖然父母早逝，但托爾斯泰卻度過一個無憂無慮的童年，他沒有任何貴族身上的惡習，是個聰明善良、熱愛幻想的小少爺。

　　九歲時，托爾斯泰被送到莫斯科求學，後來因為莊園上的收入難以維持他在莫斯科的生活，托爾斯泰再次回到家鄉。回到自己熟悉的故鄉，托爾斯泰卻發現許多以前他沒有注意過的地方，曾經歡樂玩耍的莊園裡有貧窮的農民、破爛的農舍和飢餓的牲口，原來陪伴他玩耍的小夥伴們和他過著完全不同的生活。他意識到農奴和貴族的不同，也開始思考起生活的不公。

　　後來，托爾斯泰跟隨姑母來到喀山生活。在觥籌交錯的貴族舞會中，托爾斯泰卻感覺格格不入，他還在想著莊園裡那些農奴，出於悲天憫人的天性，他希望自己能夠改變他們的生活。於是他開始學習法律，並接觸到革命民主主義的思想，並積極投身到反對農奴制度的運動中去。

　　幾年之後，十九歲的托爾斯泰回到老家，分到屬於自己的莊園——亞斯

納亞·伯利亞納，成為了1200俄畝土地和330名農奴的主人。興奮的托爾斯泰開始第一次認真巡視自己的土地，但很快，他的熱情便被面前的現實澆熄，面對他的是充滿害怕神情的農奴，他們膽怯地叫他「大人」，驚恐地看著主人的一舉一動。他們瘦弱、骯髒，身上充滿馬糞的味道，眼睛裡滿是畏懼。

這並不是自己所要的東西，托爾斯泰很快意識到這一點，並開始構思一個偉大的、美好的計畫。他要讓這些農奴們擺脫貧困，他要給他們良好的教育，讓他們過上富裕的生活，讓他們不再做為低人一等的奴隸而存在。

說到做到，托爾斯泰開始在自己的農莊開辦學校，設立醫院，他將糧食和現金分給那些需要的人，取消對農奴體罰的制度，盡力平等地對待他們。然而，他的努力卻沒有換來成功，那些長期生活在暴力與壓榨之下的農奴們無法理解這位「大人」的所作所為，他們也不敢接受這些新鮮的改變，他們用懷疑的眼神看著這位貴族年輕人所做的一切，然後用沉默抗拒著一切的改變。最後，托爾斯泰失望地發現，他的改革沒有任何成效，那些農奴們依舊過著貧窮下賤的生活，而他所獲得的，只有周圍莊園主們的強烈抗議。

俄羅斯繪畫大師列賓在1880年初與托爾斯泰相識，其後，包括正式形象，以及像《赤足的托爾斯泰》這樣的非正式形象，畫家多次描繪了這位作家。

失敗的托爾斯泰離開了自己的莊園，再次來到莫斯科。在這裡，他開始反省自己曾經的改革，並大量閱讀各種書籍，在長久的思考之後，他開始找

尋到自己真正要走的道路，從此踏上寫作的旅程。而這一次，他成功了，並將做為世界歷史上最偉大的作家被人們所銘記。

威廉‧大衛‧羅斯是直覺主義倫理學中重要的代表人物之一，他的倫理思想在很大程度上繼承了同為直覺主義學派的摩爾及普里查德的倫理思想。但與摩爾的價值論直覺主義、普里查德的極端義務論不同的是，他的倫理思想被稱為「溫和的義務論直覺主義倫理學」，因為他力圖修繕普里查德的極端義務論，調和普里查德與摩爾理論之間的矛盾。

羅斯的倫理思想基本上是傾向於義務論，他提出一種多元性的規範倫理學理論，試圖解決功利主義倫理學、康德等人的義務論倫理學無法解決的道德困境，這就是顯見義務論。

羅斯認為，根據道德價值（分配的正義）對美好事物進行的分配，包含在將要予以擴大的善之中；雖然產生最大的善的原則是基本原則之一，但它只是一個必須依靠直覺和所有其他有效原則的要求取得平衡的原則。

小知識

赫伯特‧斯賓塞（西元1820年4月27日～西元1903年12月8日）：英國哲學家，「社會達爾文主義之父」。他把進化理論適者生存應用在社會學上，尤其是教育及階級抗爭上，支持「平等自由定律」，認為在不侵犯別人的權利下，每個個體可以根據自己的選擇而做事。

基督山的復仇
羅素的道德情感論

他人即地獄。——薩特

1815年，因為老船長病重過世，年輕的艾德蒙·唐泰斯成了「埃及王」號遠洋貨船的代理船長。帶船回到馬賽港的艾德蒙此時可以說是志得意滿，他成為正式的船長，回來後又可以和自己心愛的未婚妻結婚，然後一同前往巴黎。

可是，正處在幸福情緒中的艾德蒙並不知道，自己身後有著幾雙嫉妒而憤恨的眼睛：在船上當押運員的鄧格拉斯嫉妒他接替老船長的位置，一心想將他拉下馬來取而代之；朋友費爾南一直偷偷愛著他的未婚妻，對於他們即將成婚的事實難掩憤怒。終於，這兩個心懷不軌的人勾結一起，共同謀劃了對付艾德蒙的詭計。

原來，在老船長病逝之前，曾委託艾德蒙將船秘密的開到一個小島上去見被囚禁的拿破崙，當時艾德蒙還接受了拿破崙的委託，為他將一封密信帶給拿破崙在巴黎的親信。這件事被鄧格拉斯知道，他和費爾南便寫了一張告密條，送到檢查局。偏偏審理這個案件的是代理檢察官維爾福，他驚訝地發現，這封密信正是送給自己父親的。得知自己父親竟然與拿破崙有關的維爾福大驚失色，為了保住自己的性命和前程，他立刻下令逮捕艾德蒙，並宣判他為極度危險的政治犯，未經審訊便將他關入了孤島上的死牢。

剛進入監獄的艾德蒙還懷抱著一絲希望，希望能夠有檢察官來審理自己的案子，還自己一個清白。然而，日子一天天的過去，始終沒有人來提審，

也沒有人來看望他。艾德蒙終於失望了，他想到自殺，但對未婚妻的思念卻鼓勵著他繼續活下去。有一天，他忽然被挖掘的聲音弄醒了，原來隔壁牢房的老神父打算挖掘地道出逃，卻因為計算錯誤，挖到了艾德蒙的牢房。在長久的相處中，老神父漸漸信任上了這個憂鬱痛苦的年輕人，並與他交往起來。

老神父是個聰明睿智的老者，聽了艾德蒙的遭遇，便很快指出，艾德蒙是被鄧格拉斯和費爾南他們陷害的。得知事情的真相，艾德蒙的情緒從低落轉而憤怒，發誓要向對方復仇。老神父還告訴艾德蒙，自己被抓進牢裡是因為自己知道一處巨大的寶藏所在地，卻不肯將地點告訴別人。但他告訴艾德蒙寶藏的所在地，就在一個叫做基督山的小島上，希望艾德蒙有朝一日能夠出獄取出寶藏享用。從此，艾德蒙開始跟著多才多藝的老神父學習，成為了一名博學多才的人，已非吳下阿蒙。

就這樣，十四年的時間過去了。一天，老神父因為年老病重過世，艾德蒙突然意識到這是一個機會。他潛入老神父的房間，鑽進盛著神父屍體的麻袋，讓獄卒們將他當做老神父丟入了大海。在大海上漂泊的艾德蒙很快獲救，因為有當船員的經歷，他成為了船上的一員。不久，他便找到了基督山島，取得巨大的寶藏，成為億萬富翁。

擁有財富和智慧的艾德蒙現在只有一個目的，那就是復仇。十多年的牢獄生活改變他的面容，再也沒有人能認出他就是當年年輕稚氣的艾德蒙，他改名為基督山伯爵，攜帶著令人瞠目的鉅額財富，依靠著淵博的知識和高雅的儀態重新出現在眾人的面前。此時，維爾福已經是巴黎法院檢察官，鄧格拉斯成了銀行家，費爾南也已經是莫爾塞夫伯爵，還娶了艾德蒙深愛的未婚妻。

在基督山伯爵的謀劃下，費爾南之前出賣和殺害阿里總督的事情被揭發，弄得他名譽掃地，妻子和兒子也因為不恥他的行為，放棄家產離開。費爾南硬著頭皮去找基督山伯爵決鬥，卻被基督山伯爵在一番辛辣的諷刺之後

說出了自己的身分，恐懼的費爾南在極度的害怕之下，開槍自殺。

而在鄧格拉斯那裡，基督山伯爵先是開了三個可以無限透支的帳戶，震懾了鄧格拉斯，又發出假電報，誘使鄧格拉斯出售債券，損失了大筆錢財。之後，他又誘騙鄧格拉斯將女兒嫁給了一個偽裝成親王之子的逃犯，並使他在婚禮上被捕，令鄧格拉斯聲名盡喪。無奈的鄧格拉斯只能攜鉅款逃跑，卻被基督山伯爵安排的強盜抓住，以一百萬法郎的高價向他出售食物，將他攜帶的財物全部榨光。最後他留給鄧格拉斯五萬法郎，放了他一條生路，但此時的鄧格拉斯早已嚇得頭髮全白。

世界文學名著《基督山伯爵》的作者——「文壇火槍手」大仲馬的漫畫形象。

面對第三個仇人維爾福，基督山伯爵將他和他的情人帶到他們過去的居所，並點出了他們當年試圖活埋兩人的私生子的事情。之後，他又故意幫助維爾福試圖為自己的孩子爭取遺產的後妻，使她毒死了自己丈夫前妻的父母和老僕人，只有維爾福和前妻的女兒因為是老船長兒子情人的緣故得到了基督山伯爵的庇護而倖免。維爾福以為自己的女兒被毒死，逼著妻子服毒身亡。而基督山伯爵又故意將鄧格拉斯的逃犯女婿送到維爾福檢察官手中，在審理中維爾福卻發現，這個孩子正是自己的私生子。維爾福這才知道，自己落入了一個復仇之神的手中，他在眾人面前承認了自己的罪行，發瘋了。

完成了復仇的基督山伯爵，帶著收養的阿里總督的女兒離開了巴黎，從此銷聲匿跡。

推動基督山伯爵復仇行為的，不只是仇恨，更是情感。而倫理學家羅素

就認為，情感正是人性的基礎。

在羅素的哲學觀從實在論轉變為主觀唯心主義的過程中，他的倫理學也經歷了從價值論上的客觀主義轉變為價值論上的主觀主義，從直覺主義轉變到情感主義的過程。

羅素的倫理學是建立在衝動說、願望說和雙重本性說基礎之上的，他的倫理思想具有三個基本方面：人性基礎、基本原則和價值理想。在倫理學上他堅持的是一種情感主義和主觀價值論的觀點，其基本原則就是情感。羅素對人的現實命運寄予了極大的關切，他的倫理學家價值理想就是讓世界充滿愛。

小知識

恩斯特‧布洛赫（西元1885年～西元1977年）：德國哲學家。他哲學的核心範疇是「尚未」，就主觀意識而言，「尚未意識」是一種向未來可能性開放的期盼意識。代表作是《論「尚未」範疇》。

希特勒的夢魘
絕對情感主義

> 使一切非理性的東西服從於自己，自由地按照自己固有的規律去駕
> 馭一切非理性的東西，這就是人的最終目的。——費希特

他是二十世紀最偉大的思想家、哲學家之一，不過在提到他的時候，人們更喜歡用另一個名稱來介紹他——「希特勒的夢魘」，他就是路德維希·維特根斯坦。據說正是這位猶太人的存在使得希特勒對猶太人痛恨不已，並展開了對猶太人的大肆屠殺。

1889年4月26日，一名富有的貴族在維也納生下了他的第八個兒子路德維希·維特根斯坦。而僅僅在六天之前，在萊茵河畔的邊境城市布勞瑙一個貧民家庭，也有另外一個男孩出生，這個男孩正是希特勒。

與出生於貧民家庭的私生子希特勒相比，維特根斯坦無疑是含著金湯匙出生的，他的父親是歐洲鋼鐵工業的巨頭，奧匈帝國的首富之一，母親則是一位銀行家的女兒。這個富有的猶太家族對藝術有著天生的親近感，贊助了不少的藝術家，著名的勃拉姆斯就是他們家族沙龍中的常客，因此維特根斯坦很早便受到了頂級藝術的薰陶。

而在這一點上，身分地位截然不同的希特勒與維特根斯坦卻是相似的，他也是藝術的愛好者，熱愛繪畫，希望自己能夠成為一名畫家。同樣在藝術上的興趣可能正是導致這兩個人在今後生活裡碰撞的原因所在。

十四歲那年，維特根斯坦被父親送到了林茨里爾學校讀書，巧合的是，希特勒也同樣在這所學校。這兩個孩子在當時給學校裡的其他人留下的印象

戰爭狂人阿道夫·希特勒雙手沾滿了猶太人的鮮血，但在德意志的孩子面前卻以一位慈祥長者的面目出現，這兩種截然不同的形象集中表現了人性複雜的一面。

都是孤僻，他們很少和同學往來。唯一不同的是，維特根斯坦是因為他不懂得如何與人相處，而希特勒則是出於他天生的驕傲本性。

在希特勒的自傳《我的奮鬥》中，他提到過學校中有一位「我們都不太信任的猶太學生」，「各種經歷都使我們懷疑他的判斷力」，並說「一個告發同伴的男孩就是實施了背叛」，這個說法難免會讓人想到不善於與人交往、脆弱而易怒的維特根斯坦。這個單純的孩子是個希望能夠袒露自己內心的人，也曾提到過自己關於懺悔的談話。

有人推測，希特勒對猶太人那種深切的仇恨很大程度上正是來自於維特根斯坦。這位富家子天生優渥的家庭環境讓希特勒有著本能的抗拒，而且，兩人的愛好非常相似，喜歡繪畫、歌劇、建築，連吹口哨的愛好都一樣。

據當時人記載，維特根斯坦非常喜歡糾正別人吹口哨時的走音，而希特勒恰恰是一個非常不能容忍別人指出自己的缺點的人；此外，希特勒喜歡繪畫，而維特根斯坦則是在掛滿阿爾特畫作的家中長大的。這不難讓人聯想到，他們兩個很可能會因此而產生矛盾，使得希特勒對維特根斯坦懷恨在心。

但有趣的是，希特勒對於維特根斯坦的嫉恨也許同樣遭到了維特根斯坦的報復。這位哲學家被稱為史達林分子，有人還認為他是蘇聯的特務，而共產國際正是唯一主張武裝抵抗希特勒的國際組織。如果維特根斯坦真的將許多重要情報傳遞給蘇聯，幫助他們在對抗法西斯的戰鬥中取勝的話，那麼他

的可以被稱作「希特勒的夢魘」了。

和羅素同為情感主義倫理學的開路人，維特根斯坦也是情感主義倫理學的代表人物之一。

和其他的情感主義者一樣，維特根斯坦也試圖從主體的本性慾望及情感中尋找一種根據。他堅持將事實真理與價值觀念嚴格區別開來，認為道德規範、價值判斷和倫理概念等命題不是知識的表達和意義的描述，而是一些存在於有限世界彼岸的，無法用經驗事實證明其真假的無意義的形而上學命題。

所有道德規範、價值判斷和倫理概念就其本性是道德與價值而言，都不具有真理的價值，而僅僅是偏愛、態度和情感的外溢和經過喬裝打扮的命令句、祈使句等。正因為沒有合理的方法來確保道德判斷的一致性，所以任何追求客觀的非個人道德標準的企圖都無法得到有效的合理辯護。

小知識

肯迪（西元796年～西元873年）：中世紀阿拉伯哲學家、自然科學家，亞里斯多德學派的主要代表之一。他的哲學思想深受亞里斯多德、新柏拉圖主義和新畢達哥拉斯派的思想影響，力圖以理性主義調和宗教信仰，注重自然哲學的研究，用哲學論證宗教信條，自由討論教義。代表作有《肯迪哲學論文集》、《論第一哲學》、《五本質論》。

分離派會館
維也納學派

凡是現實的就是合理的，凡是合理的就是現實的。——黑格爾

在建築學上，分離派會館是一個無法被忽視的代表，而對它所在的奧地利來說，它也是這個以盛產音樂聞名於世的國度一個特殊的標誌。

1897年，以畫家克里姆特和建築師瓦格納的學生奧布里希、霍夫曼等人為首的十九位青年藝術家，宣稱要與傳統的美學觀決裂，拋棄正統的學院派藝術，開創屬於自己的藝術天地。他們打著「為時代的藝術——藝術應得的自由」的旗號，離開了嚴格、保守的維也納學院派。因為是從維也納學派中分離出來的，所以他們自稱為分離派。

分離派的藝術家們雖然都同樣反對學院派的舊藝術形式，但他們卻沒有一個明確統一的綱領。藝術風格多種多樣，涵蓋了包括建築、美術、服裝、瓷器等多個領域，其中最有代表性的，就是陳列他們藝術品的展館——分離派會館。

分離派展覽館是約瑟夫・奧布里希在1897年設計建造的，整座建築完全遵照了瓦格納的建築觀念——整潔的牆面，水平的線條和平屋頂。分離會館在設計上大量運用了對比的手法，矩形的大與小對比，方與圓對比，明與暗對比，石材與金屬對比等。而最著名的，就是會館頂部那個巨大的金屬鏤空球，這個球體約三千片的金色月桂葉組成，象徵著蓬勃生機，也被人戲稱為「鏤金的大白菜頭」。會館的外牆上有著眾多的雕刻裝飾，裡面雕有三隻貓頭鷹，在西方人眼中，它是智慧的象徵，此外還有蛇髮女妖美杜莎的頭像，

維也納分離派會館。

是威嚴的守護者的象徵，入口處刻有他們的口號「為時代的藝術——藝術應得的自由」。

分離派會館剛一建成，立刻引起轟動，並成為分離派的標誌，直到今天，它還是當年分離派理念的最好表現。

分離派實際上就是在奧地利新文化運動的影響下，從維也納學派中分離出來的一支，它的理念實際上或多或少還是受到維也納學派的影響。

維也納學派是二十世紀影響最廣泛、持續最長久的哲學流派之一，它代表了自然科學對哲學的挑戰，堅持邏輯經驗主義或者說是邏輯實證主義，因此也有人把它的哲學稱為「實證主義」。它代表了新實證主義的起源。

維也納學派是堅定的反傳統形而上學的派系，他們認為傳統形而上學是無意義的堆砌，並提出了一種新的檢驗句子的證實原則。「證實原則應該是一項標準，可以用來確定一個句子是否確定有意義。用一個簡單的形式來表述證實原則就是：一個句子是否有意義，當僅當它表達的命題要嘛是分析，

要嘛經驗上可證實的。」

　　現在，維也納學派的唯科學主義觀點已經成為現代哲學中不可缺少的一部分，但因為他們只重視「科學的邏輯」，卻忽視了科學賴以產生和發展的人文背景與人的創造精神。

小知識

　　法拉比（西元874年～西元950年）：中世紀欽察康里著名哲學家、自然科學家、音樂理論家，亞里斯多德學派的主要代表之一。他受亞里斯多德和新柏拉圖主義思想影響，吸收了蘇菲派自然泛神論的成分，並與自然科學的成果相結合，力圖調和理性與信仰，並用哲學論證宗教信條，使哲學突破伊斯蘭教義學的禁錮而得到獨立發展。

尾生抱柱
卡爾納普的極端情感論

凡是活著的就應當活下去。——費爾巴哈

在《莊子‧盜跖》以寥寥數語記載了這樣一個故事：「尾生與女子期於樑下，女子不來，水至不去，抱樑柱而死。」故事說的是一個叫尾生的人，與自己的心上人相約在橋下相見，誰知約定的時間到了，女子卻一直沒有來。尾生沒有離開，仍是繼續等待。後來下起大雨，河水暴漲，尾生卻不肯離開，抱著橋柱繼續等待，終於河水不斷暴漲，最終淹沒了尾生。

之後，「尾生抱柱」便成為了一個成語，寓意堅守信約、忠貞不渝，而尾生的行為，也為後來人所歌頌，無數的文人墨客都以尾生之信做為信用的最高代表。然而以今天的眼光來看，尾生的行為雖堅定，卻太過極端，難免令人有迂腐愚蠢之感。

美國哲學家卡爾納普是邏輯實證主義的代表人物，也是極端情感主義倫理學的主張者。他區分了語言的兩種作用：一是陳述（事實）的作用，二是表達（情感）的作用。形而上學命題並未陳述出事實，但它卻可以表達人們的情感傾向，尤其是某種永恆的情感和意志傾向。

為了論證倫理學理論研究的非科學性，卡爾納普提出，從倫理學的規範性特徵來看，它不可能表述任何可以證明的經驗事實，而只能表達個人的情感、願望和心理，這樣從對語言功能的具體分析中就否定了倫理學做為科學知識的可能性。卡爾納普還認為，許多語言只有一種表達的作用而沒有表述

的作用，而具有表達功能的語言只能抒發情感、表達意願，沒有斷定的意義，因此這種語言表達「不含有知識」、倫理學命題只有表達的功能而沒有描述的功能，因而不能被當作知識。

卡爾納普主張科學命題的意義在於能夠還原為中立的觀察經驗，而哲學的意義就在於對科學語言進行邏輯分析，一切形而上學都是無意義的，所有形而上學命題都是偽命題。

小知識

湯瑪斯・霍布斯（西元1588年～西元1679年）：英國哲學家。他的倫理思想大致包括「自然權利」說和「自然法」說兩個部分。前者講人的本性是利己主義，後者講人的理性規定的道德律令。著作有《論物體》、《利維坦》、《論人》、《論社會》等。

歐也妮‧葛朗台
史蒂文生的溫和情感論

萬物的和平在於秩序的平衡，秩序就是把平等和不平等的事物安排在各自適當的位置上。——奧古斯丁

葛朗台是法國索漠城中有錢的商人，起初他只是一個箍桶匠，但依靠著精明狡猾的頭腦，能寫會算的本事，他總是能用他非凡的天才弄暈自己的對手，讓對方鑽進自己的圈套，所以他的投機生意總是能夠成功。四十歲時，葛朗台娶了木板商的女兒為妻，獲得大筆的遺產，後來他又買下當地最好的葡萄園，向革命軍提供葡萄酒，狠狠賺了一筆。最終，葛朗台由一個只有兩千法郎的商人變為擁有一千七百萬法郎的大富翁。

然而，越來越多的財富卻沒有改變葛朗台的吝嗇與愛財，他的錙銖必較聞名全城。在家中，他不允許自己的妻女多花一分錢，為了省錢，全家人的衣服都由他的妻女自己縫製；從每天的伙食到一顆糖、一根蠟燭的使用，都由葛朗台決定，多花掉一分錢都會令他心痛不已。

經常出入葛朗台家門的客人有兩家人：公證人克羅旭一家和銀行家台‧格拉桑一家。因為知道葛朗台家的富有，這兩家人到來的目的都只有一個，那就是讓自己的兒子順利娶到繼承葛朗台大筆遺產的女兒——歐也妮‧葛朗台。歐也妮今年已經二十三歲了，但葛朗台卻從來沒有考慮過她的婚事，只是利用她做為誘餌，從兩家人中獲取好處。

不久，葛朗台在巴黎的弟弟因為破產而自殺，在自殺前打發自己的兒子查理來投奔伯父。查理是個英俊的花花公子，不學無術卻精通玩樂。歐也妮

第一次見到如此英俊而精美的人，不由得對自己的堂弟動了心。然而，葛朗台卻不願承擔自己侄子這個包袱，他讓查理簽了一份放棄父親遺產繼承權的聲明書，將他打發到印度去。歐也妮看到查理給朋友的信件，一心幫助自己的心上人，便將自己所有的私儲贈送給查理做為盤纏，而查理也回贈給一個他母親留下的鑲金首飾做為定情信物，啟程去了印度。

慣於把玩女兒積蓄的葛朗台發現女兒存下的錢不翼而飛，當得知她將錢送給了查理，不由得大為惱怒，將女兒反鎖在房中，任誰求情也不答應。這個舉動將他可憐的妻子嚇病了，後來當公證人告訴他如果他的妻子過世，歐也妮也可以以女兒的身分繼承母親的遺產，葛朗台這才將女兒放了出來。

一天，葛朗台發現歐也妮母女正在把玩查理送的首飾盒，當看到首飾盒上的金子時，他立刻要拿起刀將金子挖下來。歐也妮為了阻止父親的行為，聲稱如果父親要動首飾盒，她便自殺。父女的爭執嚇昏了葛朗台太太，雖然葛朗台終於住了手，但自此之後葛朗台太太的身體狀況就再也沒有好轉。

1822年，葛朗台太太過世了，葛朗台讓女兒簽署了一份放棄母親遺產的聲明，將所有家產抓在手裡。又過去了五年，葛朗台已經垂垂老矣，因為疾病他不得不把家產全都交給女兒看管。儘管難以動彈，他還是喜歡看著自己的財富，或是指揮女兒將錢一一放好，就算臨死前他做的最後一件事，還是試圖抓住神父手中鍍金的十字架。

葛朗台死後，歐也妮成為富有的單身女人，她一直盼望著查理歸來。她不知道的是，在印度的查理依靠著人口販賣和高利貸等行為已經發了財，如今已經變得心狠手辣，早就把歐也妮忘在了腦後。對他來說，歐也妮只是一個普通的鄉下姑娘，可是他萬萬沒有想到那吝嗇的葛朗台會有如此多的財產。為了高攀貴族，他娶了一位醜陋的侯爵小姐為妻。之後查理寫信給歐也妮，寄還六千法郎的贈款，還外帶兩千法郎的利息，表示與歐也妮一刀兩斷。

痛苦的歐也妮無法接受這樣的事實，選擇嫁給公證人的兒子——特‧篷風。她答應將錢給自己的丈夫，但要求只做形式上的夫妻。幾年後，憑藉財

富剛剛當上議員的特‧篷風不幸死了。後來，歐也妮償還叔父的債務，讓堂弟過上了名譽的生活，而她自己則安靜的獨居，過著簡單而虔誠的生活。

　　史蒂文生是情感主義倫理學最重要的代表人物，也是情感主義理論的總結。他不同意「拒斥規範倫理學」的極端提法，認為規範問題構成倫理學最重要的分支，滲透於一切生活常識之中，元倫理學和規範倫理學不是對立的，而是相輔相成的。

　　史蒂文生認為，語言在日常生活中主要有兩種用法：一是描述性的，主要用來記錄、澄清或交流資訊；二是能動的用法，其目的在於發洩情感、產生情緒。道德語言的主要功能就是情感性功能，道德概念的主要意義是情感性意義，所以，當我們用這些術語、概念構成某種道德判斷時，就絕不是僅僅在用它們來表達事物的現象或其本質性規定，而主要是運用它們來表達我們的情感和態度。

　　此外，道德判斷的主要用途不是指出事實，而是創造影響。道德判斷不僅具有表達判斷者的情感的功能，而且能夠引起並改變判斷者的情感和態度。也就是說，可以透過判斷來影響他人的道德態度與情感，使之改變或增強。

小知識

玛麗‧沃斯通克拉夫特（西元1759年4月27日～西元1797年9月10日）：十八世紀的英國作家、哲學家和女權主義者。她認為女性並非天生地低賤於男性，只有當她們缺乏足夠的教育時才會顯露出這一點，男性和女性都應被視為有理性的生命，她還設想建立基於理性之上的社會秩序。

元倫理學的終結
黑爾的「普遍規定主義」

一開始，問題就是要把純粹而緘默的體驗帶入到其意義的純粹表達之中。——胡塞爾

　　二十世紀五〇年代，距離摩爾發表《倫理學原理》已經五十多年了，由摩爾開創的元倫理學理論已經經歷了數次變革。最早是以摩爾為先驅的「直覺主義」，其又可以分為「價值論直覺主義」和「義務論直覺主義」。

　　三十年代，「維也納學派」和維特根斯坦等人的研究成果，使元倫理學由較為簡單的日常語言分析，轉向科學邏輯語言的研究層次，隨之產生了倫理學的「情感主義」。

　　然而，因為維特根斯坦等人認為「倫理學只是情感的表達，而不是科學事實的陳述」，之後的史蒂文生又將這種道德情感輪推向極致，導致倫理學做為一門真正科學根基的動搖。為了對抗這種觀念，一批倫理學家站了出來，他們一方面加強對倫理學語言本身的邏輯研究，試圖以具體的邏輯證明維護倫理學的科學性，以反對情感論者否認倫理學科學地位的觀點，同時又藉助於一些新規範倫理學理論來改造和修繕道德語言學的分析範式，使之保持其科學性和實踐性的基本特性。這批倫理學家是圖爾閔、烏姆遜、諾維爾·史密斯等人，而其中最重要的代表人物，則是理查·麥爾文·黑爾。

　　黑爾長年任教於英國牛津大學哲學系著名的「懷特」道德哲學講座，後又在美國佛羅里達州立大學哲學系擔任客座教授。他最重要的著作就是在三十三歲那年寫成的《道德語言》，在這本書中表達了他最重要的倫理學觀

念，從「祈使語氣」到兩種不同層次的道德判斷——「善」和「應當」。

在這本書中可以發現，黑爾吸收不少過去哲學家的思想，開篇第一句他就引用了亞里斯多德的名言：「德行是一種支配我們選擇的氣質。」並在書中多次提到亞里斯多德的名字。而按照黑爾自己的說法，他一方面是康德信徒，另一方面又繼承邊沁以來的功利主義思想，所以他把自己的倫理判斷準則稱為「普遍的規定主義」，因為他心目中的道德準則既是普遍的，又是規定性的；既是康德的，又是邊沁的；既是超越人性的，又是遵循人性的。

黑爾的觀念為從道德語言和邏輯的角度來追求道德的客觀性提出一種特別的方案，所以有人認為，在元倫理學的出臺就是為了克服道德相對主義的意義上來說，黑爾終結了元倫理學，使得元倫理學實現實踐的轉向。

黑爾最著名的學說是「普遍規定主義」。他贊成道德判斷的合理的客觀性而反對情感主義。他否認情感主義的基本前提——道德判斷只是情感表達的形式。黑爾認為，道德判斷既是普遍的命令，也是純粹的讚揚。

他認為，道德語言至少在典型用法中是規定性的，並且也是可普遍化的。而規定性和可普遍化正是道德語言的兩個基本邏輯屬性。

道德語言的規定性意味著在典型用法中它被用來指導人們的行為。

道德語言的可普遍化可解釋如下：我們不能對那些我們承認在普遍的描述性特徵方面相同的情形合乎邏輯地做不同的道德判斷。這意味著道德語言的可普遍化依賴於「相似性」概念。

此外他還認為，運用其包括可普遍化和規定性的邏輯規則、事實、偏好和想像的四重道德論證法，是可以解決具體的實質性的道德問題的。

小知識

李贄（西元1527年～西元1062年）：初姓林，名
載贄，後改姓李，名贄，字宏甫，號卓吾，又號溫
陵居士，為明朝泰州學派的一代宗師。他自幼倔
強，善於獨立思考，不受程朱理學傳統觀念束縛，
具有強烈的反傳統理念。他在社會價值導向方面，
批判重農抑商，揚商賈功績，宣導功利價值。

鄭人買履
規範倫理學

> 思就是在的思，……思是在的，因為思由在發生，屬於在。同時，
> 思是在的，因為思屬於在，聽從在。——海德格爾

在《韓非子・外儲說上》中記載了這樣一個故事：春秋時期，有個鄭國人想要去買一雙新鞋，他在家中用蘆葦棍量好自己腳的尺碼，按照大小折下一段，打算帶著蘆葦棍上街去買鞋。誰知臨出門的時候卻隨手將葦棍放在桌子上，忘記帶走。

到了鞋店，各式各樣、各種尺碼的鞋應有盡有，他精挑細選看了很久，挑選到自己想要的鞋，卻發現自己把準備好的尺碼忘在家中。於是他立刻放下鞋，趕緊回家找到遺忘在家的蘆葦棍。可是等他拿著尺碼趕到鞋店的時候，時間太晚鞋店已經關門，他也只能悻悻而歸。

旁人知道他沒有買到鞋，便問他：「你是給自己買鞋還是幫別人買鞋呢？」他告訴對方：「是給自己買鞋。」對方很奇怪的問：「既然是給自己買鞋，為什麼你不直接試好鞋的尺碼，而非要回家拿尺碼呢？」這個人理直氣壯地說：「我只相信我量好的尺碼，不信任我的腳！」

鄭人用規矩將自己限定起來，而規範倫理學與它一樣固執。

韓非子的著作，是他逝世後，後人輯集而成的。

175

　　在二十世紀元倫理學出現之前，規範倫理學一直是西方倫理學的基本理論形式，通常與元倫理學相對。

　　簡單來說，規範倫理學就是關於義務和價值合理性問題的一種哲學研究。它關注的中心是實質性的道德問題，而不是道德概念或道德方法，它試圖說明人本身應遵從何種道德標準，才能使我們的行為做到道德上的善。它的基本目標在於確定道德原則是什麼，以及這些原則指導所有的道德行為者去確立道德上對的行為並提供解決現存的倫理分歧的方法。

　　規範倫理學通常被區分為兩個不同的部分：一般規範倫理學和應用規範倫理學。前者研究人類行為的合理性原則，主要是對諸如何種性質為善、何種選擇為正確、何種行為應受譴責等最一般的問題進行批判性研究。後者研究具體的道德問題，試圖用關於道德的一般原則來說明面對具體道德問題時所應採取的正確立場。

　　從倫理學家對道德本質所持的目的來看，規範倫理學又被區分為目的論倫理學和非目的論倫理學。前者堅持一種行為是否道德，受該行為的結果決定，因此目的論倫理學又稱為結果論倫理學。後者則堅持一種行為是否道德，受其結果以外的東西決定，所以非目的論倫理學又稱為非結果論倫理學。

小知識

阿爾文・卡爾・普蘭丁格（西元1932年～）：美國當代著名的基督教哲學家。他運用分析哲學的方法為基督教信仰辯護，認為對上帝的信念與對他人心靈的信念處於相同的認知地位，即如果他人心靈可以合理地被接受，則對上帝的信念亦可合理地被接受。著作有《上帝與他心》、《必然性的本性》等。

晉商的誠信觀
理性利己主義

世界是事實的總和，而非事物的總和。——維特根斯坦

在中國的商業大軍中，晉商是一支無法被忽視的力量。

晉商的生意遍布各行各業，但其中最知名的卻是票號。所謂票號，其實就是現在的銀行，而銀行要發展，所依賴的不外乎巨大的資金和民眾信任度，追根究底，巨大的資金來源也是民眾，是人們信任度的表現。在當時，因為缺乏現代化的法律法規，一個票號的銀票能否得到公眾的承認，依靠的就是這個票號一貫的信譽度。正所謂：「善賈者，處財貨之場，而修高明之行。」誠信，正是追求利益、獲得財富的必不可少的方法之一。

1900年，八國聯軍攻佔北京，京城的王公貴族和老百姓多半跟著慈禧太后、光緒皇帝倉惶西逃，來到山西。因為來不及收拾銀子、細軟，所以大部分的人都只帶走山西票號的存摺，到了山西，不少人便來到票號兌換銀兩。當時，北京的分號也在戰亂中被破壞，銀庫被洗劫一空，帳簿也已經被燒毀了，這些人的帳已經無處可查對。本來山西的票號可

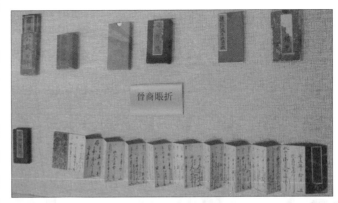

晉商的帳摺子。

以向這些人說明原委，等待帳目清查完畢後再行支付。再加上因為戰亂，票號的損失也極大，一時之間難以應付如此大量的金額。但當時以日升昌為首的山西票號卻決定，只要儲戶能夠拿出票號的存摺，不管數額多少，一律立刻兌現，絕不推諉，並千方百計拿出大量的銀兩滿足儲戶的要求。這件事之後，山西票號聲名遠播，以誠信之名享譽全國。

後來局勢穩定，慈禧太后重回京城，老百姓們紛紛將自己多年辛苦積攢下的銀兩存入山西票號，就算以前不信任票號的人也都改變了印象，存錢入山西票號，清政府也將大筆的官銀交由山西票號匯兌。至此，山西票號分布全國，一時之盛，無人能及。

山西喬家大院是清朝著名的晉商喬致庸的宅第

　　晉商無疑是理性利己主義的代表人物。理性利己主義，也叫「規範利己主義」或「倫理利己主義」，它是一種認為對自己的某種慾望的滿足應是自我行動的必要且充分條件的倫理觀點。

　　利己主義和利他主義是相對的，利他主義主張道德的基礎必須是我們幫助他人的慾望，而利己主義則認為，利他主義或對一般道德秩序的遵守乃是偽裝的對自我利益的追求，因為這樣才能創造一個能夠保護自身和自身長期利益的穩定社會。

　　理性利己主義將自我放在道德生活的中心，認為人們會自然的做不公正的事，並拒絕基本的道德原則，一個有理性的人的行為是為了最大限度的達到自我的滿足。它將道德看成是外在的束縛，而不是我們道德人格的內在特徵。理性利己主義也相信人們會合作行動，只要這一行為能夠促進長期的自我利益。

小知識

　　惠施（西元前390年～西元前317年）：宋國（今河南商丘市）人，戰國時政治家、雄辯家、哲學家，名家的代表人物。他的著作已經失傳，只有一些言談保存在《莊子》中。其哲學思想有十個命題，主要是對自然界的分析，其中有些含有辨證的因素。

巨人的花園
心理利己主義

物體的意義是透過它被己身看到的方向而確定的。——梅羅·龐蒂

每天下午放學後，孩子們都喜歡跑到巨人的花園裡去玩耍。

巨人的花園是整個城市裡最美的花園，裡面長滿了青蔥的綠草，開滿了美麗的鮮花。草地上還長著十二棵桃樹，春天會開出美麗的粉色花朵，到了秋天則會結出沉甸甸的果實，鳥兒們也停在枝頭唱歌。每當孩子們聽到鳥兒們的歌唱，便會停下來仔細聆聽，並高聲唱著叫著，表達著自己的快樂。

然而有一天，巨人回家了。原來他到自己的朋友家去做客，一去就去了七年。回家後的巨人發現自己的花園裡這麼多的孩子，非常生氣，大吼大叫地將孩子們都趕走。這個自私的巨人想，我的花園只能是我一個人的，於是他在自己的花園周圍豎起高高的圍牆，並立起一塊「私家花園，禁止入內」的告示。

孩子們從此失去玩耍的地方，只能在充滿塵土的街道上遊蕩。他們放學後仍然常常聚集在巨人的花園外，在高高的圍牆下回味著過去在花園裡玩耍時開心的日子。

又一個春天到來了，城市裡到處開出小花，鳥兒們也開始歌唱，只有自私巨人的花園裡，因為沒有孩子們的到來，小鳥們都無心歌唱，連樹也忘記開花。春天已經忘記這裡，雪和霜便得意地佔據這座花園，所有的樹木和草地都被白色的銀霜覆蓋，冰雹不停地下著，連屋頂的瓦片都被打了下來。北風一天到晚都在呼嘯，將寒冷帶給整座城堡。

　　巨人坐在冰冷的城堡裡瑟瑟發抖，他喃喃自語：「我真弄不懂為什麼春天還不來。」然而，不僅春天沒有到來，夏天和秋天也不再拜訪他的花園，花園裡從此一年四季都是冬天，充滿著冰冷和寒意。

　　一天清晨，睡夢中的巨人忽然聽到了美妙的音樂，原來這是一隻小紅雀的歌聲。醒來的巨人發現一切都不同了，他聽不到北風的呼嘯，卻聞到花兒的清香——春天來了。激動的巨人衝到窗前，發現原來孩子們透過圍牆上的小洞爬了進來，每棵樹上都坐著一個孩子。樹木紛紛開出美麗的花朵，連鳥兒也開始欣喜歌唱，整個花園裡都迎接春天來了。巨人忽然發現，在花園最遠的一個角落還被嚴冬覆蓋著，原來那個孩子太小了，他還無法爬上樹去。

　　巨人被眼前的一幕打動，他說：「我真是太自私了。現在我知道為什麼春天不肯到我這裡來。我要幫助那個可憐的孩子爬上樹去。」於是巨人悄悄地走下樓，向那孩子走去。

　　其他的孩子們看到巨人，都嚇得跑了，但那個小孩子因為眼中充滿淚水，沒有看到巨人。巨人走到小孩子的身邊，將他輕輕托到樹上，樹兒立刻開滿繁花，鳥兒也飛來歌唱，孩子開心地親吻著巨人的臉。見到巨人不再兇惡，其他的孩子們也紛紛跑了回來，春天也再次跟著孩子們回到花園。巨人提起斧頭，將圍牆統統拆掉，他告訴孩子們，從此花園是他們的了。從此，每天下午放學後孩子們都會來到花園裡和巨人玩耍，可是巨人再也找不到他最喜歡的那個小孩子了。

　　許多年過去了，巨人變得年邁體弱，只能坐在椅子上看著孩子們嬉戲。冬天的一個早晨，起床的巨人忽然發現花園盡頭的一棵樹上開滿了白花，樹下站著他思念已久的那個小孩子。

　　巨人向孩子跑去，卻發現那孩子的手上和腳上都有釘痕，巨人憤怒地表示他要為孩子報仇，但那孩子告訴他，這都是愛的烙印。巨人知道他並非常人，心中生出敬畏之情，跪下問他是誰。孩子微笑著對巨人說：「你讓我在你的花園裡玩過一次，今天我要帶你去我的花園，那就是天堂。」

下午，當孩子們跑進花園的時候，他們發現巨人靜靜地躺在樹下，渾身都蓋著白花。

心理利己主義是一種關於人的性情與動機的心理理論，而不是關於這些動機和它們的行為後果的道德德行的倫理觀點。心理利己主義認為，所有人類的行為都是基於自私的慾望，人出於本性追求他們認為是自我利益的東西，故在本性上是利己的。有時候人們可能會犧牲他們直接明顯的自我利益，但這樣做的目的卻是為了長期的自我利益目標的實現。

支持心理利己主義的論證有：個人所有權論證，認為人的任何行為都是由自身的動機、慾望所引發的；享樂主義者論證，認為人在滿足自身的慾望時會感到快樂，因此人類的行為都是在追求快樂，追求其他的東西只是一個手段；自我欺騙的論證，認為人類常常自我欺騙，以為自己所追求的都是好的，但實際上需要的是被他人稱讚，所以當我們認為自己的動機是無私的時候，很可能只是在自我欺騙。

小知識

伽達默爾（西元1900年～西元2002年）：德國當代哲學家、美學家，現代哲學解釋學和解釋學美學的創始人和主要代表之一。將傳統解釋學放到現象學本體論基礎上研究，反對古典解釋學的客觀主義。著作有《真理與方法》、《柏拉圖與詩人》、《短論集》等。

夜鶯與玫瑰
倫理利己主義

> 我不能給自己或是別人提供那種日常生活中一般的快樂。這種快樂
> 對我來說毫無意義，我也不能圍繞它來安排自己的生活。——福柯

一個年輕的學生在自己的花園裡嘆息，因為他的心上人說，只要他能夠送給她一朵紅玫瑰，少女就願意與他跳舞。但他找遍自己的花園，卻找不到一朵紅玫瑰。

這時，樹上的夜鶯聽到學生的嘆息，牠探出頭，看到這英俊的年輕人因為愛情而沮喪的面孔，覺得自己終於見到了真正的戀人。學生的憂傷感染了夜鶯，牠決定去為他尋找到紅色的玫瑰。

夜鶯飛出花園，在一塊草地的中央找到一株美麗的玫瑰樹。夜鶯請求玫瑰樹給牠一朵紅玫瑰，並答應為玫瑰樹唱出最甜美的歌。但玫瑰樹告訴牠，自己的玫瑰是白色的，並讓夜鶯去找自己長在古晷器旁的兄弟幫忙。

夜鶯飛到古晷器旁，找到了白玫瑰樹的兄弟。夜鶯請求它給自己一朵紅玫瑰，並答應為玫瑰樹唱出最甜美的歌。可是這株玫瑰樹告訴它，自己只有黃色的玫瑰，讓夜鶯去找自己長在學生窗下的兄弟幫忙。

夜鶯飛回了花園，找到了長在學生窗下的玫瑰樹。這株玫瑰樹告訴它，自己的玫瑰確實是紅色的，但現在已經是冬天了，今年它已經開不出玫瑰了。夜鶯不死心，向玫瑰樹問怎麼樣才能開出紅色的玫瑰來，紅玫瑰樹告訴牠，有一個可怕的辦法可以讓它立刻開出花來，那就是在月光下用音樂製造出來，但要用夜鶯胸中的鮮血來染紅它。

夜鶯大聲說道：「拿死亡來換一朵玫瑰，這代價實在很高，可是愛情勝過生命。」當月亮升上天空的時候，牠用自己的胸膛頂住了玫瑰樹的花刺，開始歌唱起來。牠唱了整整一夜，連冰涼的月亮也不禁俯身下來傾聽，而夜鶯身上的血也快要流光了。

當夜鶯開始唱起愛情的時候，玫瑰樹最高的枝頭上開出了一朵白色的玫瑰。夜鶯將刺更深地扎進自己的胸膛，鮮血順著花刺流到玫瑰上，玫瑰漸漸泛起紅暈。夜鶯仍舊在歌唱，歌唱著由死亡完成的愛情。當夜鶯將花刺深深刺進自己的心臟時，玫瑰花也變成了深紅色，那是紅寶石般的紅。終於，玫瑰長成了，但夜鶯已經躺在草叢中死去了。

打開窗子的學生一眼就看到了那朵紅色的玫瑰，他立刻摘下玫瑰，向心愛的少女家跑去，希望少女履行諾言，和自己跳舞。可是少女卻說，宮廷大臣的兒子已經送給了她珍貴的珠寶，這些珠寶可比玫瑰值錢得多。

憤怒的學生感嘆說，愛情是多麼愚蠢而不實際的東西，他還是應該回到自己的書房學習邏輯才是。他將玫瑰扔到了大街上，玫瑰落入陰溝，一輛馬車從它身上碾了過去。

如果說心理利己主義是「確信人們事實上（in fact）只追求自己的利益」，那麼倫理利己主義則是認為「每個人都應該（ought）僅僅追求自己的利益」。也就是說，前者相信人是自私的，但後者則認為人應該自私。所以

說起來，學生的行為並無不當之處。

倫理利己主義是一種關注自身利益的道德理論，它認為人只應該追求自身利益，除非事情會對自身有利，否則就沒有任何道德理由去做這件事。在倫理利己主義看來，遵守道德規範，是實現自己個人利益的手段。就比如商店的員工會對顧客彬彬有禮，但實際上則是為了從他們這裡獲利。

倫理利己主義可分為三種類型：普遍的倫理利己主義、唯我的倫理利己主義、個人的倫理利己主義。

小知識

阿那克西米尼（約西元前588或585年～西元前526或525年）：古希臘米利都學派哲學家。他認為「氣」是萬物的本源，是具有定質的一種物質。他對於畢達哥拉斯以及對於後來許多的思想都有重要的影響。

愛斯基摩人殺女嬰
行動功利主義

科學性的語言遊戲希望使其說法成為真理，但卻沒有能力憑自己的
力量將其提出的道理合法化。——利奧塔

　　早年的探險者在發現愛斯基摩人之後，很快發現在這一族群中有個遭人
詬病的風俗：他們經常會殺死剛剛出生的嬰兒，而基本上被殺的都是女嬰。
探險者克努德·拉斯馬森就曾經記載過他親眼目睹的事實，一個愛斯基摩母
親已經生育了二十個孩子，但她殺死了其中的十個，而且大部分是女孩子。
這種風俗在我們看來實在可怕，但對愛斯基摩人來說是不必承擔任何責備或
者懲罰的，因為對愛斯基摩人來說，這樣的選擇實在是無可奈何的。

　　眾所周知，愛斯基摩人生活在冰天雪地之地，覓食艱難，能夠維持基本
的生活已經是很不容易的事情。在這樣主要依靠打獵為生的社會，身為獵人
的男性才是重要的食物提供者，而女性在這方面則相對柔弱，所以如果女性
太多，那麼就很難保證有充足的食物維持基本的生活。

　　此外，身為獵人的男性每天面對的都是高風險的打獵生活，極易造成傷
亡，因此成年男性過早死亡的數量是遠遠大過於女性的。如果男性與女性的
出生率和存活率差不多的話，那麼到了成年期的時候，因為成年男性的傷
亡，則成年女性人口會大大超過成年男性的數量。女性數量的過多以及男性
數量的減少都會導致食物的匱乏，並進一步導致人口的減少，使得他們不得
不將部分女嬰殺死，以維持種族的生存。

　　曾經有人計算過愛斯基摩人的殺嬰習慣後得出結論說，如果不殺女嬰的

話，那麼在一個普通的愛斯基摩人的聚居群裡，如果男女的出生率和存活率是相同的，成年之後的女性會是男性的1.5倍。長期這樣下去，將會造成男女比例極不平衡的狀況。而除了殺死女嬰之外，在愛斯基摩人的社會裡，如果老人因為年老變得虛弱而無法工作的話，他們就會被丟棄到雪地裡等待死亡，這也是被默許的正常行為。

　　所以，來自一般社會的人會覺得在愛斯基摩人的社會裡，人命是一件被忽視的東西，他們沒有一點對生命的尊重。但如果從愛斯基摩人的角度來看，這種行為只是他們為了在特殊的生存環境下維持生命

「紀錄片之父」弗拉哈迪第一次把游移的鏡頭從風俗獵奇轉為長期跟蹤一個愛斯基摩人的家庭，表現他們的尊嚴與智慧，關注人物的情感和命運，並且尊重其文化傳統。

的必要方法之一。這是他們的價值觀，也是生活強加於他們身上的選擇，我們不需要做這樣的選擇，但我們也應該選擇去尊重愛斯基摩人的習俗。

　　行動功利主義是功利主義的一個分支，和功利主義一樣，它的目標也是利益的最大化。而不同的地方是，行動功利主義認為我們應該判斷每一個具體行動是否能最大化福利。

　　行為功利主義認為，功利原則在任何情況下都是衡量行為善惡的直接標準，因而主張在任何情況下，都應該直接以功利原則判斷行為是否正當，亦即直接根據行為的增減利益總量來判斷行為是否正當。

　　行動功利主義認為，如果破壞或是違反一個道德準則可以帶來數量更

大、範圍更廣的功用的話，那這樣的道德違反是可以允許的。因為它的主張往往違背日常準則而導致對社會基本行為秩序的破壞，所以行動功利主義和規則功利主義之間往往存在著衝突和矛盾。

澳大利亞著名哲學家J‧J‧C‧斯馬特是行動功利主義的代表人物。

小知識

奎因（西元1908年～西元2000年）：美國哲學家、邏輯學家，邏輯實用主義的代表。他強調系統的、結構式的哲學分析，主張把一般哲學問題置於一個系統的語言框架內進行研究。著作有《從邏輯的觀點看》、《邏輯哲學》等。

傷仲永
否定性功利主義

任何一種哲學思想只要是它能夠自圓其說，它就具有某種真正的知識。——羅素

在宋朝大文豪王安石的《臨川先生文集》中，有這樣一個小故事：

金溪有一個世代從事農耕的方姓家庭，家中生下一個小男孩，取名方仲永。方仲永生長到五歲，家中也從未想過要讓他讀書識字，因此他從未見過書本、文具。有一天，方仲永忽然啼哭著向父親要求給他紙、筆、硯、墨，父親大為驚訝，便向鄰居借來書本、紙筆給他。拿到這些文具之後，方仲永立刻寫下了四句詩，並提上自己的名字，詩中表達要贍養父母與宗族和諧相處的意思。

父親驚奇不已，便將方仲永的詩拿給鄉中的秀才看，秀才認為文理可觀，頗為出色。之後人們隨意指出一物讓方仲永作詩，他都能立刻寫就，而且表達清晰，文辭頗佳。本地人都視之為神童，對他的父親也客氣了起來，經常有人邀請他父親做客，或者出錢請方仲永作詩。方仲永的父親見到這樣的情景，覺得有利可圖，便每天帶著方仲永拜訪鄰里，卻不讓他去上學讀書。

王安石本人也很早就聽說方仲永這個神童的故事。後來他送父親的靈柩回到老家，在舅舅家見到了方仲永，此時的方仲永已經有十二、三歲了，王安石讓他作詩，寫成的詩卻平平無奇，完全不像之前傳言中的出色。又過了七年，王安石自揚州返家，到了舅舅家，又問起方仲永的情況，舅舅告訴

中國北宋時期的名臣王安石像。

他，方仲永早已泯然眾人，與常人沒有什麼不同了。

後來王安石便在他的記載中感嘆道，方仲永的聰慧是天生的，他的天資高於一般有才能的人很多，但最後他卻成為才智平庸之人，就是因為他在後天沒有受到良好的教育。就算是這樣先天聰穎之人，如果沒有後天的學習，也會成為一般人；那麼那些天資並不特殊的一般人，如果也不接受後天的教育，那恐怕想做一般人也不行了。

波普爾是否定性功利主義的代表人物，他認為從人的本性出發不足以解決倫理價值的問題，主張用「痛苦最小化原則」置換功利主義的「公眾幸福

最大化原則」。

當我們追求幸福的行為危害到他人對幸福生活的追求時，就有了規範行為的必要，而這也是道德理論所需要解決的首要問題。功利主義的「公眾最大幸福原則」認為，「我們應採納那些為最大多數人帶來最大幸福的行為」，但幸福是個人的主觀感受，無法進行數量上的比較，所以在價值衝突時也就無法進行裁決。

如果採取一致同意的原則，又很難形成一致的可能，因此這種試圖用倫理價值來概括其他價值的功利主義的嘗試最終將導致失敗。針對此，波普爾便提出了自己的「痛苦最小化原則」，亦即否定性行動功利主義。

波普爾認為，人是自由的，但人在行使自由權利時很可能妨礙到他人的自由，所以任何不加限制的自由都會破壞自由本身，我們有責任對自己的自由做出平等的限制。倫理規範是對自由的限制，但限制自由的目的是維護自由本身，即除非是出於維護自由的目的，否則就不應該破壞自由。

小知識

塞涅卡（生卒不詳）：古羅馬政治家、哲學家、悲劇作家、雄辯家，新斯多葛主義的代表。他早年信奉畢達哥拉斯的神秘主義和東方的宗教崇拜，後皈依斯多葛派。他的倫理學對於基督教思想的形成起了極大的推動作用，他的言論被聖經作者大量吸收，他因此有了基督教教父之稱。代表作《道德書簡》。

商鞅變法
極端功利主義

存在著兩種不同類型的無知，粗淺的無知存在於知識之前，博學的
無知存在於知識之後。——蒙田

　　戰國時期，秦國在眾諸侯國中還屬於實力頗弱的國家，雖然秦人尚武，
軍功卓越，在戰國七雄中令人畏懼，但當時秦國處於西北貧瘠之地，社會經
濟的發展遠遠落後於其他諸國。當時，隨著鐵製農具的使用和牛耕的推廣，
土地國有制逐漸被封建土地私有制替代，各諸侯國的奴隸制開始崩潰，封建
制逐漸興起，為了順應這樣的歷史潮流，諸國紛紛興起變法。在改革家多半
選擇實力更強的楚、魏等國的時候，卻有一個人將目光投向遙遠的秦國，這
個人就是商鞅。

　　商鞅，當時應該還稱作衛鞅。他是衛國人，專研以法治國之道，有傳他
受教於鬼谷子，也有說他師從李悝、吳起等人。他最早是做魏國宰相公叔座
的家臣，公叔座曾經極力向魏惠王舉薦商鞅，但魏惠王卻始終沒有重用他。
後來，聽說秦孝公向天下求賢，打算變法自強，收服秦之失地，商鞅便前往
秦國，希望能一展所長。

　　面見秦孝公之後，商鞅故意先以帝王之道說秦孝公，但孝公聽得昏昏欲
睡，於是商鞅在第二次面見時以王道大開議論，仍是不合孝公心意。經此兩
次之後，商鞅知道秦孝公變法之意堅決，而且心屬法家變法強國之說，便再
次面見秦孝公，將自己的法家治國之道全盤托出。兩人心意相通，訂下變法
大計，立刻開始著手進行。

　　商鞅變法的主要內容為「廢井田、開阡陌，實行郡縣制，獎勵耕織和戰鬥，實行連坐之法」。也就是說廢除土地國有制，實行私有制，准許土地買賣，並大力鼓勵開荒，促進農業生產。同時，商鞅還廢除了分封制，改推郡縣制，將原本領主的特權收歸中央，鞏固了中央集權。此外，商鞅制訂了軍功爵制，廢除過去的爵位世襲制，按軍功論功行賞。秦人喜歡私鬥，而且都是大規模的械鬥，常常弄得死傷遍野，因此商鞅制訂了嚴苛的規定，阻止秦人私鬥。商鞅制訂的法律極其殘酷，稍有犯錯便有刑法，輕罪重刑，連「棄灰於道者」都要處以黥刑。他還訂立了連坐制度，一戶犯錯，則左右鄰居都必須同樣受罰。

　　變法初期，秦國上上下下對新法的意見都很多，正在這時，太子卻觸犯了法律。但太子將來要繼承帝位，不能對太子施刑，於是商鞅對太子的老師公子虔和公孫賈施以刑法，將公子虔處以刖刑（砍腳），公孫賈處以黥刑（在臉上刻字塗墨）。這次事件之後，秦人知道商鞅言出必行，從此人人遵守法令，再也不敢批評新法了。

　　商鞅之所以採取如此的嚴刑峻法，其目的雖然是為了實踐自己的法家理論，能夠讓新法得以順利推行，完成自己的治國理想。但刑罰太過，有「一日臨渭而論囚七百餘人，渭水盡赤，號哭之聲動於天地」，一日而殺七百餘人，行事太過極端，所以造成國內怨聲載道，人人對他不滿，因此秦孝公死後，他便被處以車裂之刑，族人也被誅殺。

　　商鞅被人視為「極端功利主義」的代表人物，因為他的一切變法都是為了實現自己的目的而進行的，儘管他的目的不是為了自己而是為了國家，但在這一過程中他顯然只顧著追求結果，而完全忽略其手段可能造成的危害，這也最終造成他自己的悲劇。

　　極端功利主義，就是一種完全以結果做為評判規則之正當性的功利主義思想。功利主義鼓勵人去追求「最大的幸福」，但當其他的一切都被忽略，

僅僅關注結果的時候，它的道德判斷就很容易產生偏差。所以有人認為，這種極端功利主義要求一種理性的「完備知識」以對規則的後果做出預算，這顯然是一種「理性的僭妄」。

小知識

愛比克泰德（約西元55年～西元130年）：羅馬最著名的斯多葛學派哲學家。他最關心的是要找到一條忍受人生的辦法，並提出了一條準柏拉圖式的、對如何「忍受和放棄」的理性化。

大鬧天宮
規則功利主義

在這個世界上，平等地待人和試圖使他們平等這兩者之間的差別總是存在。前者是一個自由社會的前提條件，而後者則像D‧托克維爾描述的那樣，意味著「一種新的奴役方式」。——哈耶克

在東勝瀛洲之外有個傲來國，國近大海，海中有座名山叫做花果山。花果山頂上有一塊仙石。其石有三丈六尺五寸高，應了三百六十五日的週天；寬有二丈四尺，對應了二十四氣。上有九竅八孔，對應了九宮八卦。這塊石頭無遮無蔽，每天接受天地日月之精華，竟然有了靈氣，內中孕育出一個仙胞。有一日靈石迸裂，產出石卵化為一個石猴。石猴出世，眼中射出兩道金光，金光直射到天庭，竟然驚動了玉皇大帝。這個石猴，便是無人不知的孫悟空，牠是集天地精華而生，不屬於天、地、人三界，一開始便是固有規則外的產物。

孫悟空後來拜師學藝，習得了無數神通，回到花果山做了牠的逍遙大王。後來因為嫌沒有合意的武器，跑去大鬧水晶宮，逼得東海龍王敖廣奉上東海之寶——定海神針。後又因為不願自己的壽命被地府管轄，便強入地府，逼著閻王在生死簿上將大大小小的猴兒們一概刪去，進而免去猴兒們生、老、病、死之苦，也讓自己成為三界都管不了的人。

然而，本來井然有序的天界規則怎麼能夠容許一個石頭裡蹦出來的猴子破壞呢？玉皇大帝決定將孫悟空收歸到原本的系統中來，祂依照太白金星的計謀，邀請孫悟空上天受職，讓牠做了弼馬溫。

《清朝升平署戲曲人物畫冊》中收入的孫悟空的扮相。

原以為給了孫悟空天界官職已經是天大的恩惠，但眾神仙並不知道，孫悟空心高氣傲，絕不甘於人下。一日牠無意中得知，弼馬溫不過是天界一個不入流的小官，才知自己被人輕視，一怒之下，打出南天門，回到了自己的花果山。

回了花果山，自尊自傲的孫悟空立刻自封為「齊天大聖」，要表示自己與天齊高，豈能將玉皇大帝的小小官職放在眼中。那邊天界中的玉皇大帝知道孫悟空叛逃下界，哪裡能夠容忍有人不按牠的規則辦事，立刻派人前來捉拿。誰知道，各路神仙都不是孫悟空的對手，損兵折將。玉皇大帝無奈，只能聽從太白金星的建議，將孫悟空封為了「齊天大聖」，又命牠管理蟠桃園。

就這樣，孫悟空再一次進入了天界的固有體系之中，但牠畢竟是個天性驕傲之人，從不肯有半點被委屈輕視之處。王母娘娘舉辦蟠桃盛會，獨獨忘記了這位「齊天大聖」，氣得孫悟空大鬧蟠桃會，將酒食一掃而光，隨後又乾脆入了太上老君的府邸，將太上老君辛苦煉製的金丹吃了個乾淨。牠心知自己闖下大禍，乾脆又逃回花果山，打算依舊過自己佔山為王的日子。

天庭發現孫悟空再次犯下大錯，立刻派人前來捉拿。神仙們使出全部解數，終於將孫悟空捉回了天庭。然而，令牠們更頭痛的事卻來了，無論刀劈火燒，都奈何不了孫悟空，最後只能將牠放入了太上老君的煉丹爐，希望能煉化牠。可是孫悟空天生就銅頭鐵臂，七七四十九天的三昧真火也對牠無用，還被牠衝出爐子，執起金箍棒，大鬧天宮，將靈霄寶殿打了個稀巴爛。最後，玉皇大帝無計可施，只能到西天請來了如來佛祖，將孫悟空壓在了五指山下，才算正式收服了牠。

從出生於石頭到大鬧天宮，孫悟空始終都是以一個「另類」的面孔出現的，牠永遠都不屬於那個既定的體系，不遵守規則，雖然天界幾次想將牠納入自己的規則範圍之內，但最終都失敗了。因為牠是一個獨立而自由的生命，並且為了徹底的自由而不斷抗爭著。

規則功利主義與行動功利主義同屬於功利主義的範疇，都認為我們應當為最大多數人創造最大的幸福，但不同的是，行動功利主義認為我們應當單獨地考慮每一個行為所產生的結果。規則功利主義則認為我們應當考慮如果每個行為成為一般習慣會產生什麼結果。

規則可被解釋為可能的（理想的）規則或實際的（現存的）規則。規則功利主義認為，一種道德行為應遵從這樣一種規則，即對它的普遍遵從將會產生最大的功利。規則功利主義用來評價功利的是一般規則而不是行為，進而將所關注的問題由個人轉向習慣和風俗。行為被認可不是因為它們本身的權利，而是因為它們與滿足最大化功利檢驗的習慣和風俗相一致。按照這一主張，一種道德行為應與現存的道德準則相一致，如果這一準則被普遍接受或普遍遵從，它將產生最大的功利。

規則功利主義的基本困難是，在很多情況下它規定要遵從的規則在每一既定的個別場合並不是最有益的，因而，規則功利主義與功利主義的道德動機即善行不一致。

小知識

肯恩·威爾伯（西元1949年～）：美國著名的心理學家、哲學家，超個人心理學的重要作家。他探索了從物質到生命、從生命再到心智的進化的過程，描述進化在物質、生命和心智這三個領域中的一些共同的模式。

究竟是不是錢的問題
多元論規則功利主義

能被理解的存在就是語言。——伽達默爾

密爾頓‧弗里德曼是大家公認的二十世紀最偉大的經濟學家，諾貝爾經濟學獎的得主。除了卓越的經濟學理論之外，他反應敏捷的頭腦和犀利的辯才都令人津津樂道。

有一天，密爾頓正在向大眾講演自由市場和資本主義的種種好處，演講完畢後便等待大家提問。這時，一個年輕人站起來，非常憤怒地講了一個故事：有一個老人，因為年老力衰無法工作，失去了收入來源，因為繳不起電費和燃氣費，在數次欠費後被公司強行停了電和氣。到了冬天，因為沒有電和氣，老人開不了暖氣，竟然活活凍死在家中。最後，保險公司也只賠了數千美元了事。

這個年輕人激動地表示，所謂的「市場」是沒有「道德」的，那些企業根本不重視人命，他們不知道，人命是不能用金錢來衡量的，幾千美元的賠償是不能補償一條人命的。

密爾頓沒有直接回答年輕人的質問，卻反問了一個問題：「為什麼你首先想到的是譴責電力公司斷電，而不去譴責這位老人的親戚、朋友不借錢給他度日呢？」年輕人聽到這裡，楞住了。密爾頓接著說：「如果一個流浪兒因為飢餓餓死街頭，大家都會去譴責他的父母沒有盡到養育的職責，而絕對不會譴責滿街的餐館沒有提供食品給這個餓死的孩子。可是事情發生在這個老人身上的時候，為什麼大家譴責的對象便轉換了呢？」

密爾頓接著問：「你認為幾千美元的保險賠償太少，那麼如果這筆賠償金是幾十萬呢？」這個年輕人張開嘴想說些什麼，但卻沒說出話來，密爾頓繼續說：「那麼幾百萬呢，幾億呢？這個金額你能接受嗎？」年輕人漲紅了臉，一言不發。密爾頓說：「如果你認為幾千美元的賠償金你無法接受，但幾千萬美元的賠償金你卻可以接受的話，那是不是表示你所介意的不是人命是否能被金錢衡量的原則問題，而是錢多還是錢少的問題？」

1959年，準則功利主義的代表人物布蘭特在其《倫理學理論》一書中首次明確的將功利主義分為行動功利主義和準則功利主義。

「問題不在什麼行為具有最大功利，而在於哪一種準則具有最大的功利。」他認為，行為功利主義僅僅關注最後的社會福利，表現為行為對效用最大化的直接追求，容易導致功利追求的狹隘和短視；而準則功利主義雖然也以效用原則為貫穿始終的標準，但反對把效用原則視為行為之特定情境下的特定判斷，認為道德判斷不應以某一特殊行為的功利結果為標準，而必須尋求到各種情境下都能導向有道德的結果的普遍性行為準則，才判定具體行為的正當與否。

布蘭特還提出「道德善的多元規則論」。他主張用「重構定義的方法」判斷善惡等道德問題，要求恢復傳統規範倫理學，即對行為的認知批判和對心理慾望的理性批判，進而探究道德實踐規範。他認為善或正當就是合理性，它的確定靠的是理性認知和經驗事實，而這不是傳統的抽象推理，而是切切實實的經驗邏輯、包含實驗心理的認知過程。他要求的是一種客觀普遍的而非個體性的科學的道德規範，這種體系科學並非唯一，是一種「多元論的道德法典」。

小知識

威廉‧萊恩‧克雷格（西元1949年～）：美
國哲學家、神學家。他是當代自然神學公開
的擁護者，因復活了凱拉姆式的宇宙論論證
而出名，這個論點大意是萬物有其時間上的
開端，宇宙也有其時間上的開端，那就是上
帝。代表作《凱拉姆式的宇宙論論證》是當
今出版次數最多的有神論論證。

一夜與一生
描述倫理學

正義是社會制度的首要價值，正像真理是思想的首要價值一樣。——
羅爾斯

這是很多年前的一個晚上，外面是狂風暴雨，路上幾乎沒有行人。這時，有一對老年夫婦走進一家飯店的大門，打算入住。

「很抱歉，兩位，」接待員是個年輕的小伙子，「我們的飯店已經住滿了，因為正好有一個團體來這邊參加會議，所有的房間都被預訂了。」

看到兩位老人為難的表情，這個年輕人立刻說：「我可以幫你們問問附近的飯店，也許還有空位。」他很快拿起電話撥了出去，一番對話之後，他以歉然的表情對這對老夫妻說：「真是不好意思，這附近的飯店也都已經住滿了。」

看著外面的暴風雨，他停了一會兒，接著說：「在這個時候，我想您就是離開這裡也很難找到飯店。不過我有一個建議，如果你們不介意的話，可以到我的房間裡休息一晚上，雖然它比不上飯店的豪華套房，但是也還算乾淨。」

「這怎麼好意思呢？」先生說，「如果我們佔用了你的房間，那你就沒地方可住了。」

「沒關係的，正好我今晚可以待在這邊完成訂房的工作。」

這對老夫婦因為對服務員造成的不便感覺非常不好意思，但他們最後還是謙和有禮地接受了服務員的好意，住進了他的房間。

華爾道夫酒店。

第二天，這對夫婦要離開了，他們來到櫃檯付費，此時還是這位服務員當班，但這個年輕人告訴他們不需要支付任何的費用，他說：「你們沒有在這家飯店正式入住，我的房間是免費借給你們的，所以你們不需要支付房費。」

老先生看著這位年輕人說：「你這樣的員工是所有老闆都夢寐以求的，也許有一天，我會為你蓋一間飯店。」

年輕人認為這只是老人在向他表示感謝，並沒有當真，只是笑了笑，送走了兩位老人。

幾年的時間很快過去了，這位年輕人依然在同一家飯店工作。有一天，那位老先生再次來到了這家飯店，向這個服務員講述了幾年前那個暴風雨之夜的記憶，並邀請他去紐約。

幾天後，年輕人和老先生來到曼哈頓，老人將他帶到位於第五大道和三十四街交界處的一棟豪華建築前。老先生指著這棟大樓說：「這就是我專門為你建造的飯店，還記得幾年前我說過的話嗎？」這個年輕人有些慌亂：「您在開玩笑吧？為什麼是我呢？您……您到底是什麼身分？」

老人溫和地微笑著說：「我的名字是威廉姆·沃爾道夫·阿斯特，這其中可沒有任何陰謀，我只是覺得你是經營這家飯店最好的人選。」

這家飯店就是如今赫赫有名的華爾道夫酒店，而這個年輕人叫喬治·波特，希爾頓飯店的第一位經理，正是他開啟了華爾道夫酒店的傳奇故事。如今這家酒店已經成為了紐約尊貴的象徵，是國家元首們下榻的首選。

描述倫理學又叫「記述倫理學」，因其對道德現象進行經驗性的描述和

客觀再現而得名，它是倫理學與其他相關社會科學、人文科學相結合而產生的一種新型倫理學理論類型。

描述倫理學認為，對道德觀點的描述是人們在特定時間和特定的共同體內所持的道德原則。與傳統規範倫理學不同，描述倫理學既不研究行為的善惡及其標準，也不制訂行為的準則和規範，而是依據其特有的學科研究方法對道德現象做純客觀的經驗描述和分析。

也就是說，描述倫理學的研究對象不是社會的道德價值和行為規範，而是社會的道德事實及其規律；其任務不在於提供社會道德價值目標及其標準和行為規範，而在於展現社會道德實際和揭示社會道德發展的科學規律。

描述倫理學並沒有超出一種透過把道德論說置於一般的文化背景中對它加以說明的範圍，或者說，描述倫理學更應該是人類學的一個分支而不是倫理學的一個分支。

小知識

梁漱溟（西元1893年10月18日～西元1988年6月23日）：著名的思想家、哲學家、教育家。他把孔子、孟子、王陽明的儒家思想、佛教哲學和西方柏格森的「生命哲學」揉合在一起，把整個宇宙看成是人的生活、意欲不斷得到滿足的過程，提出以「意欲」為根本，又賦予中國傳統哲學中「生生」概念以本體論和近代生物進化論的意義。

二十四孝
美德倫理學

在任何事物中，美和善二者的本質特徵都是相符的，因為它們正是建立在同一形式的基礎上，所以善被我們頌揚為美。——湯瑪斯‧阿奎那

《二十四孝》，全名《全相二十四孝詩選》，是元朝郭居敬編錄的一本書。書中記載了從古至元朝二十四位孝子行孝的故事，故事多取材於西漢經學家劉向編輯的《孝子傳》。二十四個故事分別是：孝感動天、戲彩娛親、鹿乳奉親、百里負米、齧指痛心、蘆衣順母、親嘗湯藥、拾葚異器、埋兒奉母、賣身葬父、刻木事親、湧泉躍鯉、懷橘遺親、搧枕溫衾、行傭供母、聞雷泣墓、哭竹生筍、臥冰求鯉、扼虎救父、恣蚊飽血、嘗糞憂心、乳姑不怠、滌親溺器、棄官尋母。

孝感動天講的是虞舜事父至孝，但父親、繼母和弟弟都不喜歡他，並且多次想害死他，可是舜就算知道這件事，卻依然孝順父母，關愛弟弟，他的孝心感動了堯帝，就把自己的兩個女兒嫁給了他，還將他選為了自己的繼承人。

戲彩娛親講老萊子就算已經七十歲了，還穿著五彩的衣服，裝作嬰兒逗父母開心。

鹿乳奉親講郯子因父母年老患病想吃鹿乳，便披上鹿皮到鹿群中擠奶的故事。

百里負米講仲由家貧，自己只能採野菜為食，卻從百里之外背米回來侍

奉雙親。

齧指痛心講曾參有一次出外砍柴，正好家中來了客人，母親便咬自己的手指，曾參立刻感覺到心痛，知道母親在呼喚自己，連忙趕了回來。

蘆衣順母講閔損的後母對他非常刻薄，冬天做給他的棉衣裡裝的不是棉花而是蘆花，但他也不聲張。有一次父親生氣鞭打他，打破了衣服才發現他穿的根本不是棉衣。父親想將後母趕走，但閔損卻為後母說情，讓後母瞭解到了自己的錯誤。

親嘗湯藥講漢文帝的母親患病，漢文帝一直在身邊服侍，還親自為母親嘗湯藥，沒問題才放心讓母親服用。

拾葚異器講蔡順因歲荒只能出去收集桑葚，他將不同顏色的分開來放，後來赤眉軍看到問他為何要這麼做，他說黑色的是給母親吃的，紅色未熟的則是自己吃的。對方見他孝順，便給他食物。

埋兒奉母講郭巨因為家貧難以維持，為了供養母親，便打算將自己的兒子埋掉，留出糧食給母親，挖地埋兒時卻挖到了一罈黃金，說是上天感念他的孝順賜給他的。

賣身葬父講董永賣身為奴葬父，感動了天帝的女兒，下凡來與他結為夫妻，一月之間織成三百錦緞為他抵債贖身。

刻木事親講丁蘭幼年父母雙亡，因為思念雙親便雕刻了父母的雕像，將之當作父母一樣供奉。丁蘭的妻子心中對雕像不敬，一次竟然以針刺木像的手指，結果雕像的手指竟然流血了，丁蘭知道了，便將妻子休了。

湧泉躍鯉講龐氏的婆婆喜歡喝長江水和吃魚，龐氏便天天走很遠去為她打水。有一天她打水回來晚了，丈夫懷疑她怠慢母親，就將她趕出家門。龐氏便寄居在鄰居家中，紡紗賺錢，將積蓄送給婆婆。後來婆婆知道這件事，將她叫了回來，龐氏回來那天，家中忽然湧出泉水，與長江水相通，每天還有兩條鯉魚躍出，從此龐氏再也不用遠走江邊了。

懷橘遺親講陸績六歲跟隨父親去訪客，臨走時帶走了兩個橘子，主人問

他時他說，因為母親喜歡吃橘子，所以想帶回去給她嘗嘗。

搧枕溫衾講黃香孝順，夏日為父親搧涼枕席，寒冬用身體為父親溫暖被褥。

行傭供母講江革出去做雇工供養母親，自己赤腳破衣，卻給母親豐厚的衣食。

聞雷泣墓講王裒的母親生前怕打雷，每逢雷雨天王裒便跑到母親墳前安慰。

哭竹生筍講孟宗的母親病重，需要鮮筍做湯，但當時是嚴冬沒有鮮筍，孟宗便跑到竹林哭泣，誰知地上竟然長出了許多嫩筍，孟宗採筍做湯，治好了母親的病。

臥冰求鯉講王祥的繼母患病想吃活鯉魚，但當時是冬天，湖面都結冰了，王祥便解開衣服臥在冰面上想融化冰雪，這時冰忽然自行融化，並跳出兩條鯉魚來。繼母吃了鯉魚，病果然好了。

扼虎救父講楊香十四歲時和父親下田割麥，忽然一隻猛虎跳出來咬住了父親，楊香衝上去死死扼住老虎的咽喉，竟然逼得老虎放下父親跑了。

恣蚊飽血講吳猛家貧沒有蚊帳，為了父母不被蚊蟲叮咬，他便赤身坐在父母床前，讓蚊子吸飽他的血，這樣便不會叮咬父母了。

嘗糞憂心講庾黔婁父親病重，便親自嘗父親的糞便以判斷病情。

乳姑不怠講崔山南的曾祖母年事已高無法進食，他的祖母便用自己的乳汁餵養曾祖母。

滌親溺器講黃庭堅雖身居高位，依然每天親自為母親洗滌馬桶，盡到兒子的責任。

棄官尋母講朱壽昌聖母早年被逼改嫁，失去音信，他為了尋找母親，竟然放棄官位，終於能與母親團聚。

在這二十四個故事中，有著彩衣娛親、臥冰求鯉這樣令人稱道的行為，但也有埋兒奉母這種充滿爭議的孝心故事，儘管很多的故事在今天多為虛

構，但畢竟它們所記載下來的，都是人類生活中一種不可或缺的美德——孝。

美德倫理學產生於古希臘倫理學以及對現代道德哲學的批判中。在現代人的觀念中，道德本身就是懲罰性、矯正性的，在現代道德哲學體系中，是依賴讚美、責備等一系列的反應性態度產生作用，強制人回歸到道德規範當中。但在古代倫理學的觀念中，道德並不是從外在強加於人的，而是人類自身內在具有的本質，它本身就是人類生活的一部分，道德本質上聯繫著人性的完善，道德觀念是被整合進一個人的生活的。

美德倫理學可以分為非道德的美德倫理學和道德的美德倫理學。前者以亞里斯多德的美德倫理學為代表，其核心的美德概念和道德的規範或法則沒有明顯的關聯。後者以十八世紀蘇格蘭哲學家法蘭西斯・哈奇森的美德倫理學理論為代表，其美德的概念和道德上正確或錯誤的概念有著密切的關聯。

小知識

路德維希・安德列斯・費爾巴哈（西元1804年7月28日～西元1872年9月13日）：德國舊唯物主義哲學家。他批判了康德的不可知論和黑格爾的唯心主義，恢復了唯物主義的權威；肯定自然離開人的意識而獨立存在，時間、空間是物質的存在形式，人能夠認識客觀世界；對宗教神學進行有力的揭露和批判。

向神父告解

應用倫理學

人的意識屈從於物化結構。——盧卡奇

這個故事發生在1910年的葡萄牙：

一天深夜，當教堂的鐘聲剛剛敲響十二下的時候，神父里維拉正打算上床休息。這時，外面傳來一陣急促的敲門聲，神父想，或許是有病人的家屬來請我去做祈禱的吧！於是他趕緊起身，出來打開了門。

門外站著一個男人，裹在厚厚的大衣裡，頭上的帽子壓得很低，蓋住了他的臉，讓人看不清他的長相。這個男人看到神父，立刻壓低了嗓子說：「我要告解。」聲音粗魯而急促。雖然已經是深夜了，但神父怎麼能夠拒絕一個前來告解的人呢？於是他將來人帶進了自己的辦公室。

一進到辦公室，這個男人立刻說：「幾分鐘之前我因為搶劫殺了人。」

聽到這話，神父非常的驚訝，但他很快冷靜下來，嚴肅的問道：「那麼你現在因為自己的錯誤後悔了嗎？」

「是的，在火車站附近幹這種事實在是很愚蠢。我被人看到了，而且通知了員警。」

「可是你有為你犯下的罪行懺悔嗎？你沒有對此感到不安嗎？」神父驚訝的問道。

「不，一點也不。」男人的嘴角泛起了詭異的笑容。

「那麼，我無法赦免你的罪過。」神父告訴他。

「沒關係，這不重要，重要的是你必須默不作聲，按照告解的約定，你

不能對任何人講出我的罪行。而
且我還要把我的手槍和搶到的錢
包放在你這裡，稍後我會回來
取回這些東西的。就這樣，再
見！」說完，這個男人便迅速從
窗子跳到了花園裡，逃走了。

神父還沒有從剛才的事情裡
回過神來，忽然又有人敲門。神
父將手槍和錢包放進辦公桌的抽
屜，然後前去打開門，門外站著
幾個員警。一個員警告訴神父：「大約一個小時之前，火車站附近有個男子
被人殺害了，我們的警犬跟隨兇手的蹤跡來到了這裡。你有什麼可以告訴我
們的嗎？」

神父的臉色蒼白，說話也結結巴巴的：「我唯一能說的就是我什麼都不
知道。」

「你的表情告訴我你應該知道一些事，你似乎很心虛。」員警說道，
「我們必須搜查你的家。」

員警很快便從神父的辦公桌裡找到了手槍和錢包。「現在，你有什麼要
告訴我們的嗎？」神父非常不安，但他還是說：「我沒有什麼可說的。」

「那麼，你被捕了，罪名是搶劫和謀殺。」就這樣，里維拉神父很快被
控以搶劫殺人罪，並被判處終身監禁。

六年後，第一次大戰期間，一名受了重傷的士兵被送到了野戰醫院。這
名士兵知道自己命不久矣，於是他要求向一名神父告解。告解之後，他叫來
了三名軍官並告訴他們，自己就是六年前那宗搶劫殺人案的兇手，並講出了
全部的事情經過，這時人們才知道，里維拉神父是為他坐了冤獄。就這樣，
在監禁了六年之後，里維拉神父終於被釋放了。

傾聽教徒的告解並將之做為秘密永遠放在自己心中，這是神父的職責，而就算他所聽到的是一件謀殺案，就算當中有人因此而被冤枉，神父也不能夠說出一切。這樣的職業操守到底應不應該，這大概正是倫理學所要回答的問題了。

應用倫理學，也叫「實踐倫理學」，是二十世紀中期興起的倫理學的一個專門學科。應用倫理學是研究怎樣應用倫理原則、規則、理由去分析和處理產生於實踐和社會領域中的道德問題，並為這些問題所引起的道德悖論的解決創造對話的平臺，進而為贏得相對的社會共識提供倫理上的理論支援。應用倫理學的目的就在於探討如何使道德要求透過社會整體的行為規則與行為程序得以實現。

到目前為止，相對較完整地確立起來的應用倫理學的分支包括「學術倫理學」、「農業倫理學」、「生命倫理學」、「商業倫理學」、「環境倫理學」、「法律倫理學」、「醫學倫理學」、「護士倫理學」等等。

由於被運用的道德原則來自於不同的倫理體系，這些原則本身就是複雜且相互衝突的。所以應用倫理學很難對實踐問題提供確定的回答，但應用倫理學能夠使關於實踐問題的討論盡可能地清楚而又嚴謹。

小知識

邁蒙尼德（西元1135年3月30日～西元1204年12月13日）：猶太哲學家。他使用否定的語言形容上帝的存在，並認為人的智慧是上帝賜予的，並且是一個已經有所限定的程度。只有透過不斷學習和冥想，才能夠接近這一程度，進而達到預知未來，預知規則的境界。代表作《困惑者指南》。

複製的爭議
生物倫理學

權利的相互轉讓就是人們所謂的契約。——霍布斯

複製，來自於英文「clone」，這個詞最早起源於希臘文「klone」，原意是指以幼苗或嫩枝插條，以無性繁殖或營養繁殖的方式培育植物。今天的複製，則是指以生物體透過體細胞進行的無性繁殖，以及由無性繁殖形成的基因型完全相同的後代個體組成的種群。

世界上公認的第一隻複製動物叫桃莉羊，1997出生於英國羅斯林研究所。當時，科學家從一頭普通的白色母綿羊身體裡提取了乳腺細胞，將其細胞核移植到一個剔除了細胞核的蘇格蘭黑臉羊的卵子中，使之融合、分裂、發育成胚胎，然後移植到第三頭羊的體內。科學家當時一共培育了277個胚胎，但最後只有一隻羊成功的出生並存活下來了，牠就是桃莉。桃莉所繼承的是提供體細胞的那隻綿羊的遺傳特徵，而不是生育牠的羊的遺傳特

複製羊桃莉。

徵。它的出生在全世界引起了轟動，科學家認為，桃莉羊的誕生標誌著生物技術新時代的來臨，而美國《科學》雜誌更是將這項研究成果評為1997年十大科技進步的第一項。

1998年，桃莉羊和一隻威爾士山羊結合，產下了自己的後代，這表明，複製羊也是能夠生育的。但2002年，桃莉羊就被發現患上了關節炎，對剛剛五歲，正值壯年的桃莉羊來說，患上這種老齡疾病很有可能是由於複製技術的不完善。而2003年，桃莉就因為嚴重的肺病去世了，牠的死亡再次引起了複製動物是否會「早衰」的爭論，也讓大多數人確信，複製技術還不夠完善，無法替代上帝賦予的生育能力。

其實，複製從產生的第一天起就充滿了爭議。當然，人們害怕的不是動物的複製，而是隨之而來很可能無法避免的對人類的複製。無數的科幻小說中都充滿這樣的情節，一個活生生的人忽然被他的複製人所取代，走投無路。而更可怕的是，複製人很可能在製造的時候就剔除了所有有缺陷的DNA，比如遺傳性的隱疾等，也就是說，複製人比真實的人類更加完美，如果你面對著一個更加完美的自己，難道你不會害怕被取代嗎？

另外，一旦複製人的技術已經完備，那麼就很難避免它被用到實際生活中。一旦人類能夠人為選擇後代的基因，那麼必然會出現性別比例失調、人類分成優等與劣等、複製人是否具有自然人的法律權利等容易引發社會道德爭議的問題。不要忘記，第二次世界大戰時期的希特勒就曾經提出過類似的優生理論，並將日爾曼民族之外的民族全部歸為劣等民族，而這一觀點竟然贏得當時幾乎全部德國遺傳學家的支持。而2005年，美國的一個邪教更是宣布他們已經複製出十多個嬰兒，儘管這個消息無法證實真假，但依然引起軒然大波。如果科學一旦被狂妄的野心所支配，它能夠造成的傷害比我們能想像到的更可怕。有鑑於此，很多國家都制訂了相關的法律法規，禁止人的生殖性複製。

複製動物的高失敗率、高夭折率告訴我們，複製這條道路實在還有很遠

的路要走，但同樣的，只要人類堅持走下去的話，有一天就一定能夠達到目標。然而，當人類擁有成功的技術的時候，複製人是否會出現在你我的身邊，是誰也無法預料到的結果。

生物倫理學又叫「生命倫理學」，它關注的是生物學、醫學、控制論、政治、法律、哲學和神學這些領域的互相關係中產生的問題。

生物倫理學涵蓋的範圍很廣，比如墮胎、計畫生育、人工受孕、器官移植、同性戀、細胞複製、動物醫學實驗、基因工程等等。

在對於涉及生物學的議題相對該接受多少道德判斷的尺度上，人們還存在著很大的爭議。有些生命倫理學家會將道德判斷的尺度縮限在醫療或科技發明的道德上，以及對人體實施醫療的時間點上；而有些生命倫理學家則會將道德判斷的尺度擴大到施加在會感到恐懼和痛苦的生命體的一切行為上。

小知識

保羅·利科（西元1913年～西元2005年）：法國著名哲學家、當代最重要的解釋學家之一。他受到新蘇格拉底主義思想的影響，對「意願者」與「非意願者」的結構進行現象學研究，在「決定」、「行為」與「同意」的三向交錯領域中進行解析。代表作《卡爾·雅斯培與存在哲學》、《關於意志的哲學》等。

屠殺類人猿
環境倫理學

一切確定的皆否定。——斯賓諾莎

「這時候，月亮罩上了一圈淡淡的光環，但月光依然明亮，我清晰地瞧見五個影子從樹林裡搖搖晃晃地鑽出來，笨拙地跑進高高的草叢中。從牠們的姿勢、膚色以及牠們散發出來的被微風飄來的腥味，我認出了是類人猿，先前，那令人毛骨悚然的笛聲就是牠們發出的。我的腰弓得更低了，希望能避開牠們注意力，這些傢伙又狡猾又兇殘，四處騷擾。

....

機會到了。我將手槍插入腰包裡，解下獵刀，大步流星，迅速地追到那位孤獨的逃跑者身後，揮刀向類人猿刺去。這時，牠才注意到我，驚叫一聲，笨拙地扭轉身體，胸部躲過了利刃，但肩部卻挨了一刀。

我必須將牠殺死，於是我又舉起歷經一個多世紀依然寒光閃閃的利刀，刺進牠的身體。那傢伙挨了兩刀，但還沒有嚥氣。只見牠向我轉過身，身體猛然一抖，掙脫仍然陷在肉體裡的獵刀，隨即又死死地抓住我。

我拼命將一隻手伸到類人猿背後摸刀，另一手險擋牠的利爪抓我的喉部。我們搏鬥時，牠居然對我說話了。我驚恐失色，渾身起雞皮疙瘩。

類人猿的口鼻畸形，牙齒很長，發音含糊不清，而且和其他動物一樣，缺乏語法概念。儘管如此，我還是聽懂了大意。

『死了人人殺死殺死兄弟殺死。』

『閉嘴，閉上你的嘴。』

『兄弟死了死了人刀殺死的。』

我的手指終於摸到露在類人猿背部的刀柄，拔出刀來，再次刺進去。牠猛然叫了一聲，吐了一大口氣，噴了我滿臉鮮血。然後呻吟了幾聲，便無力地捲縮在我的懷裡。」

這是美國科幻作家大衛‧W‧赫爾的作品《美食》中的片段，寫到「我」為了食物殺死類人猿的故事。在面對類人猿「兄弟」的稱呼時，你是否也感覺到某種寒意呢？然而，這樣的事情並不只發生在科幻小說中，在人類歷史上，確實有過對類人猿的謀殺。

在很長的時間裡，人們都認為人類是從類人猿進化而來的，因為牠們會使用簡單的工具，有著複雜的語言交流方式，能夠直立或半直立行走。然而，另一個事實是，類人猿現在已經到了瀕臨滅絕的邊緣，罪魁禍首正是人類。

正是人類不斷侵佔著類人猿的生活領地，使牠們的棲息地日益縮小，最終導致牠們難以生存的命運。而且這樣的侵佔並非是從現代社會開始的，早在原始時代，人類就在不斷遷徙過程中選擇新的居住地，而首選就是類人猿的居所，這是因為兩者都有著基本的食物對象和環境條件。當人類選擇佔據類人猿的居所時，不可避免的會發生人與類人猿的戰爭，而做為已經懂得使用火的人類來說，類人猿顯然不是其對手，所以正是人類的殘殺，逼迫類人猿退出了生物進化的舞臺。而到了今天，人類還在用不斷破壞環境、偷獵等種種行為，進一步蠶食著類人猿的領地。

環境倫理學是在當代的環境危機諸如空氣與水污染、物種的滅絕等環境問題產生的背景下產生的一種倫理學。

環境倫理學的共同前提是反對傳統倫理學的人類中心主義（也稱「物種主義」或「人類沙文主義」），因為人類中心主義的特徵是把非人類的生物和自然看作是剝奪的對象，是達到人類目的的工具，而不是把它們自身看作

目的。而環境倫理學則力圖把這些存在物和自然做為一個整體來看待，並確立人對它的責任。因此，環境倫理學不應該只視為應用倫理學的一個分支，而是一個新的理論架構。

環境倫理學有多種分支，比如「弱人類中心主義」、「動物中心主義」、「生物中心主義」等。弱人類中心主義認為，人類的利益仍然是首要的，但人類應該培育出一種對待環境的崇高義務感。動物中心主義也叫動物中心倫理學，它認為動物也是有感覺的生命體，主張人類必須把道德思考的範圍從僅僅對人類而言擴展到動物。生物中心主義也叫生命中心倫理學，它認為包括植物在內的所有生命的存在物，都應該包括在道德共同體之內。

此外還有「生態中心主義」。與以上這三種倫理學不同的是，生態中心主義認為人類的倫理學是不適合拓展到其他的非人類領域的，應當有一種關注整個生態系統的整體的倫理學，因此生態系統的整體性、多樣性和穩定性應當是用於判斷一種行為的道德行的首要標準。而以上三種倫理學都相信傳統的人類倫理學是健全的理論，只要稍做改變就能運用到不是人類社會的領域中去。

小知識

皮埃爾‧阿伯拉爾（西元1079年～西元1142年）：法國哲學家，神學家。他的哲學採取概念論，既反對極端的實在論，又反對極端的唯名論，認為共相是存在於人心之中表示事物共性的概念。強調動機決定行為之善惡，上帝所考慮的是人的意圖，行為本身無所謂好壞。

血色海灣
生態倫理學

客觀世界只是精神原始的、還沒有意識的詩篇。——謝林

2009年，一部叫做《血色海灣》的紀錄片獲得奧斯卡最佳紀錄片獎，也讓大家將目光投向曾經少有人知的日本太地海灣。

故事中的主角就是聰明的海洋生物海豚。理查·奧巴瑞是上世紀六〇年代最著名的海豚訓練師，也是世界上最權威的海豚音專家，對海豚十分的瞭解和喜愛。在結束了海豚訓練師的工作之後，他投身到保護海豚的工作中去，開始抗議捕殺海豚以及訓練海豚表演的行為。一次偶然的機會，他得知了日本有一個秘密的海灣，那裡每年都要捕獲大量的海豚，一部分海豚被來自世界各地的人們購買，運送到各地的海豚館和海豚公園，而沒有被選中的海豚就會被殘忍地屠殺，海豚肉被運往日本各地的學校做午餐，或者擺上超市的貨架售賣。

知道這一切的理查決心向世界揭示這樣的暴行，他受邀參加一場海洋哺乳動物專家的座談會，決心在座談會上向大家公布他所瞭解到的情況。但就在他即將登臺的最後一分鐘，他卻被會議的舉辦者「海洋世界」禁止發言

海豚是一種本領超群、聰明伶俐的海中哺乳動物。

了。

　　幸運的是，在這場座談會上他結識了路易‧皮斯霍斯，也就是這部紀錄片的導演，當路易得知理查想要演講的內容時，他打算和理查一起去當地看看。兩個人一起來到日本太地，路易在這裡親眼見到漁民們對海豚的屠殺，他決心將太地發生的事情拍攝下來。然而，當他們向當地政府申請拍攝許可時卻被拒絕，而且從此之後，他們受到警方的嚴密監視，以阻止他們拍攝的行為。

　　日本政府之所以阻止他們的拍攝，為的正是海豚捕殺背後那巨大的經濟利益。日本的海豚捕殺季從九月開始，一直持續到第二年的四月，每年大約有兩萬三千隻海豚和江豚被殺，而每一隻賣掉的海豚能讓他們獲利十五萬美元，死掉的海豚則有600美元的收益。正是這巨大的經濟收入使得日本始終不肯停下海豚捕殺的行為。

　　然而，應該被譴責的何止是日本的政府和漁民，當人類在這個世界上肆意破壞環境和生態時，在反省自己的行為之前，我們似乎沒有權利去譴責任何人。

　　在紀錄片的末尾，理查背著這部片子的放映器站在東京繁華鬧市的街頭，向過往的日本人傳達發生在他們國家的血腥屠殺。禁止捕殺海豚的路還很長，人類保護生態的道路則更長遠、更艱難。

　　自從人類誕生後，自然界就有了自己的對立面，人類的生存和發展導致了自然界的劇烈變化，嚴重破壞了自然界的生態。倫理學中也誕生一項新的學科——生態倫理學。

　　某些工具書認為生態倫理學與環境倫理學是同一門學科，但大部分都認為生態倫理學是另一門獨立的學科。

　　生態倫理學是一門以「生態倫理」或「生態道德」為研究對象的應用倫理學，它是從倫理學的角度審視和研究人與自然的關係。生態倫理學要求人

類將其道德關懷從社會延伸到非人的自然存在物或自然環境，而且呼籲人類把人與自然的關係確立為一種道德關係。

根據生態倫理學的要求，人類應放棄算計、盤剝和掠奪自然的傳統價值觀，轉而追求與自然同生共榮、協同進步的可持續發展價值觀。生態倫理學對倫理學理論建設的貢獻，主要在於它打破了僅僅關注如何協調人際利益關係的人類道德文化傳統，使人與自然的關係被賦予了真正的道德意義和道德價值。

小知識

悉尼・胡克（西元1912年～西元1989年），美國著名的實用主義哲學家。起初他是馬克思主義哲學的信奉者，後又投身於實用主義，開創「實用主義馬克思學」。代表作《對卡爾・馬克思的理解》、《理性、社會神話和民主》、《歷史中的英雄》等。

挽救生命的謀殺

醫學倫理學

醫術是一切技術中最美和最高尚的。——希波克拉底

2000年8月，生活於戈佐——地中海一個島嶼上的婦女發現自己懷上的胎兒是一對連體嬰，因為當地的醫療條件無法應對這樣的情況，她和丈夫來到英國曼徹斯特的聖瑪麗醫院生產。

8月8日這天，這對孩子出生了。這是一對連體女嬰，被大家稱為喬迪和瑪麗，兩人下腹連成一體，脊骨相連，共用一個心臟和一對肺部，其中體質較弱的瑪麗更是必須依賴喬迪心肺提供的血液和氧氣維生。在這樣的情況下，醫生斷言，兩個孩子必須進行手術分離，否則在六個月之內兩個孩子都會死亡。

然而，以這兩個孩子現在的身體狀況來說，分離手術無疑就意味著必須有一個孩子死亡。因為她們總共只有一個心臟和一對肺，這些器官給誰，就註定了另一個孩子的死亡。可以說，這是一場挽救生命的謀殺。

孩子的父母是一對虔誠的天主教徒，他們不願意接受分離手術，認為應該由上帝決定孩子的生死。然而，醫生們卻認定，如果不及時進行手術的話，兩個孩子都會死亡，還不如讓其中一個的死亡換得另外一個的生存。

兩方爭執不下，事情最後鬧到法院，轟動整個英國。整個英國分成兩派，一邊支持分離手術，認為這樣至少可以挽救一個孩子的生命；另一邊則糾結於是否能有為了保障一個人的生命而殺死另一個無辜的人，尤其是天主教徒們更是反對這種手術的進行。

　　兩邊各持己見，在輿論的壓力下，英國最高法院最終做出無記名表決，判決在只能保住其中一個嬰兒的情況下，醫生可以動手術將連體嬰分開。

　　終於，這對連體嬰兒的分離手術得以進行。手術經歷了大概二十個小時，醫生要先將身體較弱的瑪麗的血液供養切斷，然後將兩個孩子隔開，而瑪麗的皮膚將會移植到喬迪的傷口上。這場手術的進行也就意味著，身體較弱的瑪麗將會死亡，而只有這樣她的姐妹喬迪才有可能生存下來。

　　手術進行時，不少天主教徒來到醫院門口靜坐禱告，以此表達對瑪麗的小生命被抹煞的抗議。儘管如此，這對小姐妹的分離手術還是進行了，雖然瑪麗已經死亡，但這也意味著喬迪有很大的可能生存下去。

　　喬迪的生命可以繼續，而這一場挽救生命的謀殺，還將繼續引起爭議，並成為倫理學上永恆的議題之一。

　　醫學倫理學是運用一般倫理學原則解決醫療衛生實踐和醫學發展過程中的醫學道德問題和醫學道德現象的學科，它是運用倫理學的理論和方法研究醫學領域中人與人、人與社會、人與自然關係的道德問題的一門學問。

　　醫學倫理學的主要理論包括道義論和後果論。道義論認為行動的是非善惡決定於行為的性質，而不決定於其後果。反之，後果論則認為行動的是非善惡決定於行為的後果，並不決定於其性質。後果論要求在不同的治療方案中做出選擇，最大限度地增進病人的利益，把代價和危機減少到最小程度。

　　醫學倫理學中有三個最基本的倫理學原則：病人利益第一、尊重病人、公正。這來自於醫療工作中醫生與患者關係的特殊性質。病人求醫時必須依賴醫務人員的專業知識和技能，甚至必須將自己的隱私告訴對方，而且病人根本無法判斷醫療的品質，這就使得醫務人員有了一種特殊的道德義務，必須把病人的利益放在首位，並贏得和保持病人的信任。所以醫患關係基本的性質是信託模型，信託關係基於病人對醫務人員的特殊信任，信任後者出於正義和良心會真誠地把前者利益放在首位。

小知識

伊本‧路世德（西元1126年～西元1198年）：阿拉伯哲學家、教
法學家、醫學家。他認為世界是無始的、永恆運動的，物質是運動
的基質，真主是無始的存在，是世界的「第一推動者」、萬物最後
的「目的因」，反對靈魂不滅說。他從伊斯蘭教法的角度闡述了哲
學的合法性。

希波克拉底誓言
職業倫理學

善就在於在任何特定的時刻都按照上帝的意願行事。——艾米爾·布倫納

　　對所有學醫的人來說，幾乎沒有不知道希波克拉底誓言的，這個2400年前寫就的一段話，今天已經成為所有從醫者在就職時的宣誓。而這段話，正是醫學之父，著名的希波克拉底所寫。整段誓言如下：

　　「醫神阿波羅、埃斯克雷彼斯及天地諸神作證，我——希波克拉底發誓，我願以自身判斷力所及，遵守這一誓約。凡教給我醫術的人，我應像尊敬自己的父母一樣，尊敬他，做為終身尊重的對象及朋友，傳授我醫術的恩師一旦發生危急情況，我一定接濟他。把恩師的兒女當成我希波克拉底的兄弟姐妹；如果恩師的兒女願意從醫，我一定無條件地傳授，更不收取任何費用。對於我所擁有的醫術，無論是能以口頭表達的還是可書寫的，都要傳授給我的兒女，傳授給恩師的兒女和發誓遵守本誓言的學生；除此三種情況外，不再傳給別人。

希氏誓言，此為十二世紀拜占庭手抄本。

　　我願在我的判斷力所及的範圍內，盡我的能力，遵守為病人謀利益的道德原則，並杜絕

223

一切墮落及害人的行為。我不得將有害的藥品給予他人，也不指導他人服用有害藥品，更不答應他人使用有害藥物的請求。尤其不施行給婦女墮胎的手術。我志願以純潔與神聖的精神終身行醫。因我沒有治療結石病的專長，不宜承擔此項手術，有需要治療的，我就將他介紹給治療結石的專家。

無論到了什麼地方，也無論需診治的病人是男是女、是自由人是奴婢，對他們我一視同仁，為他們謀幸福是我唯一的目的。我要檢點自己的行為舉止，不做各種害人的惡行，尤其不做誘姦女病人或病人眷屬的缺德事。在治病過程中，凡我所見所聞，不論與行醫業務有否直接關係，凡我認為要保密的事項堅絕不予洩漏。

我遵守以上誓言，請求醫神阿波羅、埃斯克雷彼斯及天地諸神賜給我生命與醫術上的無上光榮；一旦我違背了自己的誓言，請求天地諸神給我最嚴厲的懲罰！」

1848年，在當年召開的世界醫學大會上，人們在希波克拉底誓言的基礎上，制訂了《日內瓦宣言》，宣布醫生所必須遵守的道德規範：「值此就醫生職業之際，我莊嚴宣誓為服務於人類而獻身。我對施我以教的師友衷心感佩。我在行醫中一定要保持端莊和良心。我一定把病人的健康和生命放在一切的首位，病人吐露的一切秘密，我一定嚴加信守，絕不洩露。我一定要保持醫生職業的榮譽和高尚的傳統。我待同事親如弟兄。我絕不讓我對病人的義務受到種族、宗教、國籍、政黨和政治或社會地位等方面的考慮的干擾。對於人的生命，自其孕育之始，就保持最高度的尊重。即使在威脅之下，我也絕不用我的知識做逆於人道法規的事情。我出自內心以榮譽保證履行以上諾言。」

而身為這段誓言的創始人，希波克拉底在生活中也堅持實踐著自己的信念，將病人的利益放在首位。

西元前430年，雅典發生了可怕的瘟疫，大批的人在短短幾天內就發燒、嘔吐，身上長滿膿瘡，然後迅速死去，城中來不及掩埋的屍體隨處可見。在

這樣的情況下，人們紛紛逃離家鄉，希望能夠避開這場災禍，但這時，卻有一名醫生冒著生命危險前往雅典，而他並不是一般的醫生，他正是當時馬其頓王國的御醫——希波克拉底。希波克拉底來到雅典，仔細觀察了病人的情況，開始探究瘟疫發生的原因和解救方法。不久他發現，城中唯獨有一種人沒有染上瘟疫，那就是每天在爐火邊工作的鐵匠，由此希波克拉底推斷，火應該可以阻斷瘟疫的蔓延，於是他讓人們在雅典城中到處點起火堆阻隔瘟疫，並最終消滅了這場可怕的疾病。

希波克拉底能夠成為被後人所敬仰的醫學之父，依靠的不光是他出色的醫學理論，更重要的是他不顧自身安危、治病救人的高尚情懷。這種精神不僅僅是身為醫生所應該具備的，更是每一份職業都應當擁有的操守和信念。

職業生活是人類直接生活的生產和再生產藉以實現的一種普遍的基本形式，是人類社會生活得以發展的社會組織形式，而職業倫理學則是在此關係上產生的倫理學的一門新的學科。廣義的職業倫理學指研究人們在職業活動領域中的一切道德關係和道德現象的學科，而狹義的職業倫理學則是指研究各行各業道德規範和準則的學科，像商業倫理學、律師倫理學等都是其分支。

小知識

埃蒂耶納·博諾·德·孔狄亞克（西元1715年9月30日～西元1780年8月3日）：法國哲學家、啟蒙思想家。他把洛克的唯物主義經驗論心理學思想發展為感覺主義心理學思想。他認為心靈有自己發展的能力，知識是由感覺引起的觀念形成的，一切心理過程都是由感覺轉化來的，都是變相的感覺。

手指的魔力
教育倫理學

創造，或者醞釀未來的創造，這是一種必要性；幸福只能存在於這種必要性得到滿足的時候。——羅曼·羅蘭

皮爾·保羅是一名小學老師，1961年時，他被聘用為諾必塔小學的董事兼校長。這所學校座落在紐約聲名狼籍的大沙頭貧民窟，學校裡全是貧窮黑人的孩子，因為缺乏良好的教育，他們打架鬥毆無所不作，非常令人頭痛。

當皮爾·保羅第一次走進諾必塔小學的一間教室的時候，他看到的是一群吵鬧追打的孩子，教室的黑板已經被砸爛，還有一個孩子已經站到窗臺上。看到他進來，窗臺上的孩子跳了下來，伸著小手走過講臺，皮爾·保羅叫住他說：「我一看你修長的手指就知道，將來你一定會是紐約州的州長。」

小男孩聽到這句話，大吃一驚，長到這麼大，只有他奶奶曾經說過一次令他振奮的話，說他可以成為五噸重的小船船長。可是這一次，校長居然說他可以成為紐約州的州長！這句話一直牢牢的記在小男孩心中，「成為紐約州的州長」成了他的夢想和目標，也成為他每天要求自己的理由。從這一天開始，他每天都以州長的身分要求自己，他不再講髒話，衣服乾淨而整潔，學習刻苦而努力。

四十多年後，當年的小男孩真的成為紐約州的州長，這一年，他五十一歲。這個小男孩叫做羅傑·羅爾斯，他也是紐約歷史上第一位黑人州長，罕見的從貧民窟裡走出來的州長。

　　在自己的就職演說上，羅傑‧羅爾斯沒有提到自己的奮鬥史，唯獨提到了一個名字——皮爾‧保羅。在講完上面的這個故事之後，羅傑‧羅爾斯說：「信念值多少錢？信念是不值錢的，它有時甚至是一個善意的欺騙！然而你一旦堅持下去，它就會迅速升值。在這個世界上，信念這種東西任何人都可以免費獲得，所有成功者最初都是從一個小小的信念開始的。」而羅爾斯能夠有如此堅定的信念，卻是從他遇到一個真正的好老師開始的。

　　教育倫理學是研究教育過程中的道德現象及其發展變化規律的學科。其主要是研究教育活動中的道德問題，包括學校教育、家庭教育和社會教育在內的教育教學過程中的道德關係現象，並從倫理哲學的角度對教育活動進行價值分析和行為導向。

　　教育倫理學揭示了教師道德的本質、特點和作用，總結教師道德的基本原則和規範，以及教師道德品行的形成和發展規律等。此外，它也是研究道德教育的專門理論。內容包括道德教育的一般理論和原則、過程、方法，教育活動的道德規範等。

　　教育倫理學研究對象可概括為道德教育、教師職業道德和教育的社會倫

理基礎三種類型。教育倫理學認為,教育的本質是善的,但是違背教育本質善的教育思想和行為直接侵害的是受教育者的身心發展,因此,教育倫理學就是要對整個教育以及各種思想、具體的教育現象進行人文關照,以省察和規範合理性及價值性。

教育倫理學最早可以追溯到十八世紀瑞士教育家裴斯塔洛齊所撰寫的《隱士的黃昏》一書,在書中他從基督宗教的觀點出發將人神關係與父子關係類比,以做為人際關係建構的基礎,並且應用到教育關係之中。

小知識

海頓・懷特(西元1928年～):當代美國著名思想史家、歷史哲學家、文學批評家。他廣泛吸收哲學、文學、語言學等學科的研究成果,建構了一套比喻理論來分析歷史文本、作者、讀者,揭示意識形態要素介入歷史學的種種途徑。主要著作有《元史學》、《話語的比喻》、《形式的內容》等。

為國獻身
性倫理學

真正的偉大，即在於以脆弱的凡人之軀而具有神性的不可戰勝。——
塞涅卡

一個倫理學家曾經提到這樣一個故事：有一次他在飛機上遇見了一位迷人的女性，這位年輕的美女在知道他的身分之後，向他傾訴自己的困擾。原來這位女士的身分是一名間諜，受命在其他國家收集情報，但現在政府希望她去色誘對方國家的一位官員，並獲取相對的情報。她的煩擾正是由此產生的，對她來說，為自己的國家充當間諜是為國服務的行為，合情合理，也合乎她自己的道德觀，但如果要因為這件事獻出自己的身體，就是讓她不可接受的行為。

於是倫理學家問她：「妳知道做間諜是一件非常危險的事情，妳很可能會受到身體上的傷害，甚至喪失性命。」女士點點頭，表示自己明白這一切並且能夠接受，而且她相信這是一種光榮。倫理學家繼續說：「那麼，為國家喪失貞操和喪失一條腿有什麼不同嗎？其實在我看來，這一樣值得讚許，都是對國家的忠誠和回報。」

相信現實生活中有很多人都與這位女士懷抱著同樣的想法。他們樂意為國家奉獻出自己的生命，可以毫不猶豫的犧牲自己，但當需要你奉獻的是貞操和性的時候，卻有很多人覺得這是恥辱且不可接受的行為。之所以出現這樣的情況，完全是因為人類給性附加上了太多的道德意味，使得它承載了額外的東西。而這一切，就正是性倫理學所要探究的內容。

性倫理學是一門研究性的道德的科學。它的目的是以科學的形態再現人類的性道德，以理論思維的形式概括性道德現象的各個方面，並對這些現象進行規律性的研究，進而引導人類的性意識、性規範、性活動健康地向前發展。

性道德是指人們對一定社會性道德關係的心理感受和理性認知，它是人們在長期的性道德實踐和研究探索中所形成的具有善惡價值取向的心理過程和理論體系，是性倫理學研究的首要領域。

性道德的心理過程包括性道德觀念、性道德情感、性道德意志、性道德信念、性道德理想等，它們是以個體性道德意識的形式表現的性道德理論體系，包括性道德的起源和本質，性道德的結構和特徵，性道德的歷史演變及規律，性道德的社會功能和作用，性道德的社會調控和自然調控等內容。性道德規範是調整兩性關係、判斷人們性意識、性行為是非善惡的具體規則和尺度，它受制於性道德的基本原則和普遍原則，是性道德原則的補充和展開。

小知識

馬可‧奧勒留‧安東尼（西元121年～西元180年）：古羅馬皇帝、哲學家斯多亞學派代表人物。他試圖為倫理學建立一種唯理的基礎，把宇宙論和倫理學融為一體，認為宇宙是一個美好的、有秩序的、完善的整體，由原始的神聖的火演變而來，並趨向一個目的。代表作《沉思錄》。

第一駭客
電腦倫理學

巡遊五角大樓，登錄克里姆林宮，進出全球所有電腦系統，摧垮全球金融秩序和重建新的世界格局，誰也阻擋不了我們的進攻，我們才是世界的主宰。——凱文·米特尼克

1982年，「北美空中防務指揮系統」遭到入侵，入侵者翻遍了美國指向前蘇聯及其盟國的所有核彈頭的資料，然後輕輕鬆鬆地揚長而去。這些資料一旦被洩露給其他國家，美國政府就必須花費數十億美元來重新部署自己的核彈頭，損失難以計算，而事發之後，美國政府竟然無法抓到入侵者，這也成為美國軍方的一大醜聞。

事發後沒多久，美國著名的「太平洋電話公司」在南加利福尼亞州的通訊網絡又遭到了入侵，這家公司保存在電腦中的用戶的電話號碼和通訊地址被入侵駭客隨意修改，並對用戶們肆意玩弄。事發一段時間之後，太平洋電話公司才發現並不是自己公司的電腦發生故障，而是有人破譯了公司電腦密碼進行的惡作劇。但這個著名的大公司竟然對入侵者束手無策，只能不斷的修改密碼來防止對方的破壞。

兩次事件的發生讓美國聯邦調查局開始注意到一個人，他叫凱文·米特尼克（Kevin David Mitnick），而這個米特尼克並非什麼著名的電腦專家，而是一個僅僅十五歲的男孩。米特尼克1964年出生於美國的洛杉磯，父母離異的他從小就跟著母親生活，因此頗為孤僻，沉默寡言。但小小年紀的他很早就展現出自己天才的智慧，七〇年代，美國開始建立一些社區電腦網路，

世界第一駭客——凱文·米特尼克。

米特尼克也在自己社區的「小學生俱樂部」裡第一次接觸到電腦和網路，他很快就對這個全新的世界著迷，並迅速成為電腦高手。不久，老師們就發現他用學校的電腦侵入其他學校的網路系統，米特尼克只能被迫退學了。退學後的米特尼克很快就打工賺錢為自己買下了第一台電腦，也正是在這台電腦上，米特尼克入侵了美國空中防務智慧系統和太平洋電腦公司。

在兩次成功的入侵之後，得意的米特尼克越發囂張，他又入侵美國聯邦調查局的電腦網路。而令他大感意外的是，在翻查FBI的檔案時他發現，FBI的探員們正在調查的人正是他自己。膽大的米特尼克並沒有害怕，他開始每天進入聯邦調查局的系統，查閱有關自己的案情進展，當發現這些人的調查還毫無頭緒的時候，他甚至開始玩弄起這些他眼中愚蠢的探員們來，將一些探員們的資料改成罪犯。

不過，探員們最終還是將米特尼克抓獲了，令辦案人員驚訝的是，這名玩弄得他們狼狽不堪的駭客，當時還只是一名十六歲的少年。因為年紀的幼小和網路犯罪還沒有法案支援的緣故，法院只將米特尼克送入了少年犯管教所，而米特尼克也因此成為世界上第一個網路少年犯。

不久出獄的米特尼克並沒有罷手，1983年，他再次因為非法入侵五角大樓的網路而被判刑，1988年又再次因入侵數位設備公司DEC被捕。但因為美國對於高智商網路犯罪的判刑並不重，他又很快出獄，並因為再次入侵美國五家大公司的網路修改用戶資料而被通緝。聯邦調查局費盡心機也沒能捉住

他，只得在全國範圍內發出通緝令。至此，米特尼克成為FBI的十大通緝犯之一，卻也被《時代》雜誌選為封面人物，成為了當時赫赫有名的電腦駭客。

1994年，蠢蠢欲動的米特尼克再次現身，這次他的目標是聖達戈超級電腦中心。米特尼克的攻擊惹怒了聖達戈超級電腦中心的一名專家下村勉，這位著名的電腦安全專家決定幫助FBI，將米特尼克逮捕歸案。

1995年，憑藉高超的電腦技術，下村勉很快鎖定了米特尼克的所在，幫助聯邦調查局迅速將他擒獲。在法庭上，米特尼克被控以二十五項罪名，被判關押四年半。

不過，米特尼克的入獄很快引起了駭客們的反擊，他們結成了聯盟，專門建立了一個叫「釋放米特尼克」（www.kevinmitnick.com）的網站，向美國政府施壓要求釋放米特尼克，並宣稱如果要求無法得到滿足，就會啟動他們置入眾多電腦的病毒，導致網路癱瘓。

2001年，在要求他不准離開加州中部，不得觸摸電腦等一切可以上網的裝置，七年內不得談論駭客技術和他的收益之後，米特尼克獲得了監視性釋放。2002年，米特尼克假釋期滿，他終於獲得了真正的自由。米特尼克因此做為世界上公認的第一個駭客，被人們和電腦歷史所銘記。

電腦倫理學是隨著電腦行業的產生和發展興起的一門新的倫理學學科。它是指對電腦行業從業人員職業道德進行系統規範的新興學科。

其涉及的主要內容有：

一、隱私保護。它指的是個人資訊的私密性，包括傳統的個人隱私，比如姓名、生日、婚姻、教育等，以及現代個人資料，比如IP、郵箱、用戶名等資訊。

二、電腦犯罪。指利用電腦軟體、資料、訪問實施的非法舉動，包括詐騙、非法訪問、盜用等。

三、知識產權。知識產權是指創造性智力成果的完成人或商業標誌的所有人

依法所享有的權利的統稱，而電腦和網路的普及使得剽竊智慧財產權變得容易，但無論何時何地，剽竊都是違背道德原則的做法。

四、無用及有害資訊的傳播擴散。

小知識

弗里德里希・阿爾貝特・朗格（西元1828年～西元1875年）：德國哲學家、經濟學家，早期新康德主義的主要代表。他是從生理學角度論證康德的認識論的，他把康德所說的認識形式的生理結構先驗地賦予經驗的。由此出發，他否認「物自體」的客觀存在，認為它僅僅是一個「極限概念」，進而拋棄了康德哲學中的唯物主義成分。代表作為《唯物主義史》。

威尼斯商人
經濟倫理學

道德確實不是指導人們如何使自己幸福的教條，而是指導人們如何配享有幸福的學說。——康德

在莎士比亞眾多精彩的著作中，《威尼斯商人》並不是最搶眼的那一部，與其他或宏大或纏綿的故事相比，它更像是輕鬆的小品文，充滿著機智與風趣。其中尤以法庭上的那一幕最為知名：

威尼斯富商安東尼奧的好友巴薩尼奧要向貝爾蒙一位繼承了萬貫家財的美女鮑西亞求婚，向安東尼奧借三千塊金幣。可是安東尼奧的商船剛剛出港，他手邊並無餘錢，為了幫助自己的好友巴薩尼奧順利結婚，安東尼奧不得已向高利貸者夏洛克借債，打算等自己的商船貿易航行回來之後，就償還夏洛克欠款。

夏洛克一向對安東尼奧懷恨在心，因為安東尼奧是個豪爽大方的商人，常常貸款給他人又不要利息，搶走了高利貸者夏洛克不少的生意，令他十分惱火；再加上安東尼奧曾經出於同情幫助夏洛克的女兒私奔，更是令他憤恨。但老奸巨猾的夏洛克並沒有表現出不滿，而是爽快地答應了安東尼奧借款的請求，他還故作慷慨地表示，不要安東尼奧的利息，只有一個要求，那就是如果安東尼奧不能夠如期償還貸款的話，就必須從他身上割下一磅肉來，做為代價。

安東尼奧想著自己的商船很快就能回到港口，到時要償還貸款毫無困難，便答應了夏洛克的要求。誰知沒過多久，消息傳來，安東尼奧的商船在

莎士比亞做為英國文藝復興時期最傑出的藝術大師，被稱為「人類文學奧林匹斯山上的宙斯」。他的作品幾乎是個悲劇的世界，而《威尼斯商人》卻是莎氏喜劇的巔峰。

海上失事了。這次事故讓安東尼奧損失了大筆資金，因為資金周轉不靈，安東尼奧已經無法償還夏洛克的貸款了。得知此消息的夏洛克大為歡喜，很快便將安東尼奧告上了法庭，要求安東尼奧履行曾經的諾言，割下一磅肉來抵償貸款。

在法庭上，夏洛克咄咄逼人，他老辣沉穩，說話更是滴水不漏，不論巴薩尼奧他們如何的懇求與勸告，他始終不肯讓步，堅持要讓安東尼奧割肉償還。就在眾人束手無策的時候，一位律師上場了，其實，這位律師正是巴薩尼奧的未婚妻，美麗聰明的鮑西亞，她得知安東尼奧的事，特地趕來相助。

偽裝成律師的鮑西亞一開始便堅持說要依法審理，這讓夏洛克非常得意，拒絕了鮑西亞以賠償大量金錢做為補償的提議，更加堅定要割下安東尼奧一磅肉的要求。隨後，鮑西亞又提出在割肉時能夠有一位外科醫生在場，防止可能發生的悲劇，得意忘形的夏洛克覺得這時對方已經無計可施，更加狂妄地拒絕對方的要求，殊不知他這時已經一步步陷進了鮑西亞所設好的陷阱，證實了他有意謀害威尼斯公民的罪名。

就在夏洛克以為自己已經大獲全勝的時候，鮑西亞卻拿出了自己最重要的武器。她指出，夏洛克與安東尼奧的約定是割下一磅肉來，那麼在安東尼奧履行約定的時候，夏洛克所割下的必須正好是一磅肉，不能多也不能少，更不能使安東尼奧流血，否則便是破壞約定。夏洛克顯然無法滿足這樣的條件，於是他只能要求撤銷訴訟。鮑西亞卻進一步指出，夏洛克所提出的條件分明是在刻意謀害他人的生命，應當受到處罰。最終，夏洛克被剝奪了全部財產，一半被充公，一半被判歸了受害者安東尼奧。至此，整件事情完美的解決，除了害人不成反害己的夏洛克外，所有人都獲得了幸福。

《威尼斯商人》最為人所津津樂道的，就是第四幕中法庭裡的波瀾起

伏,將情節推到了最高潮。而夏洛克要求以安東尼奧身上的肉來抵償借款的要求,顯然不符合經濟利益,而只是個人私怨的發洩。

做為一門獨立的倫理學分支的經濟倫理學興起於二十世紀七〇至八〇年代的美國,它是以社會經濟生活中的道德現象為研究對象,涵蓋宏觀經濟制度、中觀經濟組織和微觀經濟關係中所有與道德有關的問題的一門新興交叉學科。它的目的是在經濟學和倫理學之間尋找契合點,使彼此溝通。

經濟倫理學有三大研究方向,一是從經濟學出發的經濟倫理學,它研究經濟運行過程中的道德價值體系,強調道德調節在經濟發展中是超越政府和市場的重要力量,但更重視的是經濟體制、產權制度和經濟規律等對倫理的影響。

二是從管理學出發的經濟倫理學,它認為經濟倫理學的目的是為了更好地進行管理,它是在工商管理領域內發展起來的,研究對象是經濟管理活動和經濟管理領域中的行為規範或制度。

三是從倫理學出發的經濟倫理學,它是一門研究經濟制度、經濟政策、經濟決策、經濟行為的倫理合理性,並研究經濟活動中的組織和個人的倫理規範的學科,試圖找到倫理學與經濟學兩者的結合點,由此找到解決兩者衝突的基礎和原則;其本質在於使人們明確經濟領域的善惡價值取向及應該不應該的行為規定。

小知識

柯亨(西元1842年~西元1918年):德國哲學家,新康德主義馬堡學派的創始人。他把認知看作是透過純粹思維實現的,純粹思維透過先驗的邏輯範疇而創造一切科學認知。此外,他把康德的「物自體」僅僅看作是「極限概念」,進而把康德哲學徹底唯心主義化。代表作有《康德的經驗論》等。

墮胎與犯罪率

人口倫理學

使自己快樂也使他人快樂，別傷害自己也別傷害他人，我以為這就
是倫理學的全部意義。——尚福爾

在1969年之前，美國的許多州都是禁止墮胎的，除非是為了保障母親的
生命安全，否則任何的墮胎行為都是違法的，還會受到法律的制裁。

其實在十九世紀之前，美國的法律並不禁止人為墮胎，但在十九世紀之
後，為了打擊非法行醫，保護正規醫生的權利，醫學界開始反對墮胎的合法
化，並力促美國大部分的州通過墮胎違法的法律。

也許你會覺得一個人選擇墮胎與否是自己獨立的行為，不應該受到其他
人的干涉，在以自由聞名的美國，這樣的法律無疑有悖於獨立自由的精神，
但恰恰反墮胎分子們覺得，就算是母親腹中的胎兒也是有自己獨立的生存權
的，不能被抹煞。這種爭論一直持續了數百年，而反對墮胎的法律則從1854
年一直持續到了1969年。

1969年，當時正是美國性解放運動風起雲湧的時候，年輕人都在肆意享
受身體的愉悅，也難免因此孕育出不少性愛的果實，但這些單純追求性快樂
的年輕人哪裡願意提早承擔起家庭的責任呢？於是只能選擇墮胎。而在那些
法律明文禁止墮胎的州，要墮胎只能選擇地下遊醫的非法診所，或者去到其
他可以合法墮胎的州進行。

也就在這時，美國德克薩斯州一位名叫諾爾瑪·麥科維的女孩懷孕了，
她當時才二十一歲，並沒有結婚，加上她只是一名普通的服務員，薪水微

薄，居無定所，孩子對她來說只是一個巨大的負擔，根本無法承受。她想要打掉胎兒，但當時的德克薩斯州的法律是禁止墮胎的，因此沒有一名醫生敢於觸冒犯法律為她實施墮胎手術。

諾爾瑪根本沒有多餘的錢可以去外地墮胎，她又不敢選擇非法行醫者為自己實施流產手術，因為這些非法診所的設備簡陋，醫生資質又無保證，因非法墮胎導致的死亡事件時有發生。

無計可施之時，諾爾瑪決定找律師幫忙，她謊稱自己被歹徒強姦導致懷孕，希望律師能夠為自己爭取到合法墮胎的權利。恰好當時正是民權運動如火如荼之時，女權主義者一直都在為爭取女性的合法墮胎權而抗爭，得知諾爾瑪的故事，他們決定以這個案子為突破點，直接針對反墮胎法進行起訴，爭取到合法的墮胎權。

1970年3月3日，諾爾瑪化名為簡·羅伊，將其所在郡的檢察長亨利·瓦德告上了法庭，指控反墮胎法侵犯了她的「個人隱私」，要求聯邦法院下令廢除此項法令，並禁止瓦德繼續執行該法。此案一出，立刻引起了轟動，許多婦女權益組織出面支持諾爾瑪，人們圍繞著墮胎合法與反墮胎的制度進行著激烈的辯論，這個案件成為當時最為重大的事件之一。

最終，聯邦最高法院做出最後的判決，基於女性的隱私權以及生命究竟從何時開始無法衡量的原因，諾爾瑪贏得合法的墮胎權，而這同時也意味著，法院承認美國婦女的合法墮胎權。

墮胎禁令的取消換來的是持續了數十年的爭議，人們分成了涇渭分明的兩派，反對墮胎合法化的生命派和支持合法墮胎的選擇派，這場紛爭從羅伊案開始持續到今天，一直沒有停止過。但同時，卻有另外一個有趣的現象引起某些人的注意，在墮胎合法化的二十年之後，美國的犯罪率並沒有如同人們預計的逐年上升，反而下降了。

有學者指出，美國犯罪率的下降，恰恰正是墮胎合法化的結果。調查顯示，大部分的罪犯都出生在貧困或不安定的生活環境下，他們多半來自貧民

窟，沒有受過良好的教育，缺少父母的管教和束縛，比起一般的孩子更容易成為罪犯。在墮胎非法的年代裡，那些未婚的、缺少經濟基礎的女性如果懷孕，也只能被迫將孩子生下來，卻無法提供孩子應有的教育和生活環境，使得大量的孩子走上了犯罪道路，而當墮胎合法之後，這些女性多半都會選擇流產，這些二十年後可能成為罪犯的孩子大量減少，進而大大降低了犯罪率。

犯罪率的下降是否是因為墮胎合法化的蝴蝶效應的說法至今還未成定論，而唯一可以肯定的是，關於墮胎與反墮胎，生命權與選擇權的倫理學爭議，還將會是這個世界上最激烈的爭議之一。

人口倫理學，是新興的應用倫理學中的一個分支，也是介於倫理學、人口學和社會學之間的新興邊緣學科。人口倫理學的主要研究對象是社會人口問題，重點是研究人口以及人口政策中的道德問題，確定目前人類自身生產行為的正誤及確定正誤的價值標準。

在社會急速發展的今天，世界人口也急劇膨脹，人口問題已經成為了世界範圍內無法規避的重要問題。其實，許多的學者早就針對人口問題進行過論述，比如早在十八世紀馬爾薩斯就提出著名的人口論，提出了限制人口增長的方法和理論，而馬克思和恩格斯則認為必須節制生育，因為社會文明「是建立在人口的一定限度上的」，必須「從道德上限制生育的本能」。

一方面，是地球資源已經難以承載越來越多的人口，另一方面則是人類對於生育這一權利的肯定和追求，所以人口倫理學中最重要的爭論，就是人道主義與功利主義的爭論。前者認為生育與否是夫婦自己的自由權利之一，因此不能受到干涉，但後者則強調生育的社會利益原則，要求從整個社會的利益出發，對生育進行有效的引導。

此外，由誰來確定人類生育行為的正當標準、人口規模、人口分布的合理標準等也是人口倫理學研究的重要問題。人口觀和生育觀中的道德問題、

社會和家庭關於人口問題和生育問題中的社會責任問題、人口數量和品質及構成中的道德問題、計畫生育中的道德問題等，都是人口倫理學所研究並期望解決的議題。

小知識

馬丁・海德格爾（西元1889年～西元1976年）：德國哲學家、政治理論學家、倫理學家。海德格爾認為存在決定一切，時間性是人的存在方式；他採用現象學方法，試圖對「善」這一概念進行闡釋。代表作《存在與時間》。

商業倫理學

信任推銷員的老人

「倫常的意願盡可能不必以倫理學做為它的原則通道——很明顯，沒有人透過倫理學而成為『善的』，但卻必須以倫常認知和明察做為它的原則通道。」——馬克斯‧舍勒

尤太太的母親今年已經七十高齡了，因為丈夫已經過世，女兒工作又忙，便一個人獨居，尤太太只固定在週末過去探望一下老母親。但因為工作太忙，又要照顧一對兒女和丈夫的生活，所以尤太太平日裡難得給母親打通電話，有時候一個月也難得過去一次。

有一天，很久沒去探望母親的尤太太騰出了一點時間，在週末去看望自己的母親。到了母親家中，她驚訝地發現家裡多了一大堆亂七八糟的東西。五花八門的補品，從補血到補氣的，從防治感冒到防治高血壓的，還有各式各樣的儀器，什麼按摩儀、心血管檢測儀之類。一問之下，尤太太才知道，母親在這些各式各樣的保健品上，已經花費了近十萬元。

尤太太非常驚訝，自己的母親並非那些沒有受教育的無知婦孺，退休前她是大學教授，知識豐富、頭腦清晰，就算現在做事、說話也是井井有條，並不是那些能夠輕易被人矇騙的人。再加上老人家一向比較簡樸，從不胡亂花錢，為什麼竟然在這些產品上大肆揮霍呢？

問了母親，尤太太才知道，這些產品都是同一個直銷員上門推銷給她的。尤太太直覺母親遇到了騙子，趕緊勸告母親，說那人顯然是為了從母親這裡賺錢，購買太多這些產品沒有必要。而且這些產品的真假且不論，但老

人家一人單獨在家，將年輕的陌生人進到家中來，實在危險，叫老母親以後別再讓這個推銷員進門了。

誰知老母親聽到女兒的話卻發火了：「我一人獨自在家，你們有時候半年也不來看我一次。現在有個人經常來看看我，陪我說說話，我為什麼要趕走他？」原來，這些推銷員非常懂得這些獨居老人的心理，老人獨自生活，異常孤單，兒女們又不在身邊，所以他們便常常過來陪伴老人，噓寒問暖，有時還幫老人買東西之類。

就算不來，也一定會每天打電話慰問，一講就是一個小時，陪著老人說說笑笑。老人愛回憶往事，但子女們多半不耐煩聽老人講古，而這些推銷員們卻能耐心傾聽老人的故事。所以對這些老人來說，他們已經成為比自己的兒女更親密更值得信任的人。像尤太太的老母親，其實很清楚這些保健品並無太大的實際用處，但她之所以一直持續的購買，就是為了有一個人能夠經常地來看望她、陪伴她。

這些推銷員所利用的，正是許多獨居老人對關愛的渴望，而這背後反映出的，卻是家庭中親情的缺失。這種打著情感牌的銷售方式究竟可不可取，正是商業倫理學要討論的問題。

做為應用倫理學的一個分支，商業倫理學在二十世紀下半葉才得到發展。一般認為，商業儘管有著追求利潤的本性，但此本性並非就是不道德的，它也沒有自己的特殊準則。相反，商業受到社會責任的約束，並且應按照社會一般倫理規則而行動。所以商業倫理學，也就是關於道德理論在商業運作中的應用學科，其目的就是為了企業家的行為提供一個道德立場。

商業倫理學主要討論三個層次的問題，即企業人、企業和企業共同體。對企業人而言，它處理個體雇員的道德責任和權利，諸如涉及到正直、誠實、工作條件、職業歧視等。對企業而言，則涉及到企業管理、生產安全、對消費者的責任、環境退化以及企業主、管理者和雇傭的關係。對企業共同體而言，它涉及到經濟制度的道德合理性問題。

商業倫理學不是簡單的倫理學，也不純粹是企業管理學，而是要將二者有機地融合在一起，培養企業的道德思維和道德推理能力的一門學科。

小知識

格奧爾格‧盧卡奇（西元1885年～西元1971年）：匈牙利著名的哲學家和文學批評家。他以《歷史和階級意識》開啟西方馬克思主義思潮，被譽為西方馬克思主義的創始人和奠基人。盧卡奇的《歷史和階級意識》和科爾施的《馬克思主義和哲學》，被稱為西方馬克思主義的「聖經」。

「挑戰者號」的失敗
工程倫理學

「要是我們死亡，大家要把它當作一件尋常的普通事情，我們從事的是一種冒險的事業。萬一發生意外，不要耽擱計畫的進展。征服太空是值得冒險的。」——格里索姆

1986年1月28日，美國甘迺迪太空中心卡納維爾角角，一千多名觀眾翹首以待，都在熱切期待著太空梭挑戰者號的升空。

「挑戰者號」是美國正式使用的第二架太空梭，從1983年四月開始執行首次飛行任務，之後已經陸續進行了九次的航行任務，全部順利完成。這次已經是「挑戰者號」的第十次航行任務了，所有人都信心滿滿，對這次的航行任務充滿期待。

整架太空梭上搭載了七名太空人，其中包括兩名女性太空人。而更特別的是，這次的太空梭上還搭載了一名教師麥考利夫。麥考利夫是兩年前太空總署特別從全美一萬多名教師中精心挑選出來，計畫在太空中為全國中小學生講授有關太空和飛行的科普課程的教師，經過兩年多的訓練，順利加入到「挑戰者號」的飛行任務當中。她也是美國第一個參與到航太飛行中的美國公民。在發射台外的數千名觀眾中，麥考利夫的十多名學生也受到邀請，在觀看的行列之中。能夠親眼見到自己日夜相處的老師登上太空，對孩子們來說是從來沒有過的新鮮體驗，令他們興奮不已。

當發射時間到來，親眼見到載著他們老師的太空梭升空時，聽到那巨大的轟鳴，看見噴射出的濃煙，孩子們激動的又跳又叫。按照既定程序，「挑

「挑戰者號」太空梭失事後的紀念宣傳畫。

戰者號」順利上升，發射五十秒之後，太空梭已經到達了八千公尺的高空，航速已經達到了每秒677公尺。但就在這時，地面有人發現太空梭右側固體助推器側部冒出一絲絲白煙，但這個情況卻沒能引起足夠的重視。72秒時，太空梭忽然閃耀出明亮的白光，燃料箱立刻爆炸，「挑戰者號」很快被炸得粉碎。

整個「挑戰者號」的碎片整整一個小時才全部散落，七名太空人全部遇難，這次事件很快震驚了全美國乃至全世界。事故發生後，美國迅速召集一個委員會，調查失事原因。委員會訪問了數百名相關人士，查閱了十萬頁文件，最後寫成了長達數萬頁的調查報告，報告認為，寒冷的天氣和液態火箭推進器上的缺陷是造成這次爆炸事故的直接因素。

太空梭發射時氣溫過低，雨水凍結後造成固定右副燃料艙的O形環硬化失效，導致點火時O形環無法及時膨脹，後來因為火焰的灼燒脫落，進而造成主燃料艙底部脫落。加上一股強氣流的來臨使火焰噴射在主燃料艙上，太空梭的機鼻也撞上了主燃料艙的頂部，最終導致爆炸。

而更令人惋惜的是，這次事故本來是可以避免的。在發射前十三個小時，就有一位工程師向上級反映，指出了「挑戰者號」在上次的發射中就差點因為O形環的失效發生事故，但發射中心卻因為急於完成這一次的航行，忽略了這位工程師的提醒。而在發射前三十分鐘，一架飛機也報告了這股強氣流的存在，也沒能得到相關部門的重視。

「挑戰者號」的失敗成為了美國人心中永遠的痛，而這次事件也使得人

們開始關注到倫理學中一個新的研究方向，那就是工程倫理學。

隨著時代的進步，人們已經越來越無法擺脫科技對我們的影響，科技為我們帶來了便捷豐富的生活，但同時也造成不少諸如環境破壞之類的負面影響，並最終危及到人類自身。而某些影響巨大的事故更是引起很多人對技術的強烈譴責和批評，比如上面的「挑戰者號」失事，因此不少的科學家開始對自己的工作進行了倫理學層面上的反思，工程倫理學也應運而生。

工程倫理學認為，「工程師的首要義務是把人類的安全、健康、福祉放在至高無上的地位」。它們要求加強工程師的職業責任，規範工程師的行為，反省自身工程中的倫理問題，將為增加人類福利為最終目的。其三個最基本原則是能力、責任和保證公眾的安全。

工程倫理學的研究方法主要有兩種：一是典型真實事件的案例研究方法，比如上面提到的「挑戰者號」；二是對於涉及到工程實踐活動的一些基本概念和原則的理論分析。當然，兩種研究方法可以互相結合，將實際案例和理論分析融合起來，更具說服力。

到了今天，工程倫理學中最熱門的問題大概包括以下幾個方面，一是電腦倫理問題，二是環境倫理問題，三是工程應用的國際問題。

小知識

王守仁（西元1472年～西元1529年）：明朝最著名的思想家、哲學家、文學家和軍事家，陸王心學之集大成者。他的哲學觀念可以歸納為「無善無惡心之體，有善有惡意之動。知善知惡是良知，為善去惡是格物」，以及「知行合一」、「心外無理」等主觀唯心主義哲學。

下篇

倫理學的
基礎理論和
分析方法

丁龍講座

道德

道德是一個人所在國家的風俗習慣：在吃人的國家裡，吃人是合乎道德的。——勃特勒

清朝末年，數十萬華人為了生計遠離故鄉來到美國淘金，希望有朝一日能夠衣錦還鄉。可惜他們並不能被美國社會所接納，只能夠從事最為低賤的工作，也無法獲得公民的權利。當時，大部分的華人都成為修建鐵路的苦工，也有一部分在當地的富人家中幫傭，在這些幫傭中就有一個叫丁龍的。

丁龍十八歲就來到美國，給一個叫賀拉斯·沃爾普·卡朋蒂埃的富豪做隨從。這位卡朋蒂埃是當地一個著名的人物，以富有、暴躁的性格和狡詐聞名。卡朋蒂埃出生於一個普通的皮匠家庭，1850年畢業於哥倫比亞大學法學院，因為成績出色，他很快就成為了一名優秀的律師。1849年加州發現金礦，興起了淘金熱，卡朋蒂埃敏銳地發現了其中的商機，立刻前往加州發展。之後，卡朋蒂埃創辦了加州銀行並自任總裁，不久他又在當地建立起了一座全新的城市，並取名奧克蘭。為了成為奧克蘭的市長，卡朋蒂埃可謂不擇手段，在他參加競選奧克蘭市長的競爭中，他所獲得的選票竟然比整個奧克蘭市的人口還要多，可見其人的狡詐。

依靠財富和陰謀，卡朋蒂埃順理成章地成為奧克蘭的市長。在他擔任市長的期間，他用盡一切方法斂財，規定所有經過奧克蘭水域的人都要支付相對的費用，並將當地的許多土地圈起來歸自己所有，又轉手將其賣給中太平洋鐵路公司，進而換得了該公司的大量股票。此外，他還兼任著歐弗蘭電報

公司和加州電報公司的總裁，也是另外幾個鐵路公司的董事會成員，就這樣，卡朋蒂埃聚斂了大量的財富，成為加州最知名的富豪之一。

十九世紀七〇年代，卡朋蒂埃的隨從中多了一個默默無聞的中國人，他就是丁龍。丁龍是個溫和本分的中國人，待人謙遜友善，從不與人交惡，對他人非常友好，做起事來也勤勤奮奮。卡朋蒂埃脾氣暴躁，只要稍不合意就破口大罵，有時甚至會動手打人，經常會有僕人因為忍受不了他的臭脾氣而離開，但丁龍卻足足跟了他幾十年，可見其性格的安靜沉穩。後來，因為丁龍做事負責，加上性格和善，卡朋蒂埃將他提升為自己的管家，為自己管理家中事務。

而真正讓卡朋蒂埃開始瞭解丁龍的卻始於一場火災。有一次，卡朋蒂埃喝醉酒後克制不住自己的壞脾氣，將自己所有的僕人都打跑了，身為管家的丁龍也被他當場解雇，趕了出去。事情發生後沒幾天，卡朋蒂埃的寓所卻意外發生了火災，大火燒掉了卡朋蒂埃的房子，此時的卡朋蒂埃獨自一人，身邊沒有一個能幫得上忙的人，也讓他十分狼狽。就在這時，丁龍卻忽然出現了，並向卡朋蒂埃表示他可以回到卡朋蒂埃身邊幫助他。卡朋蒂埃非常驚訝，同時又有些後悔當初對丁龍的粗暴，便問丁龍為何還要回來幫助他。丁龍告訴他，自己的父親教過自己聖人孔夫子的話，孔子說過一定要講道義，雖然卡朋蒂埃性格暴躁，但畢竟他們主僕一場，既然跟隨過一個人，就應該盡到責任，卡朋蒂埃現在出了事，他當然應該過來幫忙。

聽到這裡，卡朋蒂埃非常驚訝，他發現自己以前低估了這個沉默寡言的中國人，於是他問丁龍是否讀過書。丁龍告訴他自己並不識字，而且自己的祖輩也都是文盲，這些話都是一代一代傳下來的。卡朋蒂埃更加驚奇，為什麼這些完全沒有讀過書的人能夠一代代傳承下如此深刻的道德呢？他開始對丁龍另眼相看。卡朋蒂埃誠懇地向丁龍道歉，並表示自己一定會克制自己的脾氣。從此之後，丁龍就一直留在了卡朋蒂埃身邊，而他的身分，也從曾經的中國幫傭變成了夥伴。

後來，為了報答丁龍的忠誠和陪伴，卡朋蒂埃決定滿足丁龍一個願望，出乎他意料的是，丁龍的願望並非任何物質上的回報，而是希望在哥倫比亞大學設立一個漢學講座，讓更多的人瞭解中國文化。

丁龍的行為再一次震驚了卡朋蒂埃，為了滿足他的心願，卡朋蒂埃向哥倫比亞大學捐贈了十萬美元，希望「籌建一座中國語言、文學、宗教和法律的科系，並願以『丁龍漢學講座教授』為之命名」。而丁龍也將自己畢生的大部分積蓄，一萬兩千美元同時捐給了哥倫比亞大學，希望能建立起他渴望的漢學系。

當時的校長對於以一個中國僕傭的名字來命名這個教席還十分的猶豫，於是卡朋蒂埃寫信給校長，力讚丁龍高貴的品德，他在信中寫道：「雖然他是個異教徒，但卻是一個正直、溫和、謹慎、勇敢和友善的人。」「丁龍的身分沒有任何問題。他不是一個神話，而是真人真事。而且我可以這樣說，在我有幸遇到的出身寒微但卻生性高貴的紳士中，如果真有那種天性善良、從不傷害別人的人，他就是一個。」同時他還強調，人們有責任去瞭解中國，「我不是中國人，也不是中國人的子孫；也不是殘酷和落後的中國的辯護者。其統治者的罪惡使得它在行進途中蹣跚踉蹌、步履艱難。但是對我們而言，是應該去更多瞭解住在東亞及其周邊島嶼上大約七億人們的時候。在我們模糊的概念中，他們似乎只是抽食鴉片、留著豬尾巴一樣的辮子的野蠻

晚清時期留著辮子的中國人。

的族群或崇拜魔鬼的未開化的人……」終於，哥倫比亞大學建立起了東亞學系，而這也是美國最早開始研究東亞文化的學系之一。

今天的丁龍講座，已經成為美國最著名的東亞文學研究基地，而丁龍這個名字，也將隨之永遠被人們所銘記。儘管我們甚至無法確定他是否就叫丁龍這個名字，但確定無

疑的是，他擁有的是不會被磨滅的高貴靈魂。

道德是倫理學上最基本也最重要的概念之一。道德指的是一種社會意識形態，是人們共同生活及其行為的準則和規範，它代表著社會正面價值取向，能夠判斷人的行為正當與否。它是以善惡評價為標準，依靠社會輿論、傳統習俗和人的內心信念的力量來調整人們之間相互關係的行為規範的總和。

道德貫穿於社會生活的各個方面，它透過確立一定的善惡標準和行為準則，來約束人們的相互關係和個人行為，調節社會關係，並與法一起對社會生活的正常秩序起保障作用。

道德是一種巨大的意志力量，是人以評價來把握現實的一種方式，能夠引導人們認識自己，實現對自我、他人和社會的責任和義務，認識社會生活的規律和原則，進而正確選擇自己的行為，最終達到至善。道德能夠調節人與人之間的關係，糾正人們的行為，使個人與個人、個人與社會的關係和諧。

小知識

約翰·朗肖·奧斯丁（西元1911年～西元1960年）：英國哲學家，牛津日常語言學派的代表人物之一。他深受摩爾和維特根斯坦哲學的影響，在研究哲學時從對日常語言的仔細分析入手。在語言哲學方面，反對把意義看做一種實體，認為命題的真實性在於它與有關事實相符。奧斯丁影響最大的理論是言語行為理論。代表作《哲學論文集》、《感覺和可感覺物》。

復活

良心

> 「對於道德實踐來說，最好的觀眾就是人們自己的良心。」——西塞羅

聶赫留朵夫是個年輕的公爵，過著精緻而講究的生活，周旋於擁有同樣地位的貴族之中的他整日無所事事，沒有目標，對於生活也早已失去了曾經的熱情。某一天，身為莫斯科地方法院陪審員的他參加一次審判，在受審的罪犯中，他卻意外發現一張熟悉的面孔，十年前他曾經深愛過的少女瑪絲洛娃。

十年之前的聶赫留朵夫還是個充滿熱情、懷抱著崇高理想的年輕人，他是斯賓塞的忠實信徒，反對土地私有，要求把土地都分給農民，並身體力行，放棄了父親留給自己的產業。當年，年輕的聶赫留朵夫到自己姑母的莊園去度假，認識姑母的養女兼侍女瑪絲洛娃。善良熱情的聶赫留朵夫和純潔的瑪絲洛娃很快便熟悉起來，兩人一起玩樂、談天說地，感情真摯而單純。不久，聶赫留朵夫的暑期結束，離開了莊園，也告別了瑪絲洛娃。

三年之後，成為軍官的聶赫留朵夫再次路過姑母的莊園。此時的他早已不是當初那個善良單純的年輕人，當理想屢屢被他人打擊和嘲笑，聶赫留朵夫選擇了隨波逐流，他開始像其他的貴族一樣揮霍金錢，在酗酒、賭博、女人中消耗著自己的生命，成為一個徹底的利己主義者。與瑪絲洛娃的再次相遇讓他回憶起當年那份純淨且珍貴的感情，但很快，自私的情慾卻在他的內心深處佔了上風，在臨走前，他卑劣地佔有了瑪絲洛娃的身體，並在留下

一百盧布之後，心安理得的拋棄了她。

聶赫留朵夫走後，瑪絲洛娃發現自己懷孕了。她不知道如何面對這令人羞愧的情況，變得暴躁煩悶，並離開了莊園。她獨自產下嬰兒，但孩子剛出生沒多久便死去。之後瑪絲洛娃開始到別人家中幫傭，卻總是逃不過那些別有用心的男人對她的騷擾，後來她做了別人的情婦，卻又因為愛上一個店員而離開。但隨即她又被店員拋棄，最終淪落為一名妓女。七年之後，因為客人的意外死亡，她被控毒殺了這位商人，進而在法庭上與聶赫留朵夫意外相遇。

看到瑪絲洛娃那曾經令他心動的烏黑眼眸，面對著她被判有罪後的哭泣，聶赫留朵夫的心靈開始慢慢復甦，他回憶起曾經那麼正直無邪的自己，並開始審視今天的自我。他清醒地認識到，自己處在一個糜爛而荒淫的世界，於是他決定拯救瑪絲洛娃，也拯救他自己。

聶赫留朵夫搬出了自己的大宅，將土地分散，在彼得堡為瑪絲洛娃奔走。他去探望瑪絲洛娃，表示要提供幫助，甚至還要與她結婚，為自己贖罪。瑪絲洛娃無法原諒聶赫留朵夫曾經對她犯下的罪惡，指責他是想利用自己贖罪，於是聶赫留朵夫努力改變她的處境，並轉而幫助瑪絲洛娃的男友。瑪絲洛娃看到聶赫留朵夫的誠懇，也振作起來，戒菸戒酒，努力學好。

然而，儘管聶赫留朵夫用盡全力為瑪絲洛娃奔走，卻無法改變瑪絲洛娃被判刑的命運，瑪絲洛娃還是被流放西伯利亞。聶赫留朵夫決定跟隨瑪絲洛娃前往西伯利亞，在途中，瑪絲洛娃被政治犯高貴的情操所感染，終於原諒了聶赫留朵夫，而為了聶赫留朵夫的幸福，她更決定不接受聶赫留朵夫要與自己結婚的要求，嫁給了體貼照顧自己的西蒙松。

就這樣，聶赫留朵夫找回曾經善良正直的自己，瑪絲洛娃也獲得自身靈魂的救贖。復活的，是兩個人的精神和道德。

包爾生說：「履行善就意味著履行義務，而我們的義務看來並不符合自

然的意志，因此在義務和愛好之間就有一種衝突。在行動之前，義務的情感反對愛好；它做為阻止物而活動；在行動之後，如果愛好在行動中勝過了義務的情感，義務就做出譴責。對於我們本性中這種反對愛好和在責任和義務的情感中表現自己的東西，我們稱之為良心。」

所謂良心，就是被社會現實所普遍認可並被自己所認同的行為規範和價值標準，它是人們對自己行為的是非善惡的判斷，以及應當承擔的道德責任的一種穩定的自覺意識。

良心是道德情感的基本形式，是人心中的最內在法則，也是個人自律的表現。良心給了人以內在的權威和標準來裁決自身的對錯，進而阻止人去有意為惡，鼓勵人積極為善，並且促使人對自己過去的所作所為進一步深刻反省，進而強化自己的責任意識或悔過要求。道德生活最終的出發點就是良心，它是道德秩序的保證。

良心的自我發現有兩個結果：要嘛從自己既有的作為中獲得精神的安慰，要嘛對自己過去的作為後悔內疚。

小知識

王艮（西元1483年～西元1541年）：明朝哲學家，泰州學派的創立者。他提出「百姓日用即道」的命題，認為「道」不是神秘的東西，「道」應解決老百姓的穿衣、吃飯問題，有衣穿、有飯吃才是真理。此外，他不信「生而知之」的唯心主義天才論，而強調後天學習的重要性。

臉上的烙印

名譽

「榮譽這東西，不會給一個偷竊它但配不上它的人帶來愉快，它只有在一個配得上它的人的心裡才會引起不斷的顫動。」——果戈里

　　有兩個人因為一時的貪慾去偷羊，結果被人抓到，送到法庭。法庭依照法令在他們的臉上刺上ST兩個字母，並準備將兩人流放。他們的家人想法籌錢將他們贖回，但刺在額頭上的兩個字母卻永遠也無法去掉。

　　ST實際上就是「sheepthief」（偷羊賊）的縮寫，有這兩個字母刻在額頭上，無疑是在時時刻刻提醒人們這兩個人曾經犯下的錯誤，告訴人們這是兩個偷竊者。這樣的刑罰對當時的人來說是最有效的懲罰，因為沒有人願意被人時刻以對待小偷的眼光看待，也就不敢試圖偷竊。但對這兩個人來說，他們要面對的是今後的生活中無數的鄙夷和羞辱，永遠都無法抬起頭來做人。

　　兩個人其中之一對自己額頭上罪犯的標誌非常羞愧，每天當他從鏡子中看到自己的額頭上的烙印，就變得畏縮起來，如果出門，他會覺得所有人的眼睛都盯著他，所有的目光都集中在他那恥辱的標誌上，讓他抬不起頭來。漸漸地他再也不敢出門了，整天窩在家中不敢見人，但就算是待在家中，他還是覺得家人同樣用鄙夷的眼神看著自己，最後終於忍受不了這種心理上的煎熬，離家出走了。

　　離開家鄉的他希望能夠找到一個沒人認識自己的地方重新開始生活，但無論他走到哪裡，人家都會首先看到他額頭上的烙印，還會有些陌生人好奇地追問他那兩個字母是什麼意思。他不敢回答人家的問題，也就不敢與他人

交往，每天都生活在過去的陰影中，痛苦不堪。無法面對現實的他只能不斷流浪，希望能夠尋找到無人的地方，讓他重新來過，終於，這個可憐人鬱鬱而終，寂寞地死在無人的荒野，再也不必擔心別人的目光。

另外一個偷羊人同樣承受著無數異樣的目光，還有一些人會毫不留情地譏諷他、取笑他，但他並沒有像另一個人那樣逃離故鄉，卻堅持留了下來。他告訴自己，雖然自己有過不光彩的過去，但他不能逃避，他要依靠自己的努力贏回被自己親手葬送的名譽，重新獲得眾人的尊重。

從此之後，他開始更加努力地工作，依靠自己的雙手獲取收成，此外，他還毫無保留的幫助自己身邊的人，只要人家有困難，他都會義不容辭的主動幫忙。漸漸地，他成為了當地有名的大善人，人們有什麼需要幫助都會第一時間想到他，當地人提起他都會異口同聲地誇讚他。此時，雖然他額頭上的烙印依舊清晰，但已經沒有人注意到它是個罪犯的標誌，也不再有人提起。

時間一天天的過去，他也從一個年輕人變成了一位白髮蒼蒼的老人，也成為了當地最為德高望重的人。有一天，一個陌生人來到此地，看到這位老人額頭上的兩個字母，非常好奇，便問當地人那是什麼意思，當地的人告訴他：「那是很多年前的事了，我也不記得到底是怎麼回事，但是我們都相信，那肯定是『聖徒』（saint）的縮寫。」

名譽就是一種受到尊重的狀態，它是一定的社會或集團對一個人履行社會義務的道德行為的肯定和獎勵，它歸因於某人的社會地位，或是某一種成就。

榮譽的道德價值和是否應在道德上追求它，一直是一個引起爭論的問題。對亞里斯多德來說，人格偉岸的人應當追求它，否則他就會表現出一種軟弱或不足。但在基督教倫理學中，謙卑是主要的德行，而榮譽則應被歸之於上帝。到了霍布斯這裡，他相信對於榮譽的追求是一種人的基本慾求，在道德上是中性的，給予某人榮譽等於是尊敬那個人。我們有職責使他人有榮譽，使自己有榮譽。

小知識

雷蒙・阿隆（西元1905年～西元1983年）：
法國哲學家、社會學家和政治評論家。他研
究政治體制的不同之處在於，他試圖去理解
不同政治體制的內在邏輯。認為政治體制決
定著共同體的類型。代表作有《歷史哲學引
論》、《大分裂》、《連鎖戰爭》等。

舉賢不避親
公正與公平

不能制約自己的人，不能稱之為自由的人。——畢達哥拉斯

　　春秋時期，晉國有一位名叫祁奚的中軍尉，因為年事已高，便向晉悼公請辭，打算回家頤養天年。晉悼公同意了他的請辭，臨行前問祁奚，如果他退下來的話，那麼他認為誰能夠接替中軍尉的職位呢？祁奚回答說：「解狐能勝任這個職位。」晉悼公非常驚訝，他知道祁奚和解狐一向不合，怎麼推薦起自己的對手來了呢？於是他問：「解狐不是你的仇人嗎？」祁奚平靜地回答：「王只是問我誰能勝任這個職位，又沒有問誰是我的仇人。我相信解狐是最適合這個職位的人。」晉悼公見祁奚能夠不計前嫌推薦解狐，對他肅然起敬，也十分信任他，便任命解狐繼任中軍尉的職位。

　　誰知解狐沒多久就因病而卒，於是晉悼公又找到祁奚，問他誰能夠繼任解狐的職位，擔任中軍尉。祁奚說：「我認為祁午能夠勝任這個職位。」晉悼公大感意外，問道：「祁午不是你的兒子嗎？」祁奚淡然地回答道：「您只是問我誰能勝任這個職位，並沒有問我誰是我的兒子啊！」

　　外舉不避仇，內舉不避親，祁奚以他公正不阿的態度贏得了晉悼公乃至所有人的尊重，也讓這個並沒有什麼實際政績的人成為了歷史上公正的代表。

　　在歷史上，舉賢不避親的人物還有一個，那就是魏晉時期的謝安。當時，前秦苻堅已基本統一北方，對偏安江東的東晉虎視眈眈，兩者實力相差懸殊，東晉岌岌可危。東晉之前的大司馬桓溫久經沙場、善於用兵，而繼任

的謝安是個文官，雖然將國家治理的井井有條，但他不懂軍事，無法帶兵。

關鍵時刻，謝安推舉自己的侄子謝玄出任大將，帶兵禦敵，當時所有的人都無法理解他推舉自己的親人任職的行為，認定他假公濟私。但事實證明，謝安的選擇沒有錯，謝玄任職之後，很快建立起制度嚴明的北府軍，並在淝水之戰中一舉打敗號稱百萬大軍的前秦，進而保證了東晉的安全。此戰之後人們才明白，謝安推舉自己的侄子，完全是出於推舉賢明的要求，並沒有任何自私的想法。

從此之後，謝安賢明公正的名聲也就傳揚在外，為後人所敬仰。

公正，就是在一種平等的基礎上對待自己和他人的德行，是道德的基本特徵。

正義最基本和最重要的概念就是公平。公平的概念也為義務提供了一個獨立的來

清朝畫家蘇六朋的《東山報捷圖》就是對這場重大戰爭的一個側面描述。

源，如果某人參與和受益於一個為規則所支配的、合作的和公正的社會，他就有職責遵從這些規則，這就是公平原則。

亞里斯多德最早區分了正義的一般和特殊概念，認為前者是對規則的服從，後者是對榮譽與金錢的公平分配。而現在倫理學中對公平的討論則是直接針對功利主義的，因為功利主義強調一種既定的後果狀態中的效果總量，但忽視了這種效果在個人之間的分配是否公平的問題。

小知識

　　恩斯特・馬赫（西元1838年～西元1916年）：奧地利物理學家、哲學家，經驗批判主義的創始人之一。他是唯心主義的邏輯實證論者。他否認氣體動力論和原子、分子的真實性。

汽水的味道

幸福

理想的人物不僅要在物質需要的滿足上，還要在精神旨趣的滿足上
得到表現。——黑格爾

　　帕里斯是個事業有成的銀行家，這天是他六十五歲的生日，親友們都趕
來為他慶賀生日，就連報刊雜誌的記者也都前來採訪。

　　在金碧輝煌的大廳裡，美酒佳餚、觥籌交錯，被眾多的朋友圍繞著，滿
耳聽到的都是祝福的話語，帕里斯開心不已。這時，一名記者見帕里斯心情
不錯，趁機奉承道：「帕里斯先生，你覺得一生之中最幸福的時刻是什麼
時候呢？是不是就是現在這一刻？」帕里斯放下手中的酒杯，認真地說：
「不，現在並不是我最開心的時候，這樣的幸福對我來說很平常，我想我最
幸福的時刻應該是我十三歲那年的耶誕節，我相信我一輩子也不會忘記那一
天的。」

　　眾人都愣住了，「或許你們願意聽聽我這個故事。」帕里斯接著說：
「在我小的時候，家裡十分貧窮，我們常常連飯都吃不飽，更不用說可以買
那些昂貴的零食。那時候剛剛有汽水這種東西，那些有錢人家的孩子會站在
大街上喝汽水，然後長長地舒了口氣。每次看到他們喝完汽水後吐氣時那種
志得意滿的樣子，我就羨慕的要死，想著如果有一天我也能喝上那種神奇的
飲料，站在大街上對著人群長長地吐氣，那該是多麼幸福的一件事啊！」

　　「所以當母親問我，想要什麼聖誕禮物的時候，我毫不猶豫的說，想要
一瓶神奇的汽水。雖然家裡沒有多餘的錢給我買汽水，可是母親還是答應

我，等到耶誕節的時候，就給我買一瓶我渴望已久的汽水。」

「於是我天天期待著耶誕節的到來，而母親為了給我買汽水，也開始更忙碌的工作。終於，耶誕節到了，就如我盼望已久的那樣，當天的飯桌上，擺著一瓶我渴望了很久的汽水。」

「母親微笑著為我打開汽水，把瓶子遞給我。我興奮而小心地喝了一口，慢慢體會著汽水的味道——原來汽水是酸酸甜甜的。然後我等著，希望能夠像那些孩子們一樣，長長地吐出一口氣來。」

「可是等了好久，始終吐不出氣來。我很沮喪，母親趕緊說：『一定是你喝太少了，你再多喝一點試試。』可是一瓶汽水並不多，要是我喝完了，母親豈不是連嚐嚐的機會都沒了？我讓母親也嚐一口，可是她說：『我早就喝過了，真的，這瓶是特地買給你的。』雖然我不相信母親已經喝過汽水了，但她卻始終不肯嚐一下。」

「於是我再喝了一大口，可是還是無法長長地吐氣，就這樣，直到我把整瓶汽水都喝完了，我也沒能享受到那幸福的氣。母親忽然慌了，她自言自語道：『怎麼會這樣呢？經理明明說那東西就是這種味道啊！』我看著瓶子，確實是那種能夠讓人吐氣的汽水瓶。就在這時，母親忽然抱住了我，哭著說：『對不起孩子，是媽媽欺騙了你，這裡面的汽水其實是媽媽自己調的。』」

「原來，母親原本是打算耶誕節發薪之後就給我買汽水的，可是耶誕節到來的時候，母親公司的老闆卻告訴她公司虧本，要倒閉了，他根本沒有錢再給母親發薪水。母親正為無法實現對我的諾言而傷感，卻發現老闆的桌上有個空的汽水瓶，於是她問老闆，汽水是什麼味道的。老闆很奇怪，但還是告訴她，就是一種酸酸甜甜的味道，就好像醋和糖混合起來的味道一樣。於是母親向老闆要來了那個空汽水瓶，她回到家，將醋和糖加到水裡，果然是一種酸酸甜甜的味道，於是她想，也許汽水就是這麼做的，這便是我喝到的汽水了。」

「聽完母親的話，我開始使勁的伸長脖子，拼命嚥氣，終於吐出了一口長長的氣，我故作驚喜地告訴母親，原來真的可以吐出氣來，這酸酸甜甜的糖醋水就是汽水！」

「母親帶著淚痕問我，這是真的嗎？我堅決的說：『是的，這是真的，只要妳想，妳就能吐出氣來。』聽到這裡，母親把我緊緊摟進懷裡。」

「所以，我現在最喜歡喝的飲料，就是自己調配的糖醋水。」

帕里斯的故事講完了，宴會廳裡的人們沉浸在這故事中久久無聲。帕里斯端起酒杯對那名記者說道：「年輕人，生命的幸福不在於地位和財富，而是你所能享受到的親情和關懷，所以有時候就算是一瓶普普通通的糖醋水，也能擁有人世間最幸福的味道。」

幸福從有哲學這一門學科開始，就是其中的重要範疇之一。

倫理學中的幸福概念最早可以追溯到亞里斯多德的德行幸福論。亞里斯多德認為，幸福就是最高的善，是一種合乎德行的現實活動，最高的幸福在於充分展現人的本質的理性的沉思的生活。

可以說，幸福是人生重大的快樂；是人生重大需要和慾望得到滿足的心理體驗；是人生重大目的得到實現的心理體驗；是達到生存和發展的某種完滿的心理體驗。也可以說，幸福是一種終極價值。它和其他的東西不一樣，不是一種手段，而是在所有具體的條件達到後呈現出整體性的價值狀態。儘管幸福與財富、智力、地位等各種條件相關，但它絕不等同於這些外在的條件。

小知識

謝林（西元1775年～西元1854年）：德國古
典哲學的主要代表，客觀唯心主義哲學家。
起初他把康德與費希特的主觀唯心主義轉變
為客觀唯心主義，把他們的主觀辨證法推廣
到外部世界，為黑格爾哲學體系的建立創造
條件。但晚期則從包含合理內核的客觀唯心
論走向天主教神學。

伍子胥的復仇

仁慈

認識錯誤是拯救自己的第一步。——伊壁鳩魯

伍子胥是春秋末年楚國人,先祖歷代都在楚國做官。當時,楚平王的太子叫建,楚平王任命伍子胥的父親伍奢做太子建的太傅,費無忌做少傅。費無忌是個見縫插針的小人,他受命到秦國為太子建娶親,可是發現對方長相美麗,便趕緊回來報告楚平王說:「秦女貌美,王應該自己娶了她,再另外為太子選擇妻子。」楚平王聽了他的話,便自己娶了這個女人,還生下了一個名叫軫的兒子,而另外選了一個女子給太子為妻。

費無忌知道自己向楚平王獻媚的行為肯定得罪了太子,害怕太子繼位後對自己不利,於是便向楚平王進讒言,不停地詆毀太子建,使得楚平王疏遠了太子建,將他派駐邊城。之後費無忌還不放心,繼續在楚平王面前散播謠言,說太子建因為秦女的緣故,對大王怨恨已久,他獨自在外統率軍隊,和其他諸侯勾結,想要作亂。楚平王便把太傅伍奢召回來問話,伍奢知道是費無忌搗鬼,便極力向楚平王澄清,但楚平王不相信他,反而聽信了費無忌的挑撥離間,將伍奢囚禁起來,並命令城父司馬奮揚去誅殺太子建。太子建得到消息,逃到宋國去。

得知太子逃走,費無忌又對楚平王說:「伍奢的兩個兒子都很賢能,如果不殺掉他們,必然成為楚國的禍害,不妨用伍奢做為人質將他們誘騙來。」於是楚平王命令伍奢將自己的兩個兒子叫來,伍奢說自己的長子伍尚寬厚仁慈,叫他他一定會來,但二子伍子胥桀驁不馴,他必定知道來了必

死無疑，是不會來的。楚平王還是派人召二人前來，伍子胥認為這是楚平王的陷阱，不願前去送死，兄長伍尚卻明知是送死，還是決定前去陪伴父親赴死，讓伍子胥獨自逃生。

伍子胥追隨太子建逃到宋國，後因宋國華氏作亂，只好又逃到鄭國。後來，太子打算和晉國合作滅掉鄭國，卻被鄭國知曉，反而被殺。伍子胥只好帶著太子之子勝逃到了吳國。伍子胥在吳國養精蓄銳，等到公子光刺殺了吳王僚，自立為王，他便再次出山，做了新吳王闔閭的親信，為他處理國事。

在吳國執掌兵權之後，伍子胥立刻開始自己對楚國的復仇。他聯合唐國、蔡國帶兵進攻楚國，一直打到了郢都，逼得楚昭王倉皇出逃。因為沒有抓住楚昭王，伍子胥心中的怨恨無法宣洩，竟然將楚平王的墳墓挖開，拖出他的屍體，鞭打了三百餘次才罷手。聽到這個消息，伍子胥當年的好友，楚國大臣申包胥派人轉告伍子胥說：「你的報仇已經太過了。我聽說『人眾者勝天，天定亦能破人』，你的行為太過偏激，違背天道，已經不能為天所容了。」但伍子胥並沒有接受申包胥的勸告，堅持一意孤行。

多年之後，吳越相爭，越國敗北，向吳國俯首稱臣，越王勾踐臥薪嘗膽，伺機報仇。為了除掉吳國的大將伍子胥，勾踐便拼命討好吳國太宰嚭，在吳王面前大肆抹黑伍子胥，終於令吳王逼迫伍子胥自刎。

很多人肯定伍子胥的忍辱負重的報仇行為，但他掘墳鞭屍太過狠毒，有違人性道德之基，完全喪失了仁慈之心。不知是否因此倒行逆施的行為，最終也讓自己落下個不得善終的下場呢？

仁慈，就是具有高度理智性和超越性的愛心和寬恕的倫理精神和道德原則，就是對他人的感情、對他人的善的一種慾望，或一種如此行動進而促進他人幸福的一種性情。無論是東方倫理中的儒家三德──「智、仁、勇」，還是西方倫理中的基督教的神學三德──「信、望、愛」，都把仁慈列為核心倫理範疇之一。

　　仁慈是一種利他主義的感情，它往往與「愛」、「同情」、「仁愛」或者「利他主義」相聯繫，它推動我們為了他人本身的緣故而為他人的利益去行動。某些道德哲學比如基督教倫理學，休謨的倫理學，尤其是功利主義倫理學，都把仁慈看作對於倫理學具有基本的意義的存在。

　　不過，在功利主義的論調下，人們一般把對自己利益的追求放在首位。如何解釋在人性中普遍存在的仁慈和這種利他主義的基礎，還存在著不小的爭議。

小知識

　　亞歷山大・哥特利市・鮑姆嘉通（西元1714年～西元1762年）：德國啟蒙運動時期的哲學家、美學家。他提出應當有一門新學科來專門研究感性認知，感性認知可以成為科學研究的對象，它和理性認識一樣，也能夠通向真理，提供知識。

跑不掉的螃蟹

慾望

> 人是萬物的尺度，是存在者如何存在的尺度，也是非存在者的尺
> 度。──普羅泰戈拉

如果仔細觀察漁民捉螃蟹時的行為，會發現一個很有趣的現象：如果漁民捉到第一隻螃蟹，他們會將蓋子蓋緊，防止螃蟹爬出跑掉，但如果漁民抓到了第二隻螃蟹，他就不會再蓋上蓋子了。這是為什麼呢？

一般來說，放螃蟹的是一個帶有小蓋子的竹簍，腹大口小。當有兩隻螃蟹同時被放入竹簍時，每一隻都會爭先恐後往籠口爬去，但竹簍的口很小，最多只有一隻螃蟹能夠通過。如果有一隻螃蟹爬到竹簍口，那其他的螃蟹就會用鉗子抓住它，阻止牠出籠，直到將這隻螃蟹拖到籠底為止。而這時其他的螃蟹就會立刻拼命向上爬去，希望能首先爬出竹簍，但每一隻爬到竹簍口的螃蟹都會遭到同樣的命運，被其他的螃蟹拖回竹簍。就這樣，沒有一隻螃蟹能夠逃離這個牢籠，而漁民也根本不需要蓋上竹簍的蓋子。

螃蟹的行為顯然是出自逃生的慾望，但令人嘆息的是，恰恰是自身慾望推動下的行為抹煞了自己生的可能。

在倫理學的概念中，慾望指的是各種需要和興趣，尤其是與身體的愉快或某種性情需要相關的慾望，導致人們用行動以滿足它們。

亞里斯多德就曾經根據柏拉圖的靈魂三分說，將慾望劃分為三種不同的形式：

一、boulesis：一種被理解為對善的目標的希望或理性慾望。

二、thumos：對於那看來好像是善的目標的一種情感的或非理性的慾望。

三、epithumia：對於被認為是愉快的目標的情慾的或非理性的慾望。

　　而在現代倫理學中，慾望被劃分為內在慾求和外在的慾求。內在慾望是指對某事的慾望是因它本身的緣故，即做為目的存在；外在慾望是指對某事的慾求是做為以後目的的手段。

　　慾望一般被歸為靈魂的情慾部分，但柏拉圖相信，即使理性本身也有對善的慾望，而休謨則認為，慾望既不真也是假，既不是理性也不是非理性。

小知識

蜜雪兒‧福柯（西元1926年10月15日～西元1984年6月25日）：法國哲學家。他主要研究權力、權力與知識的關係、這個關係在不同的歷史環境中的表現。他將歷史分化為一系列「認識」，並將這個認識定義為一個文化內一定形式的權力分布。

無法長大的孩子
尊嚴

人生最終的價值在於覺悟和思考的能力，而不只是在於生存。——亞里斯多德

在英國，有一個叫阿什利的女孩，剛出生沒多久，醫生就發現她患上大腦疾病。因為疾病，阿什利無法說話，甚至連吞嚥食物也很困難。這是個絕症，無法治療，因此只能依靠藥物和醫療器材維持阿什利的生命。

就這樣，阿什利艱難地活到了六歲。但從此時開始，她的青春期徵兆開始慢慢出現，生理特徵也開始發育，她進入了成長期，而長大的阿什利就意味著會有更多的麻煩產生。青春期的一系列發育特徵也將會影響到她的病情，很可能使病情惡化；而且體重的增加讓她的父母很難將她移動，那也就意味著她只能待在房間裡的床上，無法動彈。於是，阿什利的父母做出一個決定，要求醫生將自己女兒的子宮摘除，並給她服用大量的雌性激素，以抑制她的身體發育。

也就是說，阿什利被醫生動用技術手法，讓她的身體永遠停留在六歲時的狀態。三年過去了，她一直都沒能長大，她沒有同年齡女孩子已經發育出來的乳房，身高再也不會超過130公分，體重也只有可憐的34公斤，看起來永遠都是一個長不大的怪孩子。

阿什利的遭遇很快被媒體傳了出去，人們在同情這個孩子不幸遭遇的同時，開始譴責起她父母的行為來。阿什利的父母解釋說，他們選擇這樣的行為是因為如果女兒能夠保持較小的身形，那麼他們能夠更好地照顧她，並且

保持這樣的體重讓他們可以帶她出去參加一些簡單的聚會，使她接觸其他人群，而不用整天待在家裡。

然而，這樣的解釋並不能讓大家滿意。限制一個女孩子的生長發育並強行抑制她的生理特徵對很多人來說都是一件殘酷的事，不應該如此草率地被決定。再加上阿什利被做出這個決定的時候才只有六歲，也就是說這個決定並不是依照她的意願執行的，而是她父母強加給她的。對已經無法長大的阿什利來說，她也許永遠都不能知道自己該如何選擇，因為她已經失去了選擇長大的權利。當她的頭腦依然發育成熟的時候，面對著自己永如幼童般的身材，她會不會覺得這是一件殘酷的事呢？也許阿什利換得了生命的繼續，但她是否會覺得自己的尊嚴受到了損害呢？

尊嚴，人類的一個顯著屬性，一個與種族、性別、才能、財富、社會地位等不相關的可尊重對象，純粹根植於理性與自主性，並為人權和自重提供理智根據。

人類尊嚴的概念最早在文藝復興時期被加以強調，康德更是對其進行充分的闡述。如果一個行為者在道德上是真誠的，他就有著人格上的尊嚴，由於人類有尊嚴，他們必須自身被當作目的來對待，而不是做為其他目的的一個工具。

傳統倫理學認為，人類的尊嚴是道德價值的基礎，因此人類被視為道德考慮的唯一客體，但這一觀念在當代倫理學中遭到挑戰。功利主義者相信人類尊嚴不是至上的，它可以被侵犯，只要對它的侵犯可導致最好的後果。行為主義者和佛洛德則認為，大多數人類行為是出於慾望和性情，而不是受到理性的導引，所以人類尊貴的說法是不真實的。動物倫理學也認為，人類尊嚴這一觀念是物種主義的產物。

小知識

海巴夏（約西元370年～西元415年）：
世界上第一位傑出的女數學家、天文學
家和哲學家。她的哲學繼承了柏拉圖，
但以科學為基礎，更學術化而不帶宗教
色彩。她以講述柏拉圖、亞里斯多德及
其他哲學家的論著而著名。

埋兒奉母
倫理行為事實

真理是時間的產物，而不是權威的產物。——培根

「埋兒奉母」是《二十四孝》中的一個故事，也是其中最為引起爭議的一個。

故事中的主角叫郭巨，是東漢年間隆慮人。郭巨家原本家境殷實，生活無憂，後來他的父親去世，他將家產分為兩份，全都給了自己的兩個弟弟，自己分毫不取，還將贍養母親的責任接了過來。後來，因為沒有積蓄，負擔又重，郭巨家逐漸貧困，難以為繼。正在這時，郭巨的妻子生下一個男嬰，郭巨想到家中新添了人口，難以負擔，怕會影響自己對母親的供養，便對妻子說：「本來我們家中就缺少衣食，對母親的供奉已經不夠，現在生下孩子，需要支出的更多，難免會影響對母親的供養。不過兒子可以再生，但母親過世了就不會再復活，不如我們將孩子埋掉，留下糧食供養母親才好。」妻子心中不樂意，但知道郭巨一向固執，並不敢反對。兩人便在屋後挖坑，打算將孩子埋掉，挖到地下兩尺深的地方，忽然挖到了一個罈子。罈子上寫著「天賜郭巨，官不得取，民不得奪」幾個字，打開罈子，裡面是滿滿一罈的黃金。有了這罈黃金，郭巨再也不必將自己的孩子殺死，也有了足夠的錢財供養母親了。

從這個故事中，可以清楚地看出現代人和古人對於倫理的不同理解。對於今天的人而言，故事中郭巨的行為難免令人生寒，為了母親竟然要殺害親

兒，顯然太過偏激。當然，對人命的漠視在今天更是應該受到刑事處罰。但在當時的情況下，父母親殺子是不用負責任的，因為子女是父母所生，所謂「身體髮膚受之父母」，父母親對子女是有絕對處置權；而子女如果弒父、弒母，則不光是重罪，更是被人人所唾棄的禽獸行徑。

這是因為在儒家傳統的倫理道德中，父母親是絕對的權威，是不可抗拒和反對的，即使有不同意見都不被允許，何況是殺害自己的親生父母。對父母的孝順是和忠於國家是處在相同等級的人生重責，是每個人必須遵守的首要倫理道德，所以郭巨試圖殺害自己親兒的行為反而得到了正統儒家道德的承認和認可，還被列入了二十四孝當中。這樣的倫理行為事實該如何判定，在不同的規範下顯然會有截然不同的結論。

只要某一行為進入社會領域，與他人和社會發生了聯繫，那麼這一行為就必然要受到社會的一定行為準則和行為規範的制約。如果它具有道德意義，可以對其進行善惡的評價，這種行為就被稱為道德行為，亦即倫理行為事實。也可以說，倫理行為事實就是在一定的道德意識支配下所表現出來的有利或有害於他人和社會的行為，亦即主要是出於一定的道德動機並能產生一定的道德效果的行為。

按照倫理行為事實對於道德目的、道德終極標準是否符合這一標準，人類的全部倫理行為事實可以分為四大種類：

一、純粹利他和利己的行為，包括完全利他、完全利己、為己利他、為他利己四種。

二、純粹害他和害己的行為，包括目的害他（利己以害他、利他以害他、損己以害從、完全害人）和目的害己（利己以害己、利他以害己、完全害己、害人害己）。

三、己、他內部利害混合行為，包括害己以利己與害他以利他兩種。

四、己、他外部利害混合行為，包括自我犧牲與損人利己兩種。

小知識

約翰‧斯圖爾特‧密爾（西元1806年5月20日～
西元1873年5月8日）：英國著名哲學家和經濟
學家，十九世紀影響力極大的古典自由主義思想
家。他認為由於人類難免犯錯，自由討論才是最
有可能發現新真理的途徑，而對任何探究的封殺
和排斥，都會對人類造成損失，因而都是不明智
的。其個人自由觀念是建立在「最大多數人的最
大幸福」這一功利主義原則之上的。

父親的屍體
文化相對主義

一切利己的生活，都是非理性的、動物的生活。——列夫·托爾斯泰

　　大流士是西元前五百多年波斯帝國的國王，即位之後的他前後進行十八次戰役，平定了國內的戰亂，戰功卓著。他制訂了各行省的貢賦，並統一度量衡，開啟了著名的大流士改革。同時，好大喜功的他四處征戰，將印度河流域、黑海海峽和色雷斯一帶全部納入自己麾下，建立歷史上第一個跨越亞、非歐三大洲的龐大帝國，征服了世界五大文明發源地的其中之三。不同的文明被收納到同一個君主的統治之下，其中難免會發生不同風俗習慣的碰撞與摩擦，而當時就發生了一個著名的故事：

　　大流士是個傲慢且自以為是的人，經常拿身邊的人取樂。有一天，他一時興起，將在宮中服侍的希臘人叫來，問給他們多少金幣他們就會願意吃掉他們去世父親的屍體。希臘人大驚失色，按照他們的習俗，人死後是必須火葬的，於是他們回答說：「王，無論給我們多少的金幣，無論什麼樣的情況，我們都不會做這樣的事。」

　　聽到這裡，大流士隨即招來了卡拉提耶人，卡拉提耶人是印度的一個分支民族，這個民族習慣於在父親死後吃掉父親的屍體，因為他們相信這樣能夠吸收到長輩的智慧和力量。大流士問卡拉提耶人，給他們多少金幣他們願意將自己的亡父火葬，聽到這個問題，卡拉提耶人發出了驚恐的叫聲，懇求大流士不要再說這麼可怕、褻瀆的話。

　　這個故事記載在著名的歷史學家希羅多德的著作《歷史》中，他對此下

結論說：世界就是這樣的。而我們也可以說，世界就是這樣的，你以為是正確的事，但到了另外的一種文明當中也許是可怕的。而道德有時候也是如此，它原本就是人們在長期集體生活中所形成的某種公認的規定，而這一規定本身就是人定的，它並沒有一個放諸四海而皆準的標準。

有很多倫理學家認為，不同社會存在著不同的習俗，不同的文化有著不同的道德規範，這就是「文化相對主義」。

文化相對主義是理解道德的關鍵。你不能認為一個民族的風俗是「對」還是「不對」，因為當你判斷正確與否的時候，就表示你有了一個關於對錯的標準，但實際上，這樣的標準並不存在，每一個標準都是與文化聯繫在一起的。

當然，我們在幾乎所有的社會中都能找到一些相同的規範，比如說幾乎所有人都認為謀殺是一種錯誤的行為。這也告訴我們，不同文化帶來的差異並不如我們有時所想的那麼大，世界上還存在著一些所有社會必須共同擁有的道德規範，因為這些規範對社會存在是必要的。

小知識

阿芬那留斯（西元1843年～西元1896年）：十九世紀德國哲學家，經驗批判主義創始人之一。他認為唯物主義和唯心主義把自我與非我、主體與客體置於相互對立的地位，扭曲了自然世界的面目，他的哲學旨在克服二元論，恢復統一的世界圖景。他認為自然界中並不存在物理的或心理的東西，只存在「第三種東西」，即「純粹經驗」，這是一種非心非物的中性要素。

鄭伯克段于鄢
行動與忽略

「我放棄以前的某個觀點，並不是要用它換得另一個觀點，只因為甚至再以前的觀點，都無非是沿路的一個個驛站。思最恆久之物是道路。」——海德格爾

　　春秋年間，鄭武公娶了武姜做妻子，生下後來的鄭莊公和共叔段。姜氏生鄭莊公的時候難產，驚嚇到了她，於是她便為這個兒子取名寤生（難產），從此之後十分厭惡他。後來姜氏生下了小兒子共叔段，十分偏愛，幾次向武公要求改立共叔段為世子，但鄭武公都不肯答應。

　　後來，寤生繼位成了鄭莊公，姜氏便向他要求將制封給小兒共叔段做封地，鄭莊公說：「制是個險要的地方，以前虢叔就死在那裡，還是另外選一個地方吧！」姜氏見他不准，便要求將京封給共叔段讓他居住。得知此事，大臣祭仲對鄭莊公說：「如果都城過百雉，那將是國家禍患。先王的制度說過，大的封屬不能超過國都的三分之一，中者不過五分之一，小的只能有九分之一。如今京的城牆太大，不合禮制，國君要小心才是。」鄭莊公說：「這是母親的願望，我怎麼能夠拒絕呢？」祭仲說：「姜氏又哪裡能夠滿足呢？還不如早點遏制他們的慾望，不要讓他們的野心滋長，這樣還可控制。野草滋生都很難剷除，何況他是君王的寵弟。」鄭莊公卻說：「多行不義必自斃，你就等著看吧！」

　　之後，共叔段又讓西鄙、北鄙歸屬自己。公子呂知道了，對鄭莊公說：「國家是不能有兩位君主的，您打算怎麼做呢？如果您向將王位讓給共叔

段，那臣請求現在就讓我服侍他吧！如果您不打算這麼做，那臣請求您允許我為您除去他，不要讓民心都轉向他了。」鄭莊公還是很冷靜地說：「不用擔心，他這是自取滅亡。」於是共叔段更加囂張，又將自己的屬地擴大到了廩延。子封擔心說：「好吧！現在他將要得到國家了。」鄭莊公卻說：「不義之心，他一定不會成功的。」

共叔段集結了軍隊，決定襲擊鄭，姜氏則做為他的內應，為他偷偷開啟城門。鄭莊公聽到了這個消息，說：「時候到了。」命令子封帶領兩百乘討伐共叔段。京地的人很快便叛了共叔段，共叔段只能逃到鄢，鄭莊公又命令軍隊進攻到鄢，最後共叔段便奔逃到了共。

平叛之後，鄭莊公將姜氏放逐到了城潁，並發誓說：「不到黃泉，我是不會與妳相見的。」不久鄭莊公便後悔了，但話已說出卻無法更改了。後來有位潁考叔面見鄭莊公，鄭莊公賜他酒食，他卻將食物中的肉留了下來。鄭莊公問他為什麼不吃肉，他說：「小人的母親從來未曾嘗過國君的食物，所以我想留下來給母親品嘗。」聽到這句話，鄭莊公感嘆道：「你也有母親，唯獨我卻沒有。」潁考叔便問：「不知王為何要這麼說呢？」鄭莊公告訴了他緣故，並告訴他自己現在很後悔。潁考叔聽了說：「王何必要擔心呢？如果可以挖地三尺，挖到有泉水的地方，然後修起地道，便可以相見，誰又可以說您沒有遵守誓言呢？」鄭莊公聽了大為高興，便依計行事。進入地道之中，鄭莊公開心地說：「大隧之中，其樂也融融！」姜氏出來後也說：「大隧之外，其樂也泄泄！」從此母子和好如初。

從上面的故事看，鄭莊公仁孝公正，並無詬病之處，但卻有一人有不同的看法，這個人就是孔子。據傳孔子著《春秋》，關於這個故事就寫了一句話，「鄭伯克段于鄢」，稱鄭莊公為伯，是譏諷他不能好好教導弟弟，卻有意放縱親弟的叛逆行為，以便之後名正言順地討伐。這樣的行為，並不符合孔子一貫仁、孝、忠、悌的理念，因此受到孔子的批判。

　　相信每個人都可以輕鬆解釋行動與忽略的意義，而在倫理學上，行動就是去做某件事，而忽略就是在一定的環境下你有能力也有機會去做某件事，但出於某種原因卻沒有去做這件事。

　　比如在上面的故事中，孔子譴責的不是鄭伯捉拿自己弟弟的行動，而是在之前他對自己親生弟弟所犯下的種種錯誤的故意忽略，他明明能夠阻止自己的弟弟犯下更大的錯誤，卻刻意不去做，儘管他沒有任何不合理的行動，但對某些倫理學家來說，在道德上卻一樣是可譴責的。再比如說，如果一個人祈求安樂死，有人以行動殺死一個病人，這是行動，但如果一個人本來能夠阻止這個行為卻沒有去做的話，這就是忽略。

　　一般而言，行為在道德上都是可譴責的，那麼忽略呢？有關忽略的問題在倫理學上引起的分歧，並造成關於兩者相區分的道德意義的一個長久的爭論，效果論否定它，而義務論則堅持它。

小知識

顧炎武（西元1613年～西元1682年）：明末清初著名的思想家、史學家、語言學家。其學術的最大特色，是一反宋明理學的唯心主義的玄學，而強調客觀的調查研究，開一代之新風，提出「君子為學，以明道也，以救世也。徒以詩文而已，所謂雕蟲篆刻，亦何益哉？」並強調做學問必須先立人格：「禮義廉恥，是謂四維」，提倡「天下興亡，匹夫有責」。

蘇東坡與佛印
道德價值

愛人者，人恆愛之；敬人者，人恆敬之。——孟子

　　宋朝詞人蘇東坡才華橫溢、思慮敏捷，性格又豪爽開闊、幽默詼諧，是最讓今人喜歡的文人之一。民間流傳下來很多關於他的故事，其中尤以他與佛印禪師的往來故事最為有趣。

　　佛印是北宋金山寺的一位高僧，幼時三歲能誦《論語》，五歲背詩三千首，被稱為神童，長大後入寺為僧，更是名聞天下。後來蘇東坡被貶謫瓜州，聽聞佛印的大名，上門拜訪，兩人一見如故，進而便成為了至交好友。又有傳說認為佛印本是和蘇東坡一樣的文人，皇帝到寺中遊覽，佛印很好奇，想要看看皇帝長什麼樣子，蘇東坡便出了個主意，讓他剃髮裝扮成僧人，這樣便能親見皇帝。誰知皇帝在寺中見到佛印長身玉立、容顏清秀，在眾僧人中卓爾不群，特意叫他出來問話。交談之下，更見佛印談吐出眾，大為歡喜，便御賜他度牒。至此，為了避免欺君的罪名，佛印只能被迫出家，做了真正的僧人。不論史實為何，但佛印高僧的身分這一點是確定無疑的。

　　宋朝文人都喜佛，閒時喜歡以佛偈相互切磋，更是凸顯自身才學機智的一種方式。蘇東坡反應機敏，又一心向佛，因此最善於機辯，但到了高僧佛印面前，有時卻難免折戟沉沙。有一次，蘇東坡研讀佛教典籍頗有所得，興之所至，寫下一首詩偈，偈中寫道：「稽首天中天，毫光照大千，八風吹不動，端坐紫金蓮。」自己頗為得意，便叫家人將詩送往金山寺讓佛印品評。佛印看完詩，立刻寫了「放屁」兩個字讓來人帶回去，蘇東坡一見，大為惱

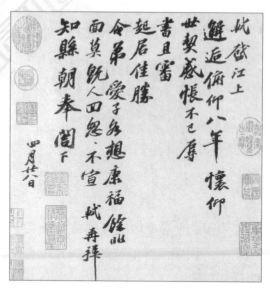

蘇東坡的書法。

怒，立刻乘舟過江，要找佛印一辯高下。蘇東坡到了金山寺，卻見佛印正微笑端坐著等待他，見此情景，蘇東坡忽然洞悉了一切，哈哈大笑，怎麼自己號稱八風吹不動，卻輕易被人撩起了怒火呢？隨即，蘇東坡寫下了「八風吹不動，一屁打過江」兩句詩，做為對自己的嘲弄。

　　還有一次，蘇東坡與佛印一同參禪，兩人相對閉目而坐，良久睜開眼來。佛印問蘇東坡：「你看見了什麼？」蘇東坡想故意取笑佛印，便說：「我看見我面前的是一堆屎。」然後他又問佛印：「你看見了什麼？」佛印說：「我看見我面前有一尊佛。」蘇東坡以為佛印在誇讚他，大為得意。回家後，蘇東坡將此事告訴了自己的小妹，誰知道小妹笑著說：「這次參禪是你輸了。」蘇東坡非常不解，連忙問是為什麼，蘇小妹說：「參禪之時講究明心見性，你心中有什麼，就能見到什麼。你看到的是屎，說明你心中有屎；而他看到的是佛，說明他心中有佛。」蘇東坡這才恍然大悟。

　　有時候道德價值其實也是如此，你心中是佛，那它就是佛；但若你心中有屎，那它也就只是屎了。

　　道德價值是人類社會道德關係的表現形式，是人們的道德實踐和道德意識對一定的社會、階級和個人所具有的意義，是指自由的行為主體在利他的動機支配下從事的行為能在一定程度上滿足他人和社會的需要。它對一定社會和階級的人的行為起著定向作用。在階級社會中，道德價值具有鮮明的階級性，不同階級的人總是自覺不自覺地從本階級的道德原則和規範出發，來衡量人們道德行為的價值。

小知識

尼可羅・馬基雅維利（西元1469年5月23日～西元1527年6月22日）：義大利的政治哲學家、音樂家、詩人和浪漫喜劇劇作家。他的思想核心是為達目的不擇手段，絕對維護君主至高無上的權威。代表作《君主論》、《論蒂托・李維<羅馬史>的最初十年》等。

冒險轉移

集體責任

知識是為了預見，預見是為了權力。——孔德

在一慣的觀點裡，大家都認為整體的決策能夠綜合大家的長處、集思廣益，這樣獲得的結果一定會比個人所做出的決策更能避免風險、更加合理，但事實真是如此嗎？實際上，有時候事實往往和想像有出入，當決策的人越多的時候，可能風險反而更大。這就是管理學上的一個有趣的命題——「冒險轉移」。

有這樣一個例子：有一個人因為重病需要動手術，但這個手術的成功率並不高，因此需要有人決定是否動手術。實驗者找來了一批測試者，讓他們分別獨立決定是否能動手術，在10％，30％，50％，70％，90％這五個不同的手術成功率中選擇。最後將所有測試的選擇結果綜合起來所得出的結論是：手術成功率在50％的時候就能夠進行手術。

之後，實驗者又聚集了這批測試者中的七個人，讓他們聚在一起討論，再決定在五個不同的手術成功率中進行選擇。結果，這七個人在討論後得出的結論是，成功率在30％的時候就可以動手術。

現在的結果是，當決策人數不再是單獨一人而是一個群體的時候，手術的風險率就從50％增加到了70％。也就是說，當決策者不再是單獨一人而是一個組織的時候，所做出的決定並不是更為謹慎，反而是更大膽和激進了，這便是集體冒險現象。

這種行為在管理學中被稱為「冒險轉移」。之所以出現這種現象，原因

很簡單：在做出決定的時候，決策者是要承受一定的壓力的，這一壓力主要來自於決策失敗後需要承受的後果。如果是一個人做出決策，那麼他會意識到當事情失敗，他必須獨自承受接下來的責任。但如果一件事情由一個集體來決定時，每個人都會覺得事情的責任會分攤給每個人，這樣自己並不需要獨自承受，出於這樣的心理，在做群體決策時，人們會比在獨自決策時更趨於冒險，更勇於做出風險大的選擇。

現代倫理學的傳統是個人主義的，因為個人才是倫理考慮的關注點，一般情況下，一個團體的行為只有最終的歸結到個人的行為時才有道德意義。但現在有一種觀點認為，在某些特定的環境下，我們有些時候無法將責任歸結為個人，而必然是團體責任或者說是集體責任。比如說德國的納粹時代，我們所指責的必然是做為一個群體的德國人，而無法指責一個人的行為。所以現在的問題是如何說明這種集體責任。

當責任被歸於一個團體時，首先必須界定團體的定義，一般認為，所謂的團體不是個人的任意的集合，而必須是一個具有團體凝聚力和認同感的集體，它所有的成員都有著共同利益，有著對於團體的自豪或羞愧感。有時候我們指責這類群體時，並不是因為它的所有成員都做了錯事，而是因為它的某些成員憑藉他們的團體成員資格犯下了可譴責的惡行。

當然，因為有關團體和個人的聯繫、團體利益、團體權利等各方面的問題都還沒有一個明確的結論，所以有關集體責任的道德探討還處在爭論之中。

小知識

畢洛（約西元前360年～西元前270年）：懷疑主義的創始人。他否認現象的真實性和我們關於現象所做出的判斷，認為我們不能說現象是什麼，只能說它看起來是什麼。他奉行沉默主義原則，因為既然現象是不真實的，我們無權做出關於現象的判斷，那麼最好的辦法是保持沉默。

牛虻

必然論

我們喜歡別人的敬重並非因為敬重本身，而是因為人們的敬重所帶給我們的好處。——愛爾維修

　　亞瑟‧勃爾頓出生於義大利一個富商的家中，因為母親在家中一直受到自己異母兄嫂的折磨和侮辱，自己也不見容於兄長，令他的生活異常壓抑。直到就讀於比薩神學院之後，學院院長蒙泰里尼神父對他關懷備至，讓他感受到了父親般的慈愛和溫暖，而蒙泰里尼神父淵博的知識，又讓他備感敬仰，讓他成為了蒙泰里尼神父忠誠的信徒。其實亞瑟並不知道，他名義上雖是父親勃爾頓與後妻所生，實則是母親與比薩神學院院長蒙泰里尼神父偷情後生下的私生子。

　　當時的義大利正遭受奧地利的侵略，為了保護自己的祖國，青年義大利黨在國內掀起了民族獨立的運動，年輕的亞瑟也被吸引，決定投身於這轟轟烈烈的民族解放事業之中。蒙泰里尼神父知道亞瑟也參加了獨立運動，十分不安，想方設法阻止亞瑟參加革命，但亞瑟卻覺得教徒的信仰和為義大利的獨立而奮鬥是不矛盾的，並不接受蒙泰里尼神父的勸阻。

　　在青年義大利黨的一次秘密集會下，亞瑟遇見少年時的夥伴瓊瑪，並不由自主的愛上了她。後來蒙泰里尼被調到羅馬擔任主教，新來的神父其實是警方的密探卡爾狄。在他的誘騙下，年輕的亞瑟在懺悔時透露了他們團體的行動計畫和戰友的名字，導致他們全部被捕。所有人都認為是亞瑟故意告密導致他們被捕，對他非常鄙夷，連他心愛的瓊瑪也誤會了他，在憤怒之下打

了他的耳光。

因為自己輕信他人而後悔莫及的亞瑟在痛苦中卻得到了一個更令他震驚的消息，蒙泰里尼神父原來是他的親生父親。自己最尊敬的人居然欺騙了自己，這極端的痛苦令亞瑟再也無法忍受，他打破自己曾經覺得神聖無比的耶穌像，表示自己與教會徹底決裂，之後他偽裝自己的自殺場景，逃到南美洲。

亞瑟在南美洲足足度過了十三年。這十三年裡，他經歷無數的困苦和折磨，流浪生活中的種種考驗使他成長起來，他再也不是當年那個幼稚輕信的年輕人，而是一個堅強且冷酷的「牛虻」了。牛虻以他辛辣的筆一針見血的指出了教會的騙局，指責以紅衣主教蒙泰里尼為首的自由派實際上是教廷的忠實走狗，他的卓越眼光讓他成為革命者心中的偶像，也贏得大家的信任。此時他又重遇了瓊瑪，但十三年的流亡生活已經改變了他的容貌，對方早已認不出他，他也沒有向瓊瑪透露自己的真實身分。

牛虻和同伴們積極準備著起義，卻因為消息洩露，在一次行動中被員警包圍。牛虻努力掩護他的同伴們逃走，卻因發現蒙泰里尼出現在現場而失了方寸，他放下自己手中的槍，不幸被捕。

當局決定處死牛虻，蒙泰里尼來到獄中，希望能夠以父子之情和放棄主教的條件勸服牛虻投誠，但牛虻卻反而勸說蒙泰里尼，希望他在上帝（宗教）與兒子（革命）之間做出抉擇。這對父子無論如何都不能放棄各自的信仰，終於，蒙泰里尼在牛虻的死刑判決書上簽了字，他自己卻也因無法承受失去兒子的痛苦而發瘋致死。

走上刑場的牛虻給瓊瑪留下了一封信，信中寫下了他們童年時就熟知的一首小詩，這時候瓊瑪才知道，牛虻就是她愛過的亞瑟。

牛虻的悲劇或許是與生俱來的，因為他無法選擇自己的時代和父母，所以一開始就註定了他逃不出命運的規則。

　　必然論認為，世界上的事實都為其本質或為一般規律所決定或必須，因此必然性與可能性是客觀的概念。必然論的最清楚的表達為「物理決定論」，它認為自然為普遍規律所決定，自然界中的客觀必然關係是科學探究的主題。世界上有著不同的必然性模式，例如「邏輯的」、「規則的」、「形而上學的」等。

　　但是，也有不少的哲學家反對必然論，他們認為必然性是一種預期問題，或是一種認識論承諾的程度，抑或一種語詞特徵，而不是一種客觀性質。他們反對一切必然性，反對非邏輯的必然性。與之相對的理論被稱為「偶然論」，它主張自然和精神都非完全預先決定的，世界上存在著不可預言事件的不可還原因素。

小知識

　　波希多尼（約西元前135年～西元前51年）：古希臘斯多葛學派哲學家、政治家、天文學家、地理學家、歷史學家和教育家。他將哲學看作是所有藝術之主，所有其他學科都列於其下，哲學是唯一解釋宇宙的學科。他將哲學分為物理、邏輯和道德三部分，是自然既不可分割，又互相獨立的三個有機部分。

臨時抱佛腳
功利論

哲學家們只是用不同的方式解釋世界，而問題在於改變世界。──馬
克思

在雲南之南有個小國家，這個國家是個佛教國度，國人都是虔誠的佛教徒。有一次，一個人因為犯罪被判了死刑，亡命出逃，官兵奉命追捕他，將他趕得無路可逃。在精疲力竭之下，他逃到一座古寺。寺中有一座巨大的釋迦牟尼坐像，高大無比，這個人見到佛像莊嚴慈悲之相，想到自己的所作所為，不禁大為悔恨，他抱著佛像的腳大聲嚎哭起來，並不斷磕頭表示懺悔。他一邊磕頭，一邊不停地說：「佛祖慈悲，我自知罪孽深重，無可饒恕，只請求佛祖能讓我剃度為僧，從今以後日日誦佛，希望能夠洗刷自己的罪惡。」

正在這時，官兵們也追趕到了廟中，他們見這犯人磕頭磕得頭破血流，聽他所說的話，似乎是真心悔改，心生不忍，便派人去稟告官府。這件事很快傳到了國王的耳中，國王篤信佛教，聽聞此人自願為僧贖罪，便下令赦免他的罪行，讓他剃度為僧。這個故事後來演繹成一句常用語，這便是「臨時抱佛腳」。

之後，這個故事傳揚了出去，許多罪犯便有樣學樣，有些人平日裡就算不信佛教，臨到頭時也會假裝自己素來就是佛教徒，抱著佛腳表示懺悔，以換取國王的原諒。後來便有人將這句俗語增加了一句，成為了「平日不燒香，臨時抱佛腳」。

　　這些罪犯之所以選擇「抱佛腳」的行為，顯然不是因為信仰，而是為了逃避罪責，很多人可能會鄙視這種行為，但如果讓功利論來評價的話，這樣的行為能否算道德呢？

　　功利論是由邊沁和穆勒創立的倫理學分支，它關注個人利益，強調以一個行為能給最大多數人帶來最大幸福為評價行為的依據。

　　功利論是以行為後果來判斷道德行為的合理性，如果某一行為能給大多數人帶來最大的幸福，該行為就是道德的，否則就是不道德的。它從人的趨樂避苦的生理性特點出發，發展到追求精神的快樂優於感官的快樂的倫理學。它認為社會利益是個人利益的總和，把行為所獲得的功利效果做為道德評價的標準，是在工具或手段的意義上來使用道德的理論。

小知識

讓·鮑德里亞（西元1929年～西元2007年）：法國哲學家，現代社會思想大師，後現代理論家。他試圖將傳統的馬克思主義政治經濟學和符號學以及結構主義加以綜合，意欲發展一種新馬克思主義社會理論。代表作有《物體系》、《消費社會》、《符號交換與死亡》等。

浮士德

德行論

凡夫俗子只關心如何去打發時間，而略具才華的人卻考慮如何應用
時間。——叔本華

浮士德是德國傳說中的一位巫師或是星象師，據說他將自己的靈魂賣給
魔鬼以換取知識，不過人們最熟知的，卻是歌德整整寫了六十年的詩劇《浮
士德》。

書中的浮士德是一個典型的新興資產階級知識分子，已經五十歲的他將
自己前半生的生命都耗費在書堆裡，與世隔絕卻一事無成，既不能救濟世
人，又不能救贖自己，這樣的現實令他沮喪不已。

另一邊，天庭裡的上帝正在召見群臣，人人都在讚美上帝的功績，只有
惡魔靡菲斯特與上帝為敵，說人類不會有任何成就。上帝問起浮士德的情
況，靡菲斯特說他正處在絕望之中，永遠也無法得到滿足，但上帝卻認為浮
士德和其他的人類一樣，雖然偶爾會走上歧路，但在智慧和理性的引導之
下，最終能夠找到應走的道路。靡菲斯特自信自己能夠將浮士德帶上魔鬼之
道，並與上帝打賭，看誰能最終贏得浮士德，上帝答應了靡菲斯特的要求，
將浮士德交給了他。

在一個中世紀的書齋裡，失望的浮士德正準備飲下毒酒，了結自己的生
命。突然，他聽到窗外飄來復活節的鐘聲，鐘聲喚醒了浮士德對生活的記憶
和對人生的嚮往，他一面渴望沉溺在塵世的愛慾中，一面卻希望能夠進入一
個更為崇高的精神世界。正在這時，靡菲斯特出現了，他化身為一個書生，

浮士德。

引誘浮士德，提出和他簽下契約：靡菲斯特願意成為浮士德的僕人，滿足他的一切需要，幫助他追尋生活中的樂趣，但只要浮士德表示他滿足了，浮士德就將屬惡魔所有，成為靡菲斯特的僕人。浮士德並不相信「來生」，於是輕易同意他和惡魔的契約。

浮士德和靡菲斯特開始他們的旅程。他們首先來到一家地下酒店，靡菲斯特加入到一群大學生的狂歡當中，希望能誘惑浮士德，但浮士德對這些並不感興趣，要求離開。於是靡菲斯特帶他來到魔女之廚，讓他飲下魔女的湯藥，恢復青春，希望能用情慾來煽動他。恢復青春的浮士德很快愛上了純潔的平民少女瑪甘淚，並讓靡菲斯特使得瑪甘淚也愛上了自己。

被靡菲斯特迷惑的瑪甘淚聽從了浮士德的計謀，用安眠藥使自己的母親沉睡，誰知卻使得母親一睡不起。無意中殺死母親的瑪甘淚成為了人人鄙視的兇手，瑪甘淚的哥哥氣憤地向浮士德挑釁，浮士德卻在靡菲斯特的教唆下將他殺死。瑪甘淚接受不了自己親人接連死去的事實，神經錯亂，浮士德想

要救她出獄，卻被靡菲斯特拉走了。

靡菲斯特帶著浮士德來到一個國家的化裝舞會，這個國家正因為財政困難導致民眾的暴亂，浮士德為國王獻計，使王朝度過危機。之後，浮士德又為國王招來希臘美人海倫和美男子帕里斯，但海倫卻去親吻帕里斯，嫉妒的浮士德引起了爆炸，讓海倫化為了煙霧。正好浮士德的學生創造一個小人，新生的小人發現浮士德迷上了海倫，自願帶他去找海倫。

浮士德從地獄找回了海倫，帶著她重回人間，浮士德與她成為夫妻並生下了一個可愛的孩子，但這個孩子卻意外從空中墜亡，傷心的海倫由此消失，並留下了一件衣裳，幻化成雲彩，載著浮士德飛走。

落到山頂的浮士德決定建造一座平等自由的樂園，造福人類，他獲得了國王賞賜的海灘，打算開始建造自己的樂園。誰知一對夫婦因為不肯搬遷，卻被靡菲斯特惡意嚇死。這件事令浮士德煩擾不已，被憂愁女妖弄得雙目失明。於是惡魔招來死靈為浮士德挖掘墳墓，但浮士德卻以為挖掘墳墓的聲音是前來幫助他建造樂園的民眾工作的聲響，他看到了自己渴望的美好前景，情不自禁地喊出：「你真美呀，請停留一下！」隨後便死去了。

浮士德終於得到了滿足，靡菲斯特趁機得到他的靈魂，但天使們出現了，祂們搶走了浮士德的靈魂，高唱著「凡是自強不息者，到頭我輩均能救」的話，飛回了天堂。

《浮士德》是歌德帶有自傳性質的詩劇，浮士德的經歷實際上是歌德或者說是當時資產階級知識分子探索精神世界的影射。

無論是西方還是東方的哲學家，都將「德行論」做為人性「群體性」或「社會性」的倫理學說。它主張我們的行為與生活都應以培養品德或德行為主。

對倫理學家來說，德行就是一種美好的品格狀態。東方的儒家從孔子開始就提出了以「仁」為首的道德概念，並擴大為「義、禮、智、信」等各

種品德。而西方的柏拉圖和亞里斯多德也都提出了類似的觀念，柏拉圖將把人類最基本的德行「智、仁、勇」用到他的理想國各階層中：君王要有「智」，管理城邦的事物，軍人和衛士要有「勇」，保護城邦的安全和秩序，平民百姓則要有「仁」，遵紀守法。而亞里斯多德則堅信，人的德行和幸福合二為一的。

小知識

恩斯特‧凱西爾（西元1874年7月28日～西元1945年4月13日）：德國哲學家。他受新康德主義的影響，透過其符號形式的哲學，將康德的知識論視角和馬爾堡學派對自然科學的關注擴展到文化哲學的層面。並從知識論的問題出發，透過文化哲學，發展出一套獨特的哲學人類學，最終引向一種反對法西斯主義的國家哲學學說。

殺雞儆猴
效果論

與人善言，暖於布帛；傷人以言，深於矛戟。——荀子

古時候，有些人會捉野猴，然後將猴子馴養，但猴性頑劣，不受束縛，很難能馴服溫順。於是當時的人想出了一個辦法，他們抓回野猴之後，會在這些猴子的面前宰殺一隻雞，讓猴子看到雞血流滿地的情景。猴子雖然野性難馴，但也頗有靈性，見此情景，便知道人類是在告誡自己，如果不能乖乖聽話，便會如這雞一樣，因此很快便馴服了。後來，人們便創造了「殺雞儆猴」這個成語，用來形容以懲罰一個人的方式來警告其他人。

西周初年，姜太公輔佐周武王滅了殷商，建立起周王朝。當時國家初定，迫切需要一批人才為國家效力，穩定政局，因此姜太公不遺餘力地網羅賢能之士。當時齊國有個非常著名的賢人，很受當時人的推重，姜太公知道後，便親自前往邀請他出來任職，誰知這個人自命隱士，一心隱居以求賢名，不肯出來幫忙。姜太公先後拜訪了他三次，此人都不肯相見。

姜太公見他意志堅決，竟然下令將他殺了，周公知道此事，大為驚訝，他雖然想救人，但為時已晚。周公知道姜太公素來重視人才，不知他為何突然行此殺伐之舉，便問姜太公：「隱者無累於世，這是一位當世知名的賢人，他不求富貴賢達，這也無損於我朝政事，為何要將他殺了呢？」

姜太公說：「四海之內，莫非王土，率土之濱，莫非王臣。現在天下初定，非常需要人才來為國效力。他這種隱士素有賢名在外，卻不肯為我朝效力，這樣傳揚出去，必定有不少人效仿，那我們還哪裡有可用的人才呢？我

如今殺了他，目的在於以儆效尤，這樣天下之人便知道我們求賢的決心，知道對我們的政權只有兩種態度，不是擁護便是反對，絕不容許有人猶豫搖擺。這樣一來，那些人才能真正的出來，為國效力。」

果然，經此一殺，當初那些觀望的人都站了出來，自願為國效力，再也不敢故作姿態了。

效果論一詞最早可以追溯到Ｇ·Ｅ·Ｍ·安斯康在1958年所寫的一篇名為〈現代道德哲學〉的論文，而現在它已經成為了倫理學中的重要流派，功利主義和實用主義是效果論的重要代表。

現在人們習慣把道德理論劃分為效果論和非效果論，也可以稱為「目的論的倫理學」和「非目的論的倫理學」。效果論認為，一個行為的價值完全由它的後果所決定，因而倫理生活應當是前瞻性的，即把行為後果的善加至最大和把壞的後果減至最小。

周武王立像。

有時候，效果論也被劃分為嚴格的或規則的效果論和極端的或行為的效果論。前者認為如果一個行為符合能導致比其他規則更好後果的規則，那麼這個行為就是正當的。後者認為，一個行為對行為者的可選行為而言，如果它能帶來較好後果，就是正當的。

然而，效果論還是有其缺陷性，它忽略了道德行為者本身的利益、規劃等，是非個人的和無利害關係的觀點，受到了「常識道德」、「直覺主義」，尤其是「行為者中心德行倫理學」的指責。而且，效果論過分強調善的後果的重要性，主張後果是先於道德的，因而嚴重地違背了道德常識。

小知識

雅克·德里達（西元1930年～西元2004年）：
當代法國哲學家、符號學家、文藝理論家和美學
家，解構主義思潮創始人。他以其「去中心」觀
念，反對西方哲學史上自柏拉圖以來的「邏各斯
中心主義」傳統，認為文本（作品）是分延的，
永遠在撒播。代表作有《人文科學話語中的結
構、符號和遊戲》、《論文字學》、《文字與差
異》等。

安樂死

道義論

目的總是為手段辯護。——馬基雅維利

2001年4月10日，荷蘭議會表決通過了安樂死法案，這也讓荷蘭成為世界上第一個正式通過安樂死法案的國家，這一法律的通過立刻引起世界性的爭議。其實關於安樂死的爭議，早已經不是一個新鮮的話題，在幾十年的時間裡，這個話題一直處於風口浪尖，是許多人爭議的焦點所在，贊成的人覺得它是一種「人道主義」，而反對的人則相信它會造成合理謀殺的漏洞。

其實在荷蘭，早在三十多年前就已經悄悄開始對安樂死的默許。1973年，荷蘭的一名醫生因為不忍心看著母親被病痛折磨，給自己的母親服下了過量的嗎啡止痛，導致其母的死亡。但當時的法院卻只判處該名醫生一個星期的有期徒刑，並緩刑一年，其實就是在某種程度上默認了他的這種行為。

2000年的11月30日，也就是荷蘭下院通過安樂死合法的第二天，荷蘭阿姆斯特丹的一位一般市民，七十一歲高齡的迪莉婭就實現自己的夢想，被實施了安樂死。她也是荷蘭本土合法安樂死的第一人。

其實，莉蒂亞請求實施安樂死已經有好幾個月的時間了。這位老人早在幾年前就得了不治之症，病入膏肓，痛苦不堪，為了早日結束這痛苦的生活，莉蒂亞向醫生請求結束自己的生命，為自己實施安樂死。起初，莉蒂亞的要求受到了她的女兒的強烈反對，刻意結束母親的生命顯然不是她所能接受的，但莉蒂亞告訴女兒，自己不願意再忍受病魔無時無刻不停的折磨，尊重她的意願，才是對母親最好的孝順。最終，女兒答應了母親的請求。

「是謀殺，不是憐憫！」對於安樂死，有許多美國人發出這樣的呼聲。

終於，在安樂死合法化的第二天，病房裡響起輕柔的音樂，莉蒂亞安詳地接受醫生最後的注射，含笑而逝。

不過，在安樂死合法化並得到逐漸推廣之後，新的問題也應運而生。從2002年下半年開始，荷蘭老人和病危患者向外國移居的現象開始出現並逐漸增加，而德國是這些人中大多數的首選國。這一現象的產生，無疑是因為安樂死法律的通過，很多老人或者病危患者害怕自己「被安樂死」，於是乾脆移民他國。而德國因為「安樂死」還未被提上立法日程，成為這些荷蘭人的首選。

據統計，荷蘭每年有四千多例安樂死，但德國格丁根大學的研究人員卻發現，在他們調查的七千起荷蘭安樂死的案例中，其中高達41％的比例是「非情願」的。也就是說，有41％的安樂死實際上是病人家屬和醫生合作，在病人沒有表達自身意願的情況下對其實施安樂死的。而在這41％的「非情願」案例中，還有11％的患者在臨死之前神志清醒，有足夠的能力做出自己的決定，卻並沒能自我抉擇，而是被家屬和醫生強行的實施了安樂死。

當然，多數家屬做出這樣的選擇是出於為病人結束痛苦的緣故，何況很多病入膏肓的患者就算願意接受安樂死，也無力再去表達自己的意願，但病人的想法究竟為何，事後也是無法得知的。這無疑是一個很大的漏洞，也是

安樂死引起爭議的原因所在。

安樂死究竟是應該還是不應該，也許這個問題永遠也不會有答案，唯一可以肯定的是，關於它的爭論將一直持續下去，成為人類倫理中無法被解答的一環。

道義論是一種根據責任而行動為基礎的倫理學，它一直是現代西方倫理學的主要潮流之一。它集中於道德動機，把義務或職責看作是中心概念。道義論認為，有些事情內在就是對的或錯的，我們應當作或不應當作這些事只是因為這類事情本身使然，而與做這些事情的後果無關。

道義論與目的論或效果論的倫理學是相對立的，因為道義論主張，一個行為的好的結果不能確保一個行為的正當性，因此它企圖以訴諸於常識的道德直覺或者是人類理性來回答，但對於什麼使得一個行為成為錯誤的，它仍然缺乏合適的答案。但目的論或效果論的倫理學卻認為，一個行為的正當性取決於它是否能帶來好的後果，因此有一類道德原則和規則是行為者必須絕對遵循的，但它難以回答為什麼某些事情就它們本身而言就是錯的這個問題。

小知識

傑瑞米・邊沁（西元1748年2月15日～西元1832年6月6日）：英國的法理學家、功利主義哲學家、經濟學家和社會改革者。他試圖建立一種完善、全面的法律體系，而此法律所基於的道德原則就是「功利主義」，任何法律的功利，都應由其促進相關者的愉快、善與幸福的程度來衡量的。

猴子與香蕉

契約論

萬物所由之而生的東西，萬物消滅後復歸於它。——阿那克西曼德

有這樣一個流傳已久的著名實驗：實驗人員把五隻猴子關在同一個籠子裡，籠子頂上有一串香蕉，猴子們能夠輕鬆拿到香蕉。但實驗人員又將一個自動裝置與香蕉相連接，一旦猴子試圖去拿香蕉，裝置就會自動將香蕉提升到猴子搆不到的地方，並啟動自動噴水裝置，將所有的猴子都淋濕。

裝置設置好後，當香蕉剛剛放入籠內，就馬上有猴子伸手去拿，當然，自動裝置偵測到猴子的行動，立刻有水噴向籠子，所有的猴子都被淋濕了。猴子們沒有死心，緊接著就有另外一隻猴子再次嘗試去拿下香蕉，自然，和前面那隻猴子所造成的結果一樣，籠內的所有猴子又被水淋了。當所有的猴子都如此嘗試，並反覆了數次之後，牠們所得到的都是同樣的結果。於是聰明的猴子終於知道了，只要嘗試去碰香蕉，就會被水淋濕。也就是說，只要不去拿香蕉，就能避免被水噴到。

就這樣，籠子裡的猴子一直相安無事地生活了下來，牠們形成了默契，都不會去碰觸掛在籠子上的香蕉。之後，實驗人員將籠子中的一隻猴子帶了出去，又放了一隻新的猴子進來。這隻新進籠的猴子一看到頭頂的香蕉，立刻伸手去拿，其他的四隻猴子看到這樣的情況，為了防止自己被水淋到，立刻上前撕咬牠，阻止牠拿香蕉，就這樣，一旦新進籠的猴子嘗試去拿香蕉，就會遭到其他猴子的阻止。在反覆了數次拿香蕉卻遭到撕咬的情況之後，新來的猴子明白了一件事，其他的猴子不允許牠試圖觸碰籠頂的香蕉，於是牠

放棄了拿香蕉的努力。

然後，實驗人員又將籠子裡最早的四隻猴子之一放了出去，並放進來一個新的猴子。新來的猴子如同前者一樣，首先嘗試去拿下籠頂的香蕉，當然，牠也遭到了其他猴子的阻止。而這時候，上一隻企圖拿香蕉而被打的猴子也加入到了阻止新來的猴子拿香蕉的行為當中。就這樣，這隻新來的猴子也在不斷挨打中知道了，不能試圖取下籠頂的香蕉。

實驗人員每過一段時間就將籠中最先放進來的猴子拿走一隻，然後放入一隻新的猴子，直到最早放入籠中的五隻猴子都已經被換走，而這時籠子的噴水裝置也已經被悄悄取消了。每一隻新入籠的猴子首先都會去嘗試拿下籠頂的香蕉，而不出所料的是，牠們也都會遭到前面猴子的撕咬和毆打，直到放棄這種嘗試為止。

其實這時候早已經沒有猴子被水淋濕，牠們也不知道為什麼不能夠去碰觸籠頂的香蕉，但不能拿籠頂的香蕉已經成為了猴群中默認的規則，就這樣，籠頂的香蕉一直沒有被動過。這就是規則的誕生。

契約論，就是以社會契約理論為基礎的一種對倫理學的探索。

最重要的契約論應該是康德式的契約主義，強調人的道德地位是天然平等的，後來這一觀點被J‧羅爾斯加以發揮。羅爾斯認為，如果一種契約是在一種原始的平等觀點上訂立的話，牠就能夠給予每一個訂約人平等的考慮，因此，道德的思考就是關於人們在這種環境中能夠訂立什麼協議。而這種規則系統是由公認的、非強制的和普遍的協議所確立的，是任何人在哪種環境條件下都無法合理地拒絕的。如果一種行為不被行為的規則系統所允許的話，那這種行為就是錯誤的。

但是也有反對者認為，這種觀點對於道德提供了一種理智的解說，但沒有揭示道德行為的真正動機。他們認為這種觀點沒有提供任何理由說明，強者在追求他們自己的利益時應避免使用強權去傷害他人，也沒有說明我們為什麼要對後代的利益予以道德考量。

小知識

第歐根尼‧拉爾修（約西元200年～西元前250
年）：羅馬帝國時代的古希臘哲學史家。他編
有古希臘哲學史料《名哲言行錄》，收錄兩百
餘位哲學家的介紹以及三百餘篇作品。將古希
臘哲學按哲學家籍貫分為兩大學派：愛奧尼亞
派與義大利派，再按哲學流派來劃分，是極其
重要的哲學史料。

悲慘世界

決疑論

向他的頭腦中灌輸真理，只是為了保證他不在心中裝填謬誤。——盧梭

　　1802年，在十九年前為飢餓的孩子而偷了一塊麵包被判刑的冉·阿讓結束了自己在苦役場的服刑生活，被釋放了。在前往指定城市的途中，飢寒交迫的冉·阿讓推開了當地最受人尊重的主教米利埃主教的大門。好心的主教收留了冉·阿讓，誰知冉·阿讓偷走了主教的銀器，逃走了。半路上，神色慌張的冉·阿讓被警探捉住，並帶回了主教家，可是善良的米利埃主教卻說銀器是自己送給冉·阿讓的，避免了冉·阿讓再次被逮捕的命運。

　　感動於主教的善良寬宏，冉·阿讓決心洗心革面、重新做人，他改名為米德蘭，並來到了小城蒙特勒，開始自己全新的生活。依靠著勤奮肯幹的精神，冉·阿讓擁有了自己的玻璃首飾工廠，他大力支持慈善，獲得當地人深切的愛戴，最後還被選為市長。

　　在冉·阿讓的工廠裡，有一個命運悲慘的女工芳汀。年輕時，芳汀受到誘騙生下了一個女兒，為了養活自己的女兒珂賽特，芳汀只能將她寄養在德納第家，自己到工廠去做工賺錢。然而，德納第夫婦卻是一對貪得無厭的傢伙，他們不斷的向芳汀索取費用，名義上是為了珂賽特，實際上錢全都進了他們自己的口袋，而珂賽特卻不得不為他們工作。

　　因為德納第夫婦向芳汀要錢的信不小心落入了她同事的手中，人們鄙夷她的過去，便聯合起來要將她趕走，不知情的冉·阿讓簽下公文，使得芳汀

不得不再次流浪街頭。因為被德納第夫婦欺騙，以為珂賽特重病需要錢，在賣掉自己的項鍊盒和長髮之後，走投無路的芳汀只能走上了最後一條道路，做了妓女。

有一天，芳汀在路上和一位粗魯的客人發生了爭執，結果剛上任的警長沙威卻立刻抓住了她，要定她的罪。目睹了這一切的冉‧阿讓立刻出面勸阻了沙威，並將芳汀送到醫院休養。在得知芳汀悲慘的故事之後，冉‧阿讓決定幫助這對可憐的母女。

誰知道，在見過冉‧阿讓為幫助老人抬起馬車之後，沙威對於冉‧阿讓的力大無窮產生了懷疑，想起自己追捕很久的逃犯冉‧阿讓。這時，警方抓住了一個無辜的鐵匠，並將他認作了冉‧阿讓，為了不讓無辜的人因為自己而受罪，冉‧阿讓來到法庭坦誠自己的身分。可是，這時的芳汀已經奄奄一息，因為擔心芳汀，冉‧阿讓再次逃掉，來到病房見芳汀最後一面，而芳汀將自己的女兒珂賽特託付給了冉‧阿讓之後，溘然長逝。

冉‧阿讓再次成為了逃犯，只是這一次是為了幫助可憐的小珂賽特。來到德納第家的冉‧阿讓這才發現，珂賽特一直生活在怎樣的虐待之中，在被敲詐了一大筆之後，冉‧阿讓帶走了珂賽特。從此之後，兩個生活坎坷的人就生活在了一起，像父女一樣生活著。

九年之後，巴黎已經失去了原本的平靜，變得動盪不安，社會湧動著革命的暗潮。珂賽特這時已經長成了亭亭玉立的少女，並和年輕熱情的馬里尤斯相愛。馬里尤斯是個熱血的革命青年，正與自己的夥伴們策劃著革命，而冉‧阿讓因為擔心即將發生的暴亂，決定帶領珂賽特離開巴黎。

革命爆發了，馬里尤斯在戰爭中受了重傷，卻被強壯有力的冉‧阿讓救了。在逃走的路上，冉‧阿讓再次遇見了沙威，這個追捕冉‧阿讓許多年的警長終於被冉‧阿讓的善良感動，放走了冉‧阿讓，但他自己卻因為接受不了自己這樣的轉變，投河自盡。

在珂賽特的精心照顧下，馬里尤斯逐漸康復，但他並不知道在下水道救

了自己的正是自己情人的父親冉‧阿讓。為了讓這一對戀人能夠更好的相處，不被自己的過去所牽累，冉‧阿讓決心離開他們獨自生活。婚禮上，德納第夫婦出現了，他們本想告發說冉‧阿讓盜過屍，誰知他們提到的這件事其實正是冉‧阿讓救過馬里尤斯的事，也恰好讓馬里尤斯知道了當初救過自己的人是誰。

這對年輕的夫婦立刻趕到了冉‧阿讓身邊，但這可憐的老人已經走到了生命的尾聲，只有那一對銀燭臺陪著他。老人終於上了天堂，他的靈魂和芳汀及所有善良的人們一起，庇護著一對戀人，迎向光明的明天。

殊案決疑，最早由拉丁文「casus」（個案）一字而來，原本是指一系列基於個案的論證，多採用於法律和倫理學的討論中，做為基於原則的嚴格論證方法的對立面出現。在法律論證中，它有助於將個人帶到律法真義的判斷中，讓人直面律法；也可以讓各人都有自辯的機會。換言之，也就是結合特殊的情境和普遍的公理才下結論。有人就說，如果在殊案決疑的理論下，冉‧阿讓就不會遭遇到十九年的冤獄，最後導致如此悲慘的下場。

決疑論是基督宗教傳統中具有深遠影響的一種解決道德困境的方法，它是對於那種一般道德原則不能直接應用於其上的個別道德案例的一種研究，旨在決定它們能否被放進一般規則的範圍。具體說來，就是「當新的問題與舊的事例在根本特徵上相似時，將舊的事例運用於新的問題，以獲得知識，這樣，同樣的原理就會涵括新舊二者」。

決疑論的過程包含訴諸直覺，對情境的考量，與典型案例類比，對具體案例的評估，它是為能就未知的事物做出準確的評斷和為行為提供指導的一個過程。

小知識

笛卡兒（西元1596年～西元1650年）：西方現代哲學思想的奠基人，近代唯物論的開拓者，開啟所謂「歐陸理性主義」哲學。他提出「普遍懷疑」的主張。笛卡兒主張對每一件事情都進行懷疑，而不能信任我們的感官，而當人在懷疑時，他必定在思考，由此他推出了著名的哲學命題——「我思故我在」，因此「我」必定是一個獨立於肉體的、思維的東西。

王莽謙恭未篡時
歷史分析法

當其時命而大行乎天下，則返一無跡；不當其時命而大窮乎天下，
則深根寧極而待：此存身之道也。——莊子

　　唐朝大文人白居易寫過這樣一首詩：「贈君一法決狐疑，不用鑽龜與祝
蓍。試玉要燒三日滿，辨材須待七年期。周公恐懼流言日，王莽謙恭未篡
時。向使當初身便死，一生真偽復誰知？」這首詩的意思是，一個人究竟是
好是壞，是人才還是庸才，都需要時間來驗證。而詩中提到的周公和王莽，
都是古代有名的人物。

　　周公為周文王少子，一心輔佐其兄武王治國，盡心盡力。武王病重，周
公便寫下冊文，昭示上天，表示願意以己代武王承受災病。冊文被藏於金匱
中，並未告知其他人。後武王駕崩，成王即位，因成王年幼，周公便抱成王
於膝臨朝，治理朝政。之後有庶兄管叔、蔡叔兩人意圖謀反，視周公為最大
障礙，便散布流言，說周公見成王年幼，意圖篡位。流言傳揚開來，使得成
王也開始懷疑周公，於是周公主動辭了相位，避居東國，不再問政事。後來
有一天，忽然天上狂風大作，雷電交加，驚雷擊開了金匱，成王見了周公的
冊文，才知道其忠心不二，大為後悔，立刻前往東國迎接周公回朝，重擔相
位，並誅殺了圖謀不軌的管叔、蔡叔兩人。如果成王並沒有看到金匱中的冊
文，那周公究竟有沒有私心謀反，那就無人能知，也就無人能辨其忠奸了。
這就是「周公恐懼流言日」。

　　王莽是西漢末年外戚，漢元帝皇后王政君之侄。王家權勢薰天，因此多

驕奢淫逸之輩，但王莽卻沒有一點驕橫之氣，非常謙恭簡樸，處事也小心謹慎。他還經常救濟貧寒，廣交朋友，對長輩恭敬，對下人和藹，孝順母親和寡嫂，撫養自己亡兄的孩子，是時人口中一等一的好人。

有一次，王莽的母親病重，大臣們都派夫人到府看望，王莽的夫人也到府外迎接諸位夫人，誰知所有的來人都以為王莽的夫人是府中的僕役，因為王夫人的穿著實在是太過簡樸了。還有一次，王莽的兒子因故殺死了一個奴隸，按照當時的律法，主人殺死奴隸是不用償命，最多只需要賠償一定的財物就可以了，但王莽卻逼著自己的兒子自殺償命。王莽的伯父王鳳當時執掌大權，有一次王鳳生病在家休養，王莽便前往侍奉，衣不解帶、寸步不離，比王鳳的親生兒子還要體貼周到，令王鳳非常感動。後王鳳臨死前便請求太皇太后和漢成帝委任王莽官職，於是王莽便做了黃門郎。之後，依靠著在士族之中的好口碑，王莽得到眾多名士的推薦，盛讚其人品和德行，王莽步步高升，最終當上「安漢公」，成為顯赫一時的輔政大臣。

大權在握，王莽開始漸漸暴露野心。他先是勸太皇太后休養身心，又將自己的女兒推為皇后，將大權獨攬於自己手中。他的兒子不忍見他獨斷專行，密謀勸諫，居然被他逼得服毒自盡，並連坐誅殺了數萬人。之後他乾脆毒死了看出他不軌之心的漢平帝，將兩歲的劉嬰扶上帝位，最後他終於宣布篡漢，自立為帝，並改國號為「新」。

即位之後，王莽進行改革，頒布實施了「五均」、「賒貸」、「六筦」等措施，力圖以周禮治國，但因為不符合當時社會的發展需要，反而造成社會的混亂。很快，農民起義風起雲湧，綠林軍攻入長安，誅殺了王莽，也結束了新朝的統治。而王莽之前的謙恭與後來的殘暴如此大的變化，也成為了最令人心悸的故事，試問「王莽謙恭篡時，一生真偽誰得知」呢？

歷史分析法是倫理學研究中的一種具體分析方法，所謂歷史分析，就是運用發展、變化的觀點分析客觀事物和社會現象的方法。將不同的人性模式

放置在相對的歷史背景下研究，能夠揭示其倫理性的價值，辨證展示人性的社會功能，為倫理學研究提供依據。

　　客觀事物是不斷發展變化的，分析事物時，只有把它發展的不同階段加以聯繫和比較，才能弄清其實質，揭示其發展趨勢。結合具體的歷史背景，瞭解經濟、政治等方面的具體內容，將它放在特定的歷史背景下，同時又將之視為歷史進程中的產物，才能真正理解研究對象的倫理內涵。

小知識

　　周敦頤（西元1017年～西元1073年）：字茂叔，號濂溪，北宋著名哲學家，是學術界公認的理學派開山鼻祖。「兩漢而下，儒學幾至大壞。千有餘載，至宋中葉，周敦頤出於舂陵，乃得聖賢不傳之學，作《太極圖說》、《通書》，推明陰陽五行之理，明於天而性於人者，瞭若指掌。」《宋史·道學傳》將周子創立理學學派提高到了極高的地位。

朝三暮四
演繹與歸納

知識追根究底由經驗而來。——洛克

　　春秋戰國時期，宋國有位老人在自己家中養了一大群的獼猴。因為長時間與獼猴親近，老人已經能夠理解獼猴的意思，雙方可以交流無阻。因為長年餵養獼猴，老人家中的糧食漸漸匱乏，他減少自己家人的口糧，一心滿足獼猴們的供養，但時間久了，還是感覺力不從心。於是老人打算減少獼猴們的口糧，因為擔心獼猴們不滿，老人便去和獼猴們商量。老人對獼猴們說：「家中的糧食已經不夠了，以後給你們橡果，早上只能給三顆，晚上給四顆，可以嗎？」獼猴們聽懂了老人的話，一邊奔跑一邊尖叫表示不滿，老人見到獼猴們的樣子，知道牠們不肯接受，轉念一想，改口說：「這樣吧！給你們橡果，早上給四顆，晚上給三顆，足夠了嗎？」獼猴們聽到，非常滿意，紛紛趴在地上表示接受。

　　所謂演繹，就是從一般推出特殊的、個別的結論，而歸納，則是從特殊推出一般，從一系列的具體事實概括出一般原理。

　　演繹推理是從真實前提必然推出真實結論，從一些假設的命題出發，運用邏輯的規則，導出另一命題的過程。歸納推理是以某類思維對象的一部分或全部分子對象具有或不具有某屬性為前提，推出該類全部對象也具有或不具有某屬性為結論的推理。

　　演繹推理的前提真，形式有效，那麼結論必真，而歸納推理的前提真，

形式有效，那麼結論可真可假。歸納為演繹提供前提，但它也依賴演繹。歸納與演繹相互補充、相互依賴，都是倫理學研究中的一種具體的手法。

小知識

喬治・愛德華・摩爾（西元1873年11月4日～西元1958年10月24日）：英國哲學家，新實在論及分析哲學的創始人之一。他把精神活動和這一活動的對象加以區分，並認為後者是前者之外的一種獨立存在。著作有《倫理學原理》、《倫理學》、《哲學研究文集》等。

羅素與挑夫

觀察和實驗

放縱自己的慾望是最大的禍害；談論別人的隱私是最大的罪惡；不知自己過失是最大的病痛。──亞里斯多德

英國大哲學家羅素曾經在二十世紀初受邀來到中國，他在中國共停留了十個月的時間，足跡遍布滬、京、杭多地。除了受邀講學之外，羅素更是遊歷了中國的不少地方，親身體會了中國人的生活，也親眼見到東方人有別於西方的文明與生活態度。回國後的羅素，就寫下了《中國之問題》一書，記載了他在中國的生活，並講述他對於東方文化的體會和瞭解。其中，他寫到這樣一件事：

那是一個炎熱的夏日，羅素乘坐轎子出行，穿行於崎嶇陡峭的山道之中，抬轎子的苦力們要在狹窄的小路上穩住自己的步伐，累得汗流浹背，十分辛苦。因此，當走到山的最高頂的時候，羅素告訴這些苦力們停下來休息一下。

抬轎者立刻在樹蔭處放下轎子，走到一旁，拿出菸斗，坐在地上開始談笑起來。羅素覺得這些人實在辛苦，原來打算安慰一下這些人，可是見到他們坐在樹蔭裡互相開玩笑的樣子，他忽然覺得他們其實對世界上的一切事情都毫不在意，也壓根兒不需要自己的憐憫。

羅素在自己的書中寫道，如果在其他的任何國家，在這種情況下，只要稍微有點心計的人都會故意抱怨天氣的炎熱，並要求雇主支付更多的小費，但他面前的這群中國人不會。雖然當時的中國貧窮、腐敗，但中國人卻保持

著文明享樂的能力，他們能夠自娛自樂，在每一件
事上尋找樂趣，他們喜歡開玩笑，並透過開玩笑來
解決爭端，這是工業化的西方所沒有的。就好像當
歐洲人習慣於用功利化的考量來計算自己的旅行應
該居住在哪家旅館最為接近火車站時，中國人所想
的是哪裡有一個古老的宮殿，而哪裡是某位著名詩
人曾經的居所。

羅素。

　　在中國的旅行讓羅素接觸到真正的東方文化，
他這才發現不同的文化視野和看法才是讓西方人覺
得東方人缺乏文明的原因所在，而這個觀點顯然是錯誤的。羅素親自走訪中
國的行動讓他開始真正的理解東方文明，就如同他在見識到轎夫們的悠然自
得之後才知道，用自以為是的眼光看待別人的幸福或苦痛絕對是錯誤的。

　　羅素這次意外的經歷讓他發現了一些他曾經在人性上忽略過的東西，這
些思想的產生，無疑要感謝他仔細的觀察，而觀察原本就是哲學研究中必不
可少的一部分。

　　倫理學的觀察實驗與自然科學的不同，自然科學的觀察和實驗具有數學
的精確性，但倫理學的對象因為沒有數學規律的結果，所以是「非精密的觀
察和實驗」；此外，倫理學研究的根本是人性，因此它的觀察和實驗可以說
是一種對於人類心理的「內省」或「體驗」，這也是自然科學所不具備的特
徵。

　　現在，西方倫理學家對於功利主義真理性的檢驗方法就是一種觀察和實
驗方法，或者說，是一種「理想實驗」或「假想實驗」、「思想實驗」的檢
驗方法。從需要證實的倫理學理論推理出一個可以觀察的結論，然後觀察這
個結論是否與事實相符，如果不符合，那麼這個理論便被證偽，反之它則得
到了部分的證實。

小知識

黃宗羲（西元1610年～西元1695年）明末清初經學家、史學家、思想家、地理學家、天文曆算學家、教育家。學問淵博，思想深邃，著作宏富，與顧炎武、王夫之並稱明末清初三大思想家（或清初三大儒）；與弟黃宗炎、黃宗會號稱浙東三黃；與顧炎武、方以智、王夫之、朱舜水並稱為「清初五大師」，亦有「中國思想啟蒙之父」之譽。

國家圖書館出版品預行編目資料

一生應該知道的倫理學故事／黎瑞山著.
－－第一版－－ 臺北市：知青頻道出版；
紅螞蟻圖書發行，2011.10
面　　　公分－－（Tale；7）
ISBN 978-986-6030-07-9（平裝）

1.倫理學 2.通俗作品
190　　　　　　　　　　　　100018631

Tale 07

一生應該知道的倫理學故事

作　　者／黎瑞山
美術構成／Chris' office
校　　對／周英嬌、楊安妮、朱慧蒨
發 行 人／賴秀珍
榮譽總監／張錦基
總 編 輯／何南輝
出　　版／知青頻道出版有限公司
發　　行／紅螞蟻圖書有限公司
地　　址／台北市內湖區舊宗路二段121巷28號4F
網　　站／www.e-redant.com
郵撥帳號／1604621-1　紅螞蟻圖書有限公司
電　　話／(02)2795-3656（代表號）
傳　　真／(02)2795-4100
登 記 證／局版北市業字第796號
法律顧問／許晏賓律師
印 刷 廠／鴻運彩色印刷有限公司
出版日期／2011年 10月　第一版第一刷

定價 300 元　港幣 100 元

ISBN 978-986-6030-07-9　　　　　Printed in Taiwan